謀殺診斷書

「醫生在線」鑑識問答系列

法醫・屍體・解剖室 ②

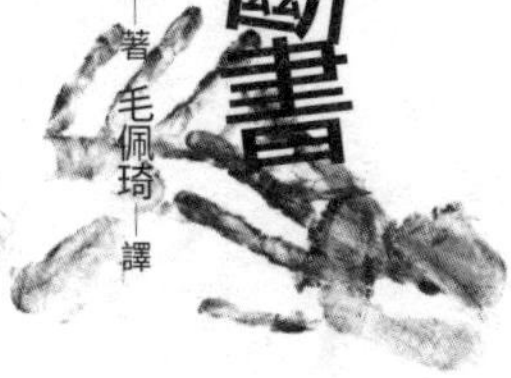

道格拉斯・萊爾──著

毛佩琦──譯

Douglas P. Lyle

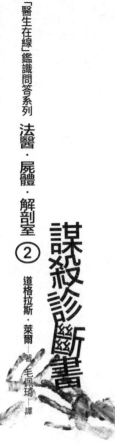

目錄
Contents

目錄
Contents

2 毒物、毒素、藥物和毒品
Poisons, Toxins, Medications, and Drugs

目錄

Contents

3 警察、犯罪現場和犯罪鑑識實驗室

The Police, the Crime Scene, and the Crime Lab

目錄

Contents

4 法醫、屍體和屍體解剖
The Coroner, the Body, and the Autopsy

5 雜項，多半是稀奇古怪的問題
Odds and Ends, Mostly Odds

致謝
Special Thanks

這本書絕非僅憑我一己之力而成。它有許多幕後推手。我要向每一位提出問題的作家致謝，感謝各位的好奇心、想像力，還有務求正解的毅力。期望各位從我提出的答案學到的東西，和我鑽研、解答各位的問題學到的一樣多。

就所有的讀者而言，我希望本書能部分解答大家本身想問的問題，藉以提高對醫學和法醫議題的認識，同時在心中孕育、萌生新的問題，還有最重要的是激發你的創意泉源。

引言 Introduction

我的第一本問答書《法醫．屍體．解剖室3：重返犯罪現場》（*Murder and Mayhem: A Doctor Answers Medical and Forensic Questions for Mystery Writers*）*於二〇〇三年問世。此後，我接獲許多來自世界各地的各種文類作家來信詢問更饒富興味、也更具有挑戰性的問題。我手上有超過一千種問題要逐一過濾，要選擇哪些納入本書的確是令人卻步的一件事。我必須承認，在我重讀每個問題並編輯所選，最終把一些我認為有趣程度甚至超越前冊的問題集結起來的過程中，非常享受。

遺憾的是，其餘的數百個問題必須割捨，原因無他，只是因為本書空間不允許。每

*編注：關於《法醫．屍體．解剖室1～3》繁中版出版順序——最初，先將作者萊爾醫生第三本鑑識問答集引進台灣，廣受讀者好評，其後再出版作者前兩部作品，因此與國外出版順序不同。

個沒能用上的問題都很有趣、具教育性，也值得被放上來，不過如果納入這些問題，本書很容易就變成兩倍厚。

這次我決定做法有些不同。倘若每道問題的作者願意曝光，我就會註明他們的身分。有些作家寧願保持匿名，另一些人我則完全聯絡不上，因為他們的聯絡資料已經失效。

你在書中所看到的提問，有的出自曾發表多部著作的得獎作家，有的目前仍在為自己的小說尋找舞台。至於這群不同類型的作家有什麼樣的共通點？他們各個都擅長說故事，每位都擁有強烈的好奇心以及渴求正解的高度欲望。他們坐定看著眼前惱人閃爍的游標之時，每個人心中都湧現相同的疑問：我能不能寫出具有信服力、足以發表的小說？我能不能把我腦海中的影像轉換成協調連貫的白紙黑字？我能不能讓讀者欲罷不能緊接著翻下一頁？

許多提問者都已經有作品發表，也有個人網站。請上他們的網站，閱讀他們的著作；會有回報的。

本書目的

正如本系列先前出版的書籍，本書旨在提供知識和樂趣，而且不單著眼於作家，還包括所有喜愛相關書籍、電影，或一段好故事的人。書中的提問和答案可以提供若干洞見，讓我們探悉作家如何思考，還有他們如何建構一段故事。我深信讀者必然可以從這些篇幅中，找到某些有趣的、具教育意義的、幽默的和稀奇古怪的事。

在解答每道問題時，我試圖提供充分的背景資料，為手頭的醫學或法醫議題補充基礎脈絡，也希望藉此釐清該特定情節的細微差異。這麼做的目的，是為了讓作家能夠使用這份新獲得的認識，精心創作出更令人信服的場景或故事。我設法讓每組問題和解答都自成一格，若有其他問題也包含同樣的資訊，除非必要我就盡量不重複提及。

本書不得做為以下用途

內容題材絕對不能用來診斷或治療任何醫療疾病。即便是最簡單的問題和解答，都必須受過數十年教育並累積實務經驗，否則不得在現實生活情境中實際採行。

儘管我盡心盡力務求資訊精確，合乎科學原理，許多主題都過於複雜，無法詳細解釋並兼顧現代醫學知識的細微差異和紛歧爭議。這就是醫學的藝術成分。書中的解答僅提供寫小說、說故事時在文章脈絡中使用，不該用於其他任何目的。

本書不得用來進行任何犯罪活動或傷害他人。

本書旨在提供作家關於醫學和法醫議題各種基本與複雜問題之解答。
不可用於診斷用途或於現實生活中實際採行。

1 外傷、疾病、醫生和醫院

Traumatic Injuries, Illnesses, Doctors, and Hospitals

1

流血致死的症狀與徵候為何？

問——流血致死的症狀與外顯徵候為何？我設定的故事情節是，有個男人被以輸血管放血致死。

瑪麗安．亞諾特（Marion Arnott）
蘇格蘭佩斯里（Paisley）
《夢遊者》（*Sleepwalkers*）作者

答——血液是充滿各類型血細胞的液體組織，其中一種稱為紅血球。紅血球內有血紅素，這是一種把氧氣從肺部攜帶到組織，並帶走組織內的二氧化碳運送至肺部的分子；二氧化碳則藉由每一次呼吸吐出。根據失血速度而定，會導致兩種基本症狀。一種是血壓下降引發休克，另一種是貧血（anemia），意即血液中紅血球含量過低。前者肇因於血量迅速減少（想像輪胎放氣的情況就知道了，這麼做的同時胎壓也隨之下降），後者則是攜氧的血球減少所致。

依照你的情節設定，被害人體內血量快速減少會導致血壓下降、引發休克。若未能獲得妥善治療，就會迅速死亡。遭遇車禍或槍擊流血致死，或潰瘍快速出血都屬這種情況。人體約有八至十二品脫[1]的血液，多數人快速失血三、四品脫即陷入休克。因此，若被害人遭凶手迅速放血，他的血壓會降低，開始出現休克徵候。主要症狀包括呼吸急促、虛弱、暈眩、畏寒、口渴，並進展成意識模糊、定向力障礙（disoriented）[2]、嗜睡、昏迷與死亡。這有可能發生在幾分鐘內或是一小時左右，視失血速度而定。

倘若失血過程緩慢（凶手每天放一些血），被害人將逐漸出現貧血症狀。貧血意謂著紅血球數量不足，血液輸氧能力減弱的情況。為什麼呢？每盎司血液中紅血球數量較少，代表心臟所打出的每盎司血液攜帶較少的氧。這會造成組織缺氧，而貧血症狀即反映出此等減少狀態。症狀包括呼吸急促（尤其是活動後）、疲倦、虛弱、昏睡、頭痛、臉色蒼白，以及發冷。如果凶手一點一點放掉被害人的血液，讓他緩慢流血致死，這些症狀將隨著貧血惡化而逐步發展。這可能在數小時、數天或數週後發生。

2

人在沒有食物或水的洞穴裡可以存活多久？

問——我安排故事主角被困在一個陰冷、黑暗的洞穴中好幾天，沒有食物或水。故事主軸是搜救人員試圖將他營救出來，場景與其身心飽受煎熬的情況相互切換。他才二十歲出頭，體態極佳，卻差點因此丟了小命。我想知道他會出現什麼症狀？有

1 一美製溼量品脫約為四百七十三毫升。

2 患者有可能無法辨識出自己身在何處，發生了什麼事情，今天是何年何月何日，自己還有身邊的人是誰。這種狀況稱為對人、時、地和處境的定向力障礙。

有什麼具體細節嗎？

譚美．蓋斯特（Tammy Guest）
亞特蘭提斯計畫（Atlantis Project）
Deydreem製作公司（Deydreem Productions）

答——倘若被害人所處環境有良好充足的空氣，對他生命的主要威脅將會是脫水和失溫（體溫過低）情形。如果他身邊有足夠的保暖衣物或能充當衣物的物品，好比帆布或其他素材，即可避免失溫情況一段時間，否則他的身體熱量會流失得非常快速。多快？不管環境潮溼或是乾燥，皆取決於洞穴裡的實際溫度。既寒冷又潮溼的環境會更快要他的命。

失溫症狀包括顫抖、疲倦、虛弱，以及肌肉和關節疼痛。隨著時間流逝，他會變得昏昏欲睡、意識模糊、出現定向力障礙，甚至產生幻覺。若未能及時獲救，他會陷入昏迷狀態，並且死亡。而脫水情況將使這些症狀加劇。

脫水情況較難以捉摸，而且有不同程度的表現。如果他一開始體內水分充足，本身無重大醫療問題、未服用任何排水藥物如利尿劑（diuretic）、未飲酒，且未過分操勞（流汗與沉而有力的呼吸會加速身體水分流失），那麼可能好幾天之後才會出現脫水徵候。但再過個幾天，他就會陷入麻煩，約莫一週後即面臨喪命的危險。什麼情況都有可能發生，所以你在編寫故事時有很大轉圜餘地。

脫水的症狀和失溫類似，一般出現的順序是：口乾舌燥、疲倦、虛弱、呼吸短促、暈眩、定向力喪失、意識模糊、出現錯覺、幻覺、意識喪失、昏迷，然後死亡。在炎熱的沙漠中，這些症狀會在十二小時內接續發生。以你設定的場景而言，有可能三至八天不等，視上述變項而定。

3 一名兒童在緬因州沿岸冰冷的海水裡可以存活多久？

問——故事裡，有個年僅十二歲、身材中等的孩子從緬因州沿岸的一艘小船上縱身跳進海裡。那個地區的平均水溫約莫攝氏十三度左右。我想知道，在他死於失溫之前能夠存活多久？

答——失溫在少年和老年人身上發生得比一般成年人要快。攝氏十幾度的水溫確實會在短時間內造成失溫現象。時間範圍很廣，主要取決於被害人的體型、體重、體脂肪率、穿著衣物、上一餐的飲食、體內酒精或藥物含量、整體健康狀態與水流等因素而定。體格壯碩、肥胖、衣著完整者存活的時間較長。而才剛吃過大餐或攝取酒精將加速熱量流失，流動的水亦然。你可以想像寒風效應[3]的情況，只不過場景換作水裡。冰冷的水流或是波濤起伏的海面，都比平靜的海灣更快讓身體熱量流失。

你一定聽過幼童掉進結冰的湖泊裡，四十五分鐘後甚至更久才被拉上岸，竟毫髮無傷的案例。這是因為湖水實在太冷（接近結凍）使人體的新陳代謝程序趨緩，因此得以在體內含氧量不足的情況下倖存。這似乎只發生在孩子身上。但你故事中攝氏十三度的水溫不會是這種情況。這個溫度不足以「冰凍」身體。

至於那名被害人能存活多久？這個範圍很廣，也許只有五分鐘，也可能長達一小時。在多數情況下，平均是十五至三十分鐘左右。

4 上吊自殺會發生什麼事？

問——我正在寫一則故事，內容提到一名十二歲少女企圖上吊自殺。她在快要斷氣前被人發現。請問在踢倒梯子、失去意識與死亡之間，她會歷經何種生理階段？她被人發現後，有可能被救活或甦醒（毫髮無傷）嗎？動作必須多快？

答——上吊通常是窒息死亡，亦即腦部缺氧。這是因為套索被身體重量向下拉緊，壓迫呼吸道與頸動脈所致。頸動脈位於頸部兩側，供應血液至腦部。雖然呼吸道可能受阻而妨礙呼吸，但多數上吊案例中，造成意識喪失與死亡的真正因素通常是頸動脈受到壓迫，阻斷進入大腦的血流。除非是司法上的絞刑，否則頸椎骨折的情況並不常見。

在自殺上吊的情況中，被害人通常以手邊可用之物做為套索。繩索、皮帶、床單、衣物與電線都是常用工具。有時被害人會綑綁自己的雙手來防止改變心意。這是一個重要的事實，因為雙手綑綁似乎暗指為凶殺案件，或被害人尋求他人協助加工自殺。情況並非如此。當然這是指被害人可自行綑綁的方式。他殺也不無可能。如果被害人並非自行綑綁雙手，他可能試圖掙脫，而靠近套索的肌肉可能出現擦傷或割傷。[3]

既然窒息是頸動脈受到壓迫而非呼吸受阻，被害人會很快失去意識，通常在一分鐘內，也可能僅短短二十秒。腦部需要持續不斷地供血，當血流被阻斷時，意識會快速喪失，並在一到五或六分鐘內死亡。時間上，兒童似乎比成年人「耐受」。

依照你描述的情節，如果少女在幾分鐘之內被人發現，即使她當時已失去意識，當套索一鬆開時，她很快就會甦醒過來。她的頸部可能出現上吊常見的V型瘀傷。接著她會被送往醫院急診室，接受頸部X光檢查來評估傷勢，或由神經科醫生判定腦部是否受到任何損傷。她可能完全恢復正常或產生腦損，甚至昏迷數小時、數天、數週、數月或數年之久，取決於腦部缺血多長時間，及其耐受度而定。情況因人而異。

若是企圖自殺的案例，院方會照會精神科醫生，並讓被害人留院觀察至判定她返家安全無虞。醫生有法律和道德責任將患者留院觀察，不論患者和她父母的意願為何。意

3 寒風效應（wind chill）是指在相同的溫度下，風速帶給我們不同的寒冷感覺。

思是說，家長可能會要求讓她出院回家，但法律上醫院可將她留置，直到判定她不會再做出威脅自身安全的行為。當然警方也可能介入，因為上吊可能是虐童事件的部分或其結果。悲哀的是，有時孩子會視上吊為脫離受虐的唯一方式。

5

車禍受害者有可能失憶十天後，突然恢復記憶嗎？

問——我筆下的受害者和她的朋友發生了車禍，駕駛座的友人當場死亡，雖然她倖存了下來，卻陷入昏迷一段時間。當她醒來時，已經不記得事發經過，但十天後她的記憶恢復了。她向警方表示，她的朋友曾試圖踩煞車，但煞車失靈，並非單純闖紅燈釀禍。這樣的安排合理嗎？另外，何種傷勢會造成失憶情況？她被送往醫院後，將接受何種測試及治療？她所受的傷可能造成什麼長期影響？

答——可以，這樣的情節安排說得通。昏迷和失憶很古怪，什麼事都有可能發生。

她受的傷很可能是頭部撞擊儀表板或擋風玻璃所造成的鈍傷。她可能顱骨骨折，也可能不會，但這對於她昏迷幾天或情節所需的失憶狀況來說，不見得必要。

昏迷的人有可能持續昏迷幾天、幾個月或幾年之久，然後逐漸、間歇性或突然醒來。醒來之後，她或許會感到混亂、出現定向力障礙一段時間。這可能持續好幾分鐘、幾小時、幾天或長達數週。這段時間過後，她可能完全恢復正常或產生各種心智缺失。她可能歷經許多人格改變，像是變得沉默寡言、健談外向、偏執、憤怒、好鬥，也可能是以上任何組合。她可能醒來後各方面都正常。任何情況都有可能。

她可能對於自己昏迷的事毫無印象，可能記得也可能不記得昏迷前所發生的事。我們稱之為逆行性失憶（retrograde amnesia）。逆行性失憶可追溯至意外前的任何一段時間——幾分鐘、幾小時、幾天、幾個月、幾年，或者更久。她對先前事故的記憶可能是部分、零星或完整的。記憶可能在數天、數週、數月間慢慢恢復，也可能迅速復原。這些情況同樣都有可能發生。

基本上我們對昏迷與失憶所知甚少，它們的形式更是變化萬千。這對你來說是好事。你可以按照想要的方式進行，一切都說得通。

當她被送抵醫院後，將接受一連串檢測來確認腦部是否遭受任何嚴重的損傷。這些檢測包括顱骨X光、電腦斷層掃描（CT）、磁振造影（MRI）、腦電波儀（〔electroencephalogram, EEG〕一種測試腦波的方法）。診斷結果會是腦挫傷（〔cerebral contusion〕腫脹、小出血等）。醫生會開給她迪皮質醇（Decadron）或舒汝美卓佑（Solu-Medrol）等類固醇藥物，以減輕腦部腫脹。除此之外，時間是唯一的治療方式。

她轉醒之後，醫生會為她進行完整的神經與心智狀態測試以評估大腦功能。這個過程很複雜，我認為你的故事不需要詳述。如果一切順利，她可能在醒來數日後返家，不需要任何長期治療，也可能需要接受一段時間的物理治療及心理輔導。而她最可能產生的長期症狀是數週的頭痛。

6

環境溫度過高長達多久會導致孕婦死亡？

問——一名三十多歲的懷孕婦女於預產期前五週，遭人摀住嘴巴擄至拉斯維加斯近郊一處無空調又髒亂的地方。當地氣溫約莫攝氏三十二度左右。假設這名婦女和她未出世的孩子健康狀況良好，她多久之後才會面臨死亡或有失去孩子的危險？在這種環境下超過十小時，她的身體會惡化到什麼程度？

蓋爾．安東尼．海伍德（Gar Anthony Haywood）
筆名雷．夏農（Ray Shannon）
加州洛杉磯
夏姆斯獎與安東尼獎得獎作家，著有《食人狂魔》（*Eater*）與《煙火》（*Firecracker*）等作品
www.garanthonyhaywood.com

答——暴露在高溫下，尤其是拉斯維加斯這種非常乾燥的氣候，人體會快速脫水，接著發生熱衰竭和中暑。這三種狀況通稱為熱傷害。當身體暴露在高溫環境下，人體的溫度調節機制會試圖降低中心體溫，使得呼吸與流汗量增加，於是導致脫水。在身體水分

持續流失的同時，中心體溫會逐漸升高，並增加排汗。血壓接著開始降低、心搏加速，體溫會來到高達四十或四十一度。我們稱之為熱衰竭。然而，接連發生的嚴重脫水與高體溫會造成腦部損傷，尤其是下視丘，亦即負責控制體溫調節的部位。這種情況發生時，人體會停止流汗，中心體溫可能飆升至四十一至四十二度或更高，也就是所謂的中暑。這是真正的緊急醫療狀況。若體溫未能及時下降，並讓患者補充水分，大腦將受到永久損傷，然後死亡。

三十二度的高溫、低濕度，以及你故事中不幸的年輕女性無法補充水分等因素，都會讓她迅速脫水。她會感到口渴、呼吸短促、疲倦、頭痛和暈眩。隨著熱衰竭的發展，這些症狀將惡化至意識不清、定向力障礙、產生錯覺，以及視覺或聽覺的幻覺。這代表她會看到怪異影像或是聽見怪聲。在進入中暑狀態後，她將昏迷、痙攣、休克，終至死亡。

這些變化發生在一名孕婦身上將更嚴重也更迅速，尤其她的心血管系統已因懷孕承受了壓力。十個小時後，她將嚴重脫水，甚至可能進入熱衰竭或中暑狀態，儘管這兩種情況大多發生在十八至三十六小時左右。但情況因人而異，所以十小時後她僅脫水的設定較為實際。如果她產生其中一種較嚴重的熱傷害，甚至死亡，也是可能且可信的。你可以視情節需要自由發揮。

當她獲救時，治療方式是盡速降低中心體溫。把她移至陰涼、通風良好的地方，在她身上灑水同時搧動毛巾，這些動作都有可能救她一命。如果她有辦法吞嚥，應該讓她

7

頭部受創有可能造成對受傷前所發生的事失憶嗎？

問——我正在進行一部小說，故事提到主角遭到性侵而懷孕。幾年後，她在一場意外中頭部受創，失去記憶。她不省人事的時間很短，但當她醒來後，卻認不得自己的孩子，並且僅保有最近兩年的記憶。我有很好的故事構想，但前提是這樣的安排必須是合理的，否則就行不通。你的看法呢？

妮姬‧萊（Nikki Leigh）
著有《風暴之愛》（Stormy View）
www.nikkileigh.com

答——你的情節安排很合理。我們的記憶很脆弱，可能受到多種因素影響，包括生理創傷與心理創傷。

失憶，也就是記憶喪失，可能僅有被害人無意識的那段時間，也可能是順行性失憶

補充水分。接著送往醫院，進行靜脈輸液與進一步的降溫措施，像是冷卻毯（內有冷水循環的人造纖維毯）或是冰浴。

她和她肚子裡的孩子有可能存活下來安然無恙，或者母子倆或其中之一腦部嚴重受損，甚至死亡。這些情況都有可能發生。

（anterograde amnesia）或逆行性失憶。你描述的是逆行性失憶，也就是喪失受傷前所發生的事的記憶。順行性失憶更加棘手，而且並不常見。這是大腦因為受傷以致無法產生新的記憶。患者記得受傷前所發生的事，但無法形成任何新的記憶，而且會迅速遺忘五分鐘前才發生的事。這類型的失憶是電影《記憶拼圖》（*Memento*）的劇情主軸。這個故事編得非常精采。

記憶很有趣，什麼事都有可能發生。這對你的創作來說是個好消息，你可以盡情發揮。你安排的角色所需的逆行性失憶，可以是全然或部分失憶。意思是說，她可以記得一些事、忘記一些事，或者什麼也不記得。她可以過去任何一段時間，短暫的、長時間或永久的失憶。她的記憶可以突然、緩慢、片段地恢復，或者完全無法復原。她的記憶可以受其所見所聞、氣味、碰觸或味道所觸動，也可以是對話中的隻字片語、某個電視畫面、她撿到的某物、收音機傳來的一首歌、什麼難聞的氣味，或她從前最愛的食物。什麼都有可能。

8 商業客機上一般如何救治心臟病？

問——我筆下的人物之一，是一名六十五歲的已婚男性，他患有心絞痛，正在服用耐絞寧錠（〔nitroglycerin, NTG〕硝化甘油）治療。我想讓他在從坦帕飛往紐約的商用客機上突發非致死性心臟病，並由空服員或一名醫生乘客施以急救。當飛機抵達紐約時，他被送往一家醫院，並且被告知必須進行四重心臟繞道手術（quadruple bypass surgery）。他當下拒絕了這項提議（礙於故事情節），但再次因為心臟病發被送回醫院，還一度瀕死。他最後終於同意接受手術。這樣的安排合理嗎？在飛機上和醫院的真實狀況為何？

M．戴安．佛格特（M. Diane Vogt）
佛羅里達坦帕市（Tampa）
www.mdianevogt.com

答——你設定的情節相當常見。男性總是拒絕接受適當的醫療照顧，他們在健康議題上常顯得固執。超人情結作祟。

他在飛機上會發生胸痛、呼吸急促、嘔吐、盜汗（開始冒汗）等症狀。空服員會請求機上有無醫生可協助照護這名患者。他們會施予患者氧氣，讓他在機艙後方的空地躺下，然後將飛機轉往最近的大型機場。所以，最好安排這起事件發生在你希望的故事場景紐約市附近，否則他可能被送往亞特蘭大、華盛頓特區或就近的大城市。

航空公司備有急救工具，醫生可為他進行靜脈導管插入，然後連接到心臟監視裝置。倘若患者心跳停止，醫生會立即施予心肺復甦術，最好機上也備有自動體外心臟除顫器（AED）。如果有，醫生會將電極貼片置於患者胸前，並與機器連接。自動體外心臟除顫器可判讀心搏速。若判定為致死性心室心搏過速（ventricular tachycardia, VT）或心室纖維性顫動（ventricular fibrillation, VF），自動體外心臟除顫器會產生電擊，讓心跳恢復正常。

一旦送抵醫院，患者會住進加護病房，心電圖與驗血將顯示他曾經心臟病發（心肌梗塞〔myocardial infarction, MI〕）。他會被送至心導管室接受冠狀動脈血管攝影（coronary angiogram），在檢查結果為多重血管性冠心病（coronary artery disease, CAD）的情況下，醫院會建議病患接受手術。在患者拒絕，而後再次心臟病發，甚至面臨比前次更危險的情況下，他終於同意接受手術，這種情況我不知道看過多少次。

9

一個人車禍重傷後，可以在沙漠中存活多久？

問——我安排的情節是：某人駕駛的休旅車失去控制，翻覆在亞利桑那州金曼（Kingman）一條偏僻的泥土路上。沒人發現這起意外。他摔裂了骨盆、雙腿，或許還有幾根肋骨。由於受傷之故，他無法爬上山坡回到路面。他靠著車上雨刷儲水筒裡的水，以及吞食任何找得到的蟲子、蜥蜴等小動物維生。他以汽車殘骸做為自己在悶熱高溫下的遮蔽，但長達五至六天仍未能獲救。

他可能出現什麼狀況？脱水嗎？嚴重曬傷？失去意識？他看起來會是什麼樣子？若被送到金曼的醫院，他會接受何種治療？

李・戈德伯格（Lee Goldberg）
加州洛杉磯
著有《謀殺診斷書》（*Diagnosis Murder*）、《神經妙探》（*Monk*）等作品
www.leegoldberg.com

答——沒錯，他有可能嚴重脫水。如果當地的夏季氣溫很高，情況可能更嚴重；冬季的話，情況較為輕微。事實上，若是冬天，他可能因失溫而死。

倘若他摔裂了骨盆和（或）腿，將出現內出血並使情況加劇。而僅靠一點水、一些莓果和蟲子維生，則會讓他嚴重脫水，有可能陷入休克，甚至死亡。但如果你希望他活下來，骨盆局部骨折就夠了，也可以是小腿骨折。那裡是脛骨（大的骨頭）和腓骨（小的骨頭）。我不會讓他傷及股骨（大腿骨），因為這通常會造成腿部大量內出血，以至於在你所描述的情況下存活下來的機率較低。骨盆局部骨折會讓他無法攀爬或藉由爬行回到道路上，他的行動力將嚴重受限。

脫水即為體內水分流失。我們流失水分的速度受到好幾種因素影響，例如環境溫度（溫度愈高，流汗所造成的失水愈快）、活動（水分經由每次呼吸自肺部流失，而運動使呼吸增加）、用藥或毒品（酒精和利尿劑都會造成水分從腎臟流失），以及其他因素。脫水的症狀包括口渴、疲倦、口乾舌燥、嘔吐、昏昏欲睡、頭腦昏沉、定向力喪失，最後是休克（低血壓）、體溫升高，然後死亡。順序大致如此。因為光線折射的緣故，他還

可能出現幻覺或看見海市蜃樓。沙漠的高溫使空氣密度發生變化，光線產生全反射，讓人以為地平線下的藍色天空是水。在脫水又昏沉的狀態下，人會盲目衝往（你筆下人物是爬行）該處，但永遠也到不了，因為這個視覺幻象會一直不斷地往前移動。

脫水發生的速度取決於這些症狀出現得多快及其嚴重程度。器官損傷主要發生在腎臟，情況嚴重或長時間脫水可能造成無法挽救的損害。

就你安排的情節而言，脫水會在一兩天後慢慢發生，三、四天後才會變得嚴重。當然，如果他的傷口大量出血，這個過程會變快許多。在高海拔地區，脫水也會發生得較快，因為高海拔的空氣通常較為乾燥。也就是說，水分透過肺部流失比在海平面潮溼的空氣下更多。金曼的海拔相當高且氣候乾燥。他靠著爬行尋找食物也會讓他較快脫水。

既然你描述的被害人年輕又健康，我假設他在經歷這段苦難前並未服用任何利尿劑或攝取酒精，那麼，他得以毫無大礙地存活下來的時間約為兩天。有必要的話，你可以延長至三、四日，但沒辦法更久。他無法在那樣燠熱的天氣下挨過更長時間。他可能會出現熱衰竭或中暑，然後死亡。

他被人發現的時候，可能是清醒警覺或者昏昏沉沉分不清東西南北，也可能陷入昏迷。這些情況都有可能。如果他覺得冷，搜救人員會以毯子包覆；若他出現熱衰竭或中暑症狀，搜救人員可能讓他泡水或搧風降溫。他們會讓他喝水、以夾板固定腿部骨折處，並請求支援。抵達醫院後，除了施以點滴、X光檢查之外，還必須驗血判定失血量，以及脫水程度是否造成腎臟損害。他可能需要輸血或以外科手術修復腿部及骨盆，視骨折的類型與程度而定。也可能這兩種都不需要。

是的，除非他白天待在遮蔽物下方，黎明或黃昏時分才出來尋找食物，否則確實可能曬傷。

10

遭槍擊何處得以存活下來，但造成身體部分殘疾？

問——在我的故事中，我需要一名遭點二二手槍近距離射擊的三十多歲女性巡警存活下來，好在事後描述此事。她的傷勢必須使其警隊生涯告終，但不至於危及性命。她所受到的生理損傷（跛腳或僅能用一隻手等）並不會損及心智能力。我的問題如下：

- 她所受的四處槍傷可以發生在什麼部位，及其傷害為何？
- 她需要接受何種物理治療？
- 她需要多久時間才能復原？

蓋爾・安東尼・海伍德，筆名雷・夏農
加州洛杉磯
夏姆斯獎與安東尼獎得獎作家
著有《食人狂魔》與《煙火》等作品
www.garanthonyhaywood.com

答——點二二手槍是毀滅性最低的武器之一。子彈口徑小且速度相對較慢。但這種手槍仍能造成相當大的傷害，甚至死亡。

被害人有可能遭槍擊任何一處卻存活下來。射中頭部、胸部、腹部或其他部位都不一定會造成死亡。彈頭可以穿過皮膚，或撞擊骨頭、肋骨、顱骨，並避開重要器官。所以，四發子彈中有三發可以是皮肉傷，由第四顆子彈造成傷害。

她可以被射中胸部靠近肩膀的位置，傷及其臂神經叢（brachial plexus）。那是經由腋窩離開胸腔進入手臂的血管及神經束。神經從脊髓神經通過腋窩來到整個手臂與手掌區域。這些神經帶有感覺神經纖維（感覺、知覺）和運動神經纖維（刺激肌肉動作）。鎖骨下動脈（subclavian artery）則是由大動脈分流，經由腋窩供給手臂血液。傷及這些神經或動脈可能需要手術來移除彈頭，並修補受傷的血管或神經。這類傷勢可輕易造成她某種程度的殘疾，例如手臂無力、痲痺，也可能使手臂該側長期疼痛。

她將接受肌力與協調訓練的物理治療與職能治療。物理治療包括阻力運動、伸展運動與關節活動運動，以增強手部的肌力和活動。職能治療則包括手指和手部活動（敲擊手指、靈活度運動、彈奏鋼琴等），來重新恢復或至少加強手部與手指功能。這項治療旨在協助患者恢復所謂的「精細動作技能」。舉凡寫字、撿拾小東西、轉動門把、梳頭髮、以手部或手指做動作，其他日常活動也都屬於此類。

這類型的殘疾可能會終結其職涯（至少是做為一名巡警），而物理治療與職能治療可能長達數月之久。

她可能在術後幾天就能康復，但完全恢復身體機能則需要幾個月的時間。她也可能永遠無法恢復手臂和手部的完整功能而從崗位退下來，或改任文書工作。

11

心臟中箭會發生什麼事？

問——如果某人遭箭矢射中胸膛，傷口附近區域看起來會是什麼樣子（血量和血濺型態等）？箭矢若刺入心臟，被害人多久會死亡？心臟會停止，或者持續跳動，直到流血而死？

崔斯特．夫藍（Twist Phelan）
《峰頂之巔》（*Pinnacle Peak*）神祕系列作者
www.twistphelan.com

答——心臟中箭不見得都會致命。如果是致命的，可能是下列幾種因素之一。箭矢刺穿心臟肌肉可能導致要命的異常律動，通常是心室心搏過速或心室纖維性顫動。在這種情況下，被害人會突然倒地而死。他會有一些出血，但並非大量。當心臟發生心室心搏過速或心室纖維性顫動，甚或心跳停止時，心臟不再帶動血液循環，傷口出血情況也會停止。

刺入的箭矢可能傷及心臟肌肉或瓣膜，使心臟無法發揮灌輸血功能。此時血壓會下降，使被害人陷入休克，並在數分鐘後死亡。他會有一些出血，但不是太大量。至少不是在外部。

箭矢可能射進心肌但傷害不大。穿刺所造成的出血可能在心包膜（〔pericardium〕包覆心臟的膜囊）堆積，導致所謂的「心包填塞」（cardiac tamponade）。心包膜並無彈性（不能延展），因此當血液在心包膜內累積，壓力便隨之升高。你可以把它想成是充氣過度的輪胎。增加的壓力會擠壓心臟致使無法進行灌輸血功能。同樣地，血壓會逐漸下降，使被害人陷入休克、死亡。整個過程可能歷時數分鐘到一小時之間。

箭矢也可能刺穿心臟，身體內部與外部都有少量出血。那箭矢就有如「堵住堤防的手指」。被害人可以自行走進急診室，箭矢還會隨著心搏輕輕顫動。我曾見過冰椎插入心臟的情況，但沒見過箭。

最後一種可能是，箭矢刺入心臟但未引發致死性的心律不整或嚴重損傷心臟，不過卻掉落或被人拔出。這種情況所造成的外出血更甚於把箭留在原處，因為沒有東西能阻擋心臟從中箭處將血液泵湧而出。這會是非常血腥的場面。隨著時間一分一秒流逝，出血量會愈來愈少，直到被害人流血而死或心跳停止。整個過程大概只有幾分鐘，因為被害人會迅快陷入休克，並且死亡。

所以，心臟中箭可能在少量出血的情況下快速致死，或在一些出血（仍非大量）的情況下慢慢致命。若箭被拔除，被害人會在出血較多的情況下緩慢死亡。若箭留在原處，被害人可能不會死亡。任何情況都有可能發生。

12

如何治療手部中槍的人？

問——故事主角是一名探員，她右手的食指和中指不幸被人用槍射斷。醫生會怎麼包紮她的傷口？她的手需要以吊帶固定在稍高的位置嗎？她需要多久才能重返崗位？她還能「感覺」到那兩根手指嗎？

蓋伊・妥特・金曼（Gay Toltl Kinman）
加州阿罕布拉（Alhambra）
著有《城堡迷情》（*Castle Reiner*）、
《超級探員》（*Super Sleuth: Five Alison Leigh Powers Mysteries*）
gaykinman.com

答——醫生會清潔她的手部並塗抹抗生素藥膏，接著用消毒紗布包紮整個手部。看起來就像是拳擊手套。這種爪狀的手部定位稱為「功能位置」，有助於傷口較快較好癒合。她的手可能會被抬高以減少腫脹，當她可起床走動時，必須以手臂吊帶固定手部。這種治療方式會歷時一週左右，接著改用較小的繃帶包紮（不再呈拳頭狀）約一週。整個復原過程大致需要四到六週。她可以在一至兩週內處理文書工作，約莫兩個月後回到工作崗位，不過會受到失肢限制。

她感覺自己的手指仍存在稱為「幻肢感」；若感到疼痛，則稱為「幻肢痛」。她可能出現其中一種或兩種症狀，但更可能什麼都沒感覺到。幻肢感確實會發生，但並不常見。

13

腦血管瘤破裂的症狀為何？

問——我的故事寫到某人因腦血管瘤破裂死亡。她的死成了主角的一個催化劑。我知道腦血管瘤經常併發嚴重頭痛，但在她死之前，頭痛會持續多長時間？她會猝死嗎？她到最後意識是否都保持清醒？

金柏麗．波頓．艾倫（Kimberly Burton Allen）
紐約州南安普敦
著有《管家揭密錄》（*A Butler's Life*）

答——動脈瘤（aneurysm）為動脈凸出，可發生於身體的任何部位。其中又以腦部最常出現。它們一般是圓形或梭狀（橄欖球狀），但有些腦動脈瘤呈囊狀凸出，看起來就像植物枝幹垂懸的漿果。正如你所猜想的，這種動脈瘤稱之為「漿果狀動脈瘤」（berry aneurysm）。不管形狀為何，動脈腫脹會使動脈管壁變薄，或導致滲漏、破裂。

動脈瘤滲漏的出血情況緩慢，症狀通常是輕微至嚴重頭痛，可能伴隨噁心、嘔吐、畏光（無法忍受光線）、四肢或臉部麻痺與衰弱、嗜睡、意識模糊與定向力喪失。腦內或腦部周邊積血會造成顱內壓力顯著上升（因為顱骨無法延展），壓迫大腦的呼吸中樞，可能導致呼吸中止與死亡，也可能不會。另一個可能性是出血停止，患者並未接受治療，卻恢復健康或無長期問題。

動脈瘤破裂則會造成更危險的情況。這種情況下的出血更為突然且大量，導致顱內壓力遽增。患者會突然出現劇烈頭痛，而且可能迅速陷入昏迷、呼吸中止，並且死亡。

患者的病況可能介於這兩種極端之間，以不同程度出現。

依照你的故事情節，那個女人可能遭遇下列其中一種情況。由於出血來得又快又急，使她頓時感到頭痛（或許僅局部發生在太陽穴一側或眼睛後方）、倒地、抽搐（也可能不會），然後死亡。既突然又戲劇性。或者她可能感覺頭痛時好時壞，持續幾個小時或幾天。她可能感覺噁心或出現上述任何症狀。她可能服用治療頭痛的成藥卻無法舒緩。假如她服用阿斯匹靈這種血液稀釋劑，可能導致出血愈形嚴重、頭痛更加劇烈，更可能死亡。她可能躺下休息卻從此一覺不醒，也可能歷經數天或數小時的頭痛後，突然倒地死亡。

總之，這種醫療問題有許多樣貌，也代表你在情節安排上有很大的轉圜餘地。

14 噬肉菌如何侵害人體？

問——我有幾個關於噬肉菌（flesh-eating bacteria）的問題。我知道我們周遭充滿了細菌，而細菌喜歡入侵開放性傷口。為什麼這種細菌會攻擊一些人，其他人卻得以倖免？在患者身上看得見噬肉菌嗎？我的意思是，噬肉菌可以繁殖到極大數量以至於肉眼可見嗎（像是黴菌）？除了傷口外，噬肉菌也可能攻擊人體孔洞嗎？

琳恩．塔克（Lyn Tucker）
加州卡爾斯巴德（Carlsbad）

答——有幾種細菌都可以是噬肉菌。這個詞僅代表這種細菌具有攻擊性，並且在繁殖時造成組織廣泛損壞。近年來，較引起大眾關注的是鏈球菌（streptococcus）。這種細菌通常會侵略開放性傷口、生長快速，並製造毀壞組織的酵素。為什麼呢？簡單來說，細菌把組織做為養分而噬肉。它所產生的酵素可使組織「液化」以消化肌肉中的養分，並進一步繁殖與增生。其實這與我們攝取食物時，消化道中的消化過程相當類似。消化系統中的酵素分解碳水化合物、脂肪和蛋白質，使其成為可用的小單位，接著被吸收進入血液運送至所有身體細胞。噬肉菌基本上做的是同樣的事。

人體有數層防護可對抗微生物。皮膚的功能是阻隔，白血球是戰士與清道夫，而免疫系統擁有攻擊與削弱不速之客的細微機制，讓負責清掃的白血球易於解決入侵者。這些防護層的缺口或損害都會讓細菌有機會入侵與感染。皮膚防護牆的破損將使細菌得以入侵。正如許多類型的白血病與淋巴瘤的情形一樣，有缺陷的白血球細胞會弱化身體防線。而免疫系統受損者，如愛滋病、器官移植後接受免疫抑制療法（immunosuppressive therapy）或罹患糖尿病等疾病，都容易增加感染機會。基於這些原因，有的人可能比較容易感染流行性感冒、肺炎或噬肉菌，其他人則安然無恙。一個免疫系統與白血球細胞正常的人，身體孔洞周圍不太可能受到感染，除非皮膚防護出現缺口。但對於免疫系統受損的患者來說，口腔和尿道感染都是很常見的情形。而且可能致死。

細菌非常微小，無法以肉眼看見。但感染所造成的紅腫與化膿（基本上是戰死的白血球細胞和細菌）卻是可見的。

15

眼盲可以偽裝嗎？

問——我有一個關於眼盲的問題。有個女人是犯罪組織首領，別人都以為她看不見。她嫁給了一個老實的男人，他對於妻子假裝失明或從事不法活動毫不知情。什麼樣的偽裝方法可取信於人？有什麼眼藥水可以在不傷害眼睛的情況下，讓眼睛無法對光產生反應？或者，哪一種疾病可能導致半盲，但實際視力需要患者的誠實回答才能判定？

答——眼盲和瞳孔反應沒什麼關係。我來解釋一下。

視力是依靠光線從瞳孔進入眼睛，抵達眼球後方的視網膜所形成。這造成一個化學反應，使其透過視神經傳送電脈衝至大腦，大腦再將這些訊息處理成「影像」。這些連鎖反應的任何一個步驟失誤，都可能造成視覺異常或完全失明。

瞳孔在視覺上扮演的唯一角色是負責調節進入眼睛的光線（在光線微弱時放大，光線明亮時縮小），與某人看得見與否沒什麼關係。許多視覺障礙者都能保有正常的瞳孔反應，所以無法據此判斷。

真正的眼盲有許多形式。有些跟眼睛本身有關，有些跟視神經有關，有些我們則稱之為「皮質盲」（cortical blindness）。腦皮層是罩在大腦外的組織，不同區域負責不同的神經活動。負責處理視覺的是腦部最後方的枕葉皮質區（occipital cortex）。該區域中風或受創可能導致部分或完全、暫時或永久失明。

還有一種稱為「癔病性眼盲」（hysterical blindness）的精神病症，通常發生在嚴重的心理創傷後，導致患者看不見東西。這不是生理因素，而是心理障礙造成的。

倘若偽裝者的技巧絕佳，就不太可能或者很難判定她失明與否。然而，若有人朝她丟擲某物或作勢掌摑，而她出現反應，偽裝就可能破功。真正失明的人看不見任何東西，所以不會有反應。如果沒人以這種方式挑戰她，她仍可能偽裝成功。

你該如何避開這個問題呢？讓她部分失明。這有幾種可能性，但我會建議雙側視網膜剝離。這是視網膜開始由眼球剝離，若不加以治療可能導致永久失明或視力損害。糖尿病、高血壓、創傷後都是可能肇因，有時則原因不明。

她可以告訴別人她有這個問題，幾近失明，但並非全盲。她可以說她在法律認定上是失明的，意思是視力缺損，以至於無法閱讀、看電視或開車。她可以說自己看得見光、顏色、模糊的形狀和影子，僅此而已。在這種情況下，要是有人以上述方式挑戰她，她的自然反應就有了正當解釋。她可以看見「有東西」朝她而來。

她可以戴深色眼鏡，以手杖助行，走路時可能需要他人協助，並由他人開車接送、代為讀報等。她可以說她打算接受雷射手術來矯正這個問題，但短期內還不能這麼做。例如必須等一些出血紅腫的問題解決後。或者她可以宣稱醫生說她不宜接受手術，她的問題是永久性的。

她可以輕易守住這個騙局，因為這種情況並不罕見，還能讓她博取更多的同情，甚至是敵人。

16

僵直症患者可以進行什麼動作？

問——我正在進行一本小說，內容提到某人患有僵直症（catatonia）。什麼情況會讓人陷入僵直狀態？患者可以做些什麼事？走路、吃東西、講話、擺動手腳、眨眼？

—他們的舉止表現為何？醫院會給予何種治療，以及如何讓他們脫離這種狀態？—

答——僵直症是一種患者與環境甚少互動的心理狀態。患者仍能聽到、看到與感覺，只是沒有回應。他對於疼痛或明顯的威脅可能產生反應，也可能不會，這取決於病情的嚴重性。真正的僵直症並不常見，但在某些情況下，確實會伴隨精神分裂症與其他少數精神疾病發生。極少生理或精神上嚴重的急性創傷會引發僵直症發作。僵直症可能持續幾小時、幾個月或幾年。治療則包括精神科藥物和心理治療，但僵直症患者常對治療無反應，也可能難以治癒。

僵直症患者經常長時間以同一個姿勢坐臥。沒錯，他們會眨眼，而且可能翻身、移到另一張椅子上、走路、餵自己、做其他事。他們也可能什麼事也不做，照護工作全落在別人身上。患者移動時通常非常緩慢。他們往往面無表情，只是長時間盯著某物或往某個方向望去。他們可能看著跟他們說話的人，也可能不會。他們可能會回答問題，也可能不會。如果他們開口講話，往往輕而緩慢，不帶感情或情緒。

僵直症患者什麼都能做，只是通常不做。他們可以進食、穿衣服和清潔自己。他們可以走路和說話。別忘了，這是一種精神疾患而非生理病症，所以他們仍具備有所有能力，只是不使用罷了。

你筆下人物可罹患任意程度的僵直症，並持續任意時間。你在創作時就有多種選擇。

17 放血這種古老醫術如何進行？目的又是什麼？

問——我正為故事尋找一些一八〇〇年代極度野蠻或愚蠢的醫療行為，用來做為有違今日常識、落後又過時的醫療案例。我考慮採用由來已久、目的是助人恢復健康的放血術。請問放血要如何進行？為什麼是這種方式？

李．戈德伯格
加州洛杉磯
著有《謀殺診斷書》、《神經妙探》等作品
www.leegoldberg.com

答——是的，放血符合你的情節需求。這種醫療行為從西元前一世紀到十九世紀晚期仍廣泛使用，甚至進入二十世紀以後還看的到。外科醫生會使用刀片或刺血針來刺破血管集血。有時一次放血多達二至三品脫，雖然一般會少於這個量。但這個程序可能在幾天內重複數次，所以患者最終仍會被放掉兩三品脫的血液。沒有太多人因此休克而死，只能說是人類堅忍不拔的鐵證。這種方式多被用來治療發燒、水腫（浮腫或腫脹）、肺結核，以及我們所知道的任何疾病。

二十世紀中期之前，水腫這個詞用來描述腳踝、雙腿或嚴重的全身浮腫或腫脹。病因通常是高溫及（或）腎衰竭。我們現在稱之為鬱血性心衰竭（〔congestive heart failure〕即心臟衰竭）或腎衰竭。在這種情況下，人體負荷了過多的鹽分和水分，肺部也充滿積液，導致窒息而死。患者基本上是被淹死的。今日我們利用利尿劑幫助身體經由腎臟排水，嚴重的腎衰竭病例則需要透過洗腎方式治療。在水腫的情況下，放血確實有可能救人一命。早期在不了解生理學的環境下運用這種方式，有時算是走運。然而，放血並不如多數人所想的那樣落伍。

我就讀於醫學院時，我們把放血療法（〔phlebotomy〕從血管放血）用來做為在利尿劑發揮作用前，應付嚴重急性心臟衰竭與肺水腫（肺部充滿水）的救命手段。這些藥物可能需要一小時或更久才能發揮作用，而患者可能在期間死亡。放血療法視需要一次放出一品脫的血來緩解肺水腫。但既然現在已經有更強效的利尿劑，就很少再使用這種方法。

如果你故事中的醫生把放血術用在除了心臟或腎臟衰竭以外的狀況，確實是野蠻又愚蠢。而且，即使他用於心臟或腎臟衰竭，捨棄標準治療不用一樣會引人側目。

18

處於昏迷狀態的人可以活多久？

問——我正在進行一本小說，內容提到主角的三十五歲妻子在一場肇事逃逸事故中，頭部受創陷入昏迷。她自此未曾恢復意識，最後以死亡告終。我安排她處於植物人狀態，無須仰賴維生系統。我想知道她可能死於何種併發症，以及能夠存活多久？

崔莎·蘭斯芙（Trisha Rainsford）
愛爾蘭利馬利克（Limerick）
著有《生之竅門》（*The Knack of Life*）、《搶手地產》（*Hot Property*）

答——有許多患者處於無須維生系統的永久植物人狀態，僅接受餵食與一般照護。在妥善照顧下，他們可存活數十年之久。而與此相關的主要醫療問題包括：

褥瘡：這是身體久躺不動所導致的壓瘡。褥瘡可能深及骨頭，也可能引發感染。倘若變得難以治療，甚至會引發敗血症（血液感染）致死。

肺炎：昏迷患者常見的肺部感染。昏迷的人無法跟清醒活動的人一樣進行深度呼吸，肺部可能輕微塌陷而易發感染。這類感染多半不易治療且有致命之虞。肺炎通常是肺部不慎吸入液態食物所造成的問題。昏迷患者無法進食，必須藉由鼻胃管（從鼻子經過食道至胃部）餵食，從而增加胃酸與食物自食道上升進入肺部的風險。胃酸可能燒灼肺部與支氣管，造成討厭的細菌感染，也就是所謂的吸入性肺炎，非常危險。胃造口管則是一種降低此風險的方式。塑膠餵食管實際上是穿過腹壁，而非經由喉嚨進入胃部。它只需要一個小切口，可維持好幾年不成問題。既然餵食管不經過喉嚨，肺部吸入異物的機率也隨之降低。

泌尿道感染：在這種狀態下，許多患者都插有導尿管以便自膀胱引流尿液，防止弄髒身體。導尿管讓細菌有機會進入膀胱，接著是腎臟。而這同樣可能併發血液感染，造成致命的敗血症。

肺動脈栓塞：這是一種常見且致命的併發症。血栓在腿部或骨盆內的血管形成，掉落後流經心臟右側並進入肺臟。這在幾分鐘內就會致死。不論是昏迷、歷經手術或中風後造成行動不便，都非常容易出現這種情形。

你筆下人物可以存活數十年、數年、數月、數週或數天，或隨時死於感染或肺動脈栓塞。這代表你有很大的發揮空間，這些時間範圍都是準確可信的。

19

鹽水算是好的抗菌劑嗎？

問——某人受了刀傷，他的前臂被刀劃過。由於遠離文明世界，他先以海水清洗傷口，抵達營地後再用煮沸過的水加鹽清潔，認為這樣能避免感染。這是真的嗎？或者聽起來很無知？

答——不，事實上他相當聰明。雖然鹽水並非最佳的抗菌劑，但仍聊勝於無。鹽水主要用來清潔傷口上的髒污，這一點對於預防感染十分重要。鹽水也有一些抗菌功能。海水可先清理傷口，回到營地後，用煮沸過的水加入高濃度的鹽確實可以殺死細菌。細菌無法在鹽分過高的情況下存活。他可以在一杯水中加入二至三匙的鹽，再用鹽水沖洗傷口，接著盡可能以乾淨的繃帶包裹。一塊白棉布以沸水煮過風乾，就是最好的繃帶。

20

亂倫生下的孩子會有先天性缺陷嗎？

問——我的短篇故事寫到一名女子懷孕了（但週數太大無法合法墮胎），而她發現孩子的父親竟是她的外祖父。這個孩子是否會因為近親亂倫而有嚴重缺陷？

蘇珊・夏芙倫（Susanne Shaphren），亞歷桑納州鳳凰城
著有〈安排〉（*Arrangements*），收錄於《美國神祕小說作家精選：娛樂圈謀殺事件》（*Mystery Writers of America Presents Show Business Is Murder*），以及〈好友〉（*The Best of Friends*），收錄於《性、謊言、私家偵探》（*Sex, Lies, & Private Eyes*）

答——亂倫所導致的基因問題多半是隱性基因所致。我們的基因都兩兩成對，每一對基因中通常有一個顯性，一個隱性。顯性就是表現出來的那一個。舉例來說，如果你有兩個棕眼基因，你的眼睛就是棕色；有兩個藍眼基因，你的眼睛就是藍色。但若有一個棕眼基因和一個藍眼基因，你比較可能是棕眼。因為藍眼基因是隱性，棕眼基因是顯性。當然基因沒這麼單純，但應該足以說明重點了。

隱性基因所導致的特定疾病也是如此。如果你有一個顯性基因和一個隱性基因，你可能不會罹患該病，要不就是病況較為輕微。但如果你有兩個隱性基因，該疾病就會出現，因為沒有顯性基因可阻擋或減弱它的表徵。舉例來說，正常血紅素（紅血球細胞帶氧的分子）的基因稱為A；鐮刀型貧血（〔sickle cell anemia〕一種顯著影響非裔後代的疾病）的基因相對於顯性的A，為隱性的S。多數人擁有一對正常的基因AA，而罹患該疾病輕微形式的「鐮刀型細胞特徵」者則各有一個基因，稱為AS。重度鐮刀型貧血症患者有兩個S基因，或稱為SS。鐮刀型貧血患者會自父母雙方各得一個S基因。也就是說，父母不是SS就是AS。他們必定各有可遺傳至下一代的S基因。

這是基本的基因學。但由此可知，相較於父母一方來自有S基因的家族，另一方來自沒有S基因血統的血系，若某家族血系中有S基因，則同家族的兩名成員結合較可能生下SS的孩子。

所有類型的基因疾病都是如此。不過，一段亂倫關係產下嚴重異常孩子並不常見。如果近親繁衍持續數代，該家族的隱性基因就會變多，嚴重基因異常的情況也會跟著增加。

所以在你的故事中，雖然孩子缺陷的機率不高，但她不會了解的。即使機率是千分之一，她還是會執著於那「一」的可能性，而非剩下的九百九十九。這些擔心對她而言是非常真實的感受。她會感到恐懼、焦慮、羞恥、悔恨，以及其他因不倫關係所衍生的情緒。隨著分娩日一天天靠近，她的情緒起伏不定，擔心自己將產下三頭寶寶而被人發現這個祕密。換言之，她對於孩子出現先天性缺陷的恐懼遠大於可能的實際風險。

21

美國清教徒時期的醫療狀況如何？

問——我正在做一份關於美國清教徒時期醫療狀況的研究報告。我在網路搜尋了好幾天，卻一無所獲。你可以幫忙嗎？

雪莉・布朗（Shari Brown）
俄亥俄州瑪麗埃塔（Marietta）

答——這顯然是個很大的題目，但整體來說，美國清教徒時期（約一六二〇至一七〇〇）醫療知識的本質仍相當粗糙，而且多數是無效的。宗教凌駕於醫學之上，治療方式並無科學基礎。一六九二年著名的塞勒姆審巫事件（Salem witch trials），反映出宗教對清教徒思維控制之鉅。許多疾病都被視為是惡魔附身或不虔誠所招致的報應。

在清教徒社會，醫生的地位遠低於神職人員，大致與學校校長或旅館老闆差不多。醫生基本上沒受過正式教育，醫療照護知識也多由同行身上習得。新世界中沒有正式的醫學院。他們對待病患的方式也受到時代節制觀念的影響。例如，檢查女性胸部是不被允許的，更私密的檢查當然絕無可能。雖然醫生在場，但婦女生產的過程實際上是由助產士進行。

從科學上來說，清教徒的醫療品質與古希臘相距不遠，儀式性的治療居多。治療通常以咒語、詠唱、焚燒各種物品並吸入煙霧來驅魔為主。植物和動物製品提煉而成的藥水和膏藥，都被相信能夠治療廣泛的病症。但其實多數是無效的。例如，以金絲桃草（俗稱聖約翰草）來治療瘋癲、驅趕妖魔，或以乾蛤蟆的粉末來治療任何認為與血液相關的疾病。

放血以及使用各種有瀉劑功能的植物與礦物相當常見。外科手術則包括剖腹產、截肢、清除彈頭或異物、清理和包紮傷口、固定骨折、從膀胱取出結石等。當時還沒有抗生素這種東西，因為細菌致病的理論尚未出現，也沒有麻醉藥。事實上，那個時期的醫生所知和所能做的事非常有限。在多數情況下，仍須尋求當地神職人員的祝禱，才能著手做任何事。

22 精神鑑定的步驟為何？

問——有個女人發狂攻擊自己的老闆。警方抵達後，將她收押，接著送往州立醫院進行精神鑑定。請問精神評估的過程為何？她有情緒失控發怒的紀錄，但平日看起來完全正常。她有辦法在評估中隱藏自己不正常的一面嗎？我希望她被留置一陣子後便獲釋，這樣她才能去跟蹤前老闆。

伊麗諾・莎曼（Eleanor Thurman）
亞利桑那州斯科特斯戴爾（Scottsdale）

答——有許多標準測試可用來評估她的心智能力。合格的心理醫生或精神科醫生會進行查問，既然這是一起犯罪事件，法醫精神科醫生或心理醫生也可能介入調查。精神鑑定旨在診斷出任何的心理異常，以及查出誰佯裝發瘋或企圖隱藏自己的心理問題。這些測試多半是主觀性質的，精神科醫生經常受到愚弄。

鑑定的第一步是完整的體檢，確認她並無患有導致其發狂或出現攻擊行為的疾病或創傷。中風、腦傷或感染、甲狀腺機能亢進、低血糖糖尿病患者、吸毒或許多其他狀況，都會使人行為怪異，有時甚至出現攻擊性。這些可能性必須先排除，才能進行精神鑑定。醫生會檢查她的完整病歷，並特別留意她的神經系統狀況。她將接受驗血，或許緊接著進行特殊的腦部檢查，如腦電波儀、磁振造影或電腦斷層掃描。如果檢查結果都正常，精神科醫生就會開始著手進行鑑定。

精神鑑定的目的是判定她是否罹患任何重大的精神疾病，如精神分裂症，並確立其思考過程與認知能力。

精神鑑定有幾種類型：人格量表（personality inventory）、投射測驗（projective test）、智能與認知評量（intellectual and cognitive assessment）。精神病學專家所運用的鑑定方法各有不

同，不過我們看的是比較普遍的類型。

人格量表旨在判定受測者的基本人格類型，已高度標準化且可信度高。常見的包括明尼蘇達多相人格量表（Minnesota Multiphasic Personality Inventory, MMPI）、米隆臨床多軸量表（Millon Clinical Multiaxial Inventory, MCMI）、加州心理量表（California Psychological Inventory）等。事實上，許多人就學時可能已經做過一個以上這樣的測驗。

投射測驗旨在評估受試者的性格和思考過程。這種測驗比上述量表標準化程度低而主觀性強。常見的測驗包括羅夏克測驗（Rorschach test）、投射繪畫（Projective drawing）、主題統覺測驗（Thematic Apperception Test, TAT）。

羅夏克測驗即著名的墨漬測驗。她會被要求看一系列抽象的墨漬，並描述所見為何。她描述的影像可透露其性格、思考過程以及與現實的連結，也能讓人一窺其內在幻想。

投射繪畫也十分類似，不同之處在於以畫圖方式分析。她可能被要求畫一棟房子、一部汽車、一棵樹、一名異性、一個恐懼的場景或情況。她的繪畫可能透露出她內心的思考過程與幻想。例如畫出一棟失火的房子、一名遇刺的女性或是一棵枯槁的樹木，這些概念能讓我們探看她的內心世界。

主題統覺測驗則是讓她看一些常見情景的圖片，然後依照畫面編故事。她的內在想法和幻想可能再次浮上檯面。例如，施測者可能給她看一張男人和女人正在講話的照片。她可能會說他們正在籌備婚禮、為錢爭吵或講她壞話。每個答案都明顯指向不同的精神狀態。

智能與認知評量旨在評估受測者的智能、心智能力、思考過程，與理解自身行為的能力。最常見的智力檢測為魏氏成人智力量表（Wechsler Adult Intelligence Scale, WAIS），此測驗將判定她的智商程度。

在這些標準測驗都完成且評量結束後，精神科醫生會與目標對象進行面談，並進一步探究測驗所發現的任何值得關切之處。在這個過程中，精神科醫生所受的訓練和經驗將發揮作用。由於面談的複雜性與範圍使然，以及精神科醫生的面談技巧各異，在此就不多做討論。

不過，有兩個面談技巧值得一提：催眠與面談過程中所使用的藥物。催眠是用來協助犯嫌與目擊者回憶特定事件和細節。問題是，佯裝受到催眠並不困難，因此任何以此技巧獲取的資訊都要經過再次確認。此外，人在催眠影響下很容易接受暗示，光是提問也可能改變他們對特定事件的記憶。而這些「新記憶」很可能成為他們實際記憶的一部分，使日後的面談和法庭證詞可信度存疑。有些法庭採信曾接受催眠的目擊者證詞，有些法庭則不然。

雖然沒有「吐真劑」這種東西，但某些藥物可以降低一個人的抑制和防衛。好比硫噴妥鈉（sodium pentothal）這種有助吐實的經典藥物，以及其他使人昏昏欲睡、心情愉悅，甚或喋喋不休的麻醉藥物。跟催眠一樣，任何以這種形式收集到的情資在法庭上都可能受到質疑。

根據測驗與面談的結果，精神科醫生將針對她的精神狀態、能力與精神正常與否提出意見。

他可以說她有精神疾患或沒有精神疾患，也可以說她是裝瘋或沒有裝瘋。取決於你，一切都說得通。你可以安排鑑定結果或是施測者的意見符合你的故事需求。

23

什麼情況會讓人出現妄想？

問——我想安排故事裡的某個人物產生妄想，但不希望他有任何疾病或受傷的外顯徵候。換句話說，他從外表看來一切正常。請問什麼疾病或傷害可導致這種情況？我想萊姆病（Lyme disease）或許能派上用場，還是你有其他建議？

賽門．伍德（Simon Wood）
加州埃爾索布蘭特（El Sobrante）
著有《賣命工作》（*Working Stiffs*）、《從天而降的意外》（*Accidents Waiting to Happen*）
www.simonwood.net

答——妄想是某人相信某事為真，但實則不然。他可能相信他的鄰居想要殺他，或

FBI正在監聽他的電話。這些稱為偏執妄想（paranoid delusion）。除非它們都是事實。他可能相信自己是皇室後代或一定會中彩券。這些則算是誇大妄想（delusions of grandeur）。

精神病患者跟現實的連結已然喪失，而妄想症患者與現實仍保有一定的連結。精神病患者可能相信自己是拿破崙，置身於一八〇三年的法國，或自己是耶穌基督，甚至是一隻大鳥，可以飛出窗外。精神病患者通常伴隨著幻覺，這代表他感覺到（看到、聽到、聞到、摸到、嚐到）不存在的東西。他可能看到牆壁上有蟲在爬，或把某個男人手中的雨傘看作是機關槍。

妄想源自於精神疾患，所以妄想單獨看來沒有外顯的生理徵候。造成妄想的缺陷可能有生理徵候，但妄想本身沒有徵候。除了妄想外，患者的舉止、言談與人際互動可能都十分正常。

究竟是什麼造成妄想？大致有四個類別：精神疾患、疾病、創傷與毒品。

妄想是許多精神疾患的症狀之一，好比精神分裂症。精神分裂症可能是多方面的精神病，也可能僅為妄想型。妄想可能只是偏執，也可能是許多其他類型中的一種。患者可能看似「瘋狂」，也可能看起來再正常不過。他們只是有一些精神上的誤解。這只是程度上的問題。任何壓力症候群，如創傷後壓力症候群都可能出現妄想。你筆下的人物可以患有輕微的精神分裂症或創傷後壓力症候群，並出現妄想症狀，卻看似正常。

老年失智症（senile dementia）與阿茲海默症（Alzheimer’s Disease）、多次中風、重度甲狀

腺機能亢進，以及其他問題都可能造成妄想。腦膜炎和其他腦部感染亦然。萊姆病是一種經由硬蜱（俗稱壁蝨）叮咬而感染的疾病，可能造成妄想，甚至精神分裂。其外顯徵候為皮膚紅疹。

腦部受創也可能導致妄想，最典型的是慢性硬腦膜下血腫（chronic subdural hematoma），這可能是你正為筆下人物所尋找的疾病。頭部受到重擊（車禍、跌落或受襲）可能造成顱內腦外出血。血腫（血塊）在顱骨和腦部間形成，造成顱內壓力，導致大腦功能失常。患者可能出現頭痛、視線模糊、噁心、身體一側無力、妄想或精神疾病。外部創傷可能感覺並不嚴重，但血腫可能延遲數天、數週或數個月後才發生。他可以頭部受到重擊，數週後才開始出現頭痛與偏執妄想。親近他的人可能注意到他的行為發生變化。這些改變可能很輕微，而且他表面上看起來是正常的。

毒品一向有造成精神症狀與妄想的惡名。吸食古柯鹼（又稱可卡因）、安非他命與海洛因，或者在長時間吸食後停止，都可能造成妄想，尤其是偏執妄想。慢性酗酒，尤其是戒斷期間，常造成妄想與多種精神疾病。震顫性譫妄（delirium tremens, DTs）常與妄想、幻覺有關。

這些你都可以善加利用。

24

一個人長時間被關在完全黑暗的房間裡，會產生何種精神狀況？

問——某人被關進一間又冷又暗的舊精神病院地下室內。因為工作的關係，他經常睡眠不足，所以當他進到這個地方時，已經身心俱疲。在這種情況下，他什麼時候會開始質疑自己的想法、記憶，甚至認為在黑暗中看見了（或沒看見）什麼？離開這個地方後，他會馬上回到現實、恢復空間感與時間感嗎？還是需要一天甚至更久？

P．J．派里斯（P.J. Parrish）
《夜墓驚魂》（*Unquiet Grave*）作者
www.pjparrish.com

答——你描述的情況稱之為感覺剝奪症候群（sensory deprivation syndrome）。當一個人處於感官刺激缺乏或受限的環境時，他的心智會自行填補空缺。大腦會創造感覺、改變感覺或者兩者兼具。像是從記憶編造這類感覺，可能是扭曲的，也可能無中生有的想像。任何人在這樣的情境下，基本上是被局限在自己的腦袋裡過活，而心智實質上有能力建構出任何事物。

他能在黑暗中看見東西，好比色彩、無定形物件、漂浮的影像與臉孔、駭人的怪物，以及任何他所能想像的事物。倘若室內很安靜，他可能聽見一些聲音（在叫喚他、談論他，甚至竊竊私語或歌唱）、鈴響、刮擦聲、急促奔跑聲，還有嗥叫聲等。他可能感覺到冷風或暖風吹拂、蟲子爬過他的皮膚、蛇溜上他的雙腳和腿部，加上他的心智所捏造的其他感覺。就連味覺、嗅覺也可能扮演一定的角色。像是聞到惡臭或香甜氣味、過去熟悉的氣息，都會觸發他真實或想像的記憶。嗅覺是我們最原始的感覺，往往會把記憶挖掘出來，而且是埋藏在心中的記憶。

他的感官經驗不完全是從他的心中浮現。環境雜音也可能播下種子，接著他被感覺剝奪的心智就會朝任意方向擴大或改變這類感覺——有可能變好、變壞，或者只是不同而已。例如，他可能聽到樹枝因風搖動刮擦外牆的聲音，卻想像有某人或某物在牆後挖洞，打算救他、殺了他，或者把他活活吃掉。他可能聽到遠處其他病患的尖叫聲，卻認定那是惡魔大聲咆哮要抓他下地獄，或是天使闊步前來拯救他的靈魂。他可能感覺到水滴或真的有蟲子爬過，卻虛構出一批恐怖怪物打算把他給生吞活剝。

在黑暗中，他對時間、地點的感受會嚴重扭曲。而長時間待在寒冷的室內則會導致失溫（體溫過低），同樣使他更加混淆，並進一步助長他的想像。失溫者經常出現妄想和幻覺。

至於要過多久才會顯現這些情況，時間長短殊異。每個人對感覺剝奪的反應不盡相同。有些人關個幾小時就難以承受，有些人則能撐過數週。這個時間範圍內都有可能。

一旦獲救，他有可能完全復原或徹底發瘋，其他輕重不等的情況也都可能出現。他可能在一兩個小時、一兩天或一兩個月內康復，或者永遠不會康復。

這表示你眼前有無限的可能性。他有可能感覺到任何事。你夢到的，他也夢得到。你想像的，他也想像的到。你為他創造的一切夢魘都可能發生。

真嚇人啊。

25

梅毒在一九六〇年代如何診斷與治療？

問——故事發生在一九五〇年代晚期至一九六〇年代早期，一名女子被她不忠的丈夫傳染了梅毒。我想知道梅毒在當時如何診斷與治療？標準治療中包括使用抗生素嗎？若未經確診，三個月後會出現什麼症狀？預後情況如何？他們會試圖追蹤那名丈夫嗎（在故事中，他後來消失無蹤）？

蜜雪兒・凱許摩（Michele Cashmore）
澳洲布里斯本
著有〈空白的一頁〉（*The Blank Page*），收錄於《布里斯本的惡魔》（*Devil in Brisbane*），
以及〈顛茄〉（*Belladonna*）一文，發表於SF-Envision.com線上雜誌

答——梅毒通常沒有早期的感染徵候。典型症狀為生殖器上小型無痛的凸起或硬節，稱之為「下疳」（chancre）。下疳大多是單一病灶，但有時也可能是多個。下疳於感染數

日至三個月間出現在陰莖或陰脣上，也可能完全不出現，或小到患者根本未注意。下疳在出現後三到六週會逐漸消失。這個階段叫做早期梅毒。倘若未接受治療，將發展至下一個階段。

第二期梅毒發生在下疳消失或長達數週之後。特徵是紅色或紅棕色的皮疹，通常出現在手掌和腳後跟部位，也可以出現在任何地方。患者可能出現發燒、頸部淋巴腫大、喉嚨痛、體重下降、頭痛、不規則塊狀掉髮、肌肉疼痛、倦怠等症狀。這個階段可能持續數天或數週。若未接受治療，將進展至第三期梅毒。

第三期梅毒始於皮疹消失後。患者體內仍有感染，但症狀不多且較少外顯徵候。此時梅毒已演變成傷害腦部、心臟、胸腔的主要血管、肝臟、眼睛、骨骼和關節等部位。這些問題可能於一年後出現，也可能在長達數十年後出現，變化極大。

你設定的人物在三個月內不會到達第三期，但很可能發展出部分或全部初期與二期梅毒的徵候與症狀。她也可能完全沒有症狀。該疾病可藉由驗血診斷。

當時梅毒主要的血液檢測為梅毒血清反應，檢測僅需幾小時。梅毒是很常見的性病，多數受感染者並不知道自己罹病，因此美國各州大多要求送進醫院的所有患者接受檢查。治療方式為施以高劑量的盤尼西林（又稱青黴素）。成人通常接受二四〇萬單位劑量的必希寧（〔Bicillin〕青黴素的一種）肌肉注射，並於一週後重複注射。此療法的治癒率極高。

美國公共衛生服務部將設法找到她離家的丈夫，以及任何跟他有過性接觸的人。

26

居家懷孕檢測最早在何時問世？

問——故事發生在一九八〇年，內容涉及居家懷孕檢測。我想知道當時是否已經有這項檢測？有的話，又該如何檢測？

凱翠歐娜・特若芙（Catriona Troth）
英國

答——最早的居家檢測，是由華納奇爾科特公司（Warner Chilcott）所製造的早期懷孕檢測（Early Pregnancy Test, ETP）。這項產品約於一九七〇年晚期問世，大致接近你故事設定的時間。它是利用羊紅血球與人類絨毛膜促性腺激素（human chorionic gonadotropin, HCG）產生反應，懷孕女性及部分卵巢瘤患者的尿液中都含有這種激素。這是一種抗原抗體反應，稱之為沉澱試驗（precipitin test）。當人類絨毛膜促性腺激素與羊紅血球接觸時，會形成一種不溶於水（或尿液）的複合物。新形成的複合物將沉澱（成為固態），並落至試管底部。試管底部可以看見環狀或團狀物。

你故事中的年輕女性可以自己的晨間尿液做為樣本，在早期懷孕檢測的試管中放入少量，然後等待兩小時左右。若試管底部有一圈白色物質，就代表呈現陽性反應。

27

腦部受創或遭受心理打擊有可能造成暫時性失語或失聰嗎？

問——腦部受創與（或）心理創傷有可能導致語言能力和聽力暫時喪失嗎？我打算讓主角在故事最後可以完全恢復。

道格．湯普森（Doug Thompson）
加拿大安大略省尼加拉瀑布

答——大腦是很奇妙的東西，當它功能失常時，幾乎什麼事都有可能發生。所以，你安排的情節行得通。受到創傷、感染以及腦部特定腫瘤，都可能造成大腦各區域永久或暫時性受損。當這種情況發生時，該區域的功能就會失常。這可能會造成一隻手或腳無力、臉部一側麻痺等，而如果負責語言與（或）聽力的區域受到影響，即可能喪失這些功能。這種功能的喪失可能是永久或暫時的，如果是後者，問題可能持續數分鐘、數小時、數天、數週、數個月或數年之久，接著部分或完全回復正常。當受傷或感染復原，或腫瘤成功切除後，完全復原是可能的。

心理創傷也可能造成同樣的情形。其中一種狀況是出現所謂的歇斯底里轉化反應（hysterical conversion reaction），也就是心理創傷讓患者關閉特定大腦功能。他可能部分或完全癱瘓、失明、失聰、失語或僵直（呆坐瞪視不發一語，亦不回應任何人）。僵直反應是轉化症最常見的形式。在適當的心理療法下，轉化反應多可被治癒。這個過程可能需要數天、數週、數月或數年不等，但患者多半能恢復正常。

28 什麼情況會造成一個正常人暴怒？

問——某人多數時候看起來「正常」，但一點小事就會激起他與導火線不成比例的暴怒。有什麼生理或心理疾病會造成這種情況？或許是強迫症之類的？

答——這個議題相當廣泛，牽涉到許多醫療領域，因此我僅就幾個適用於你的故事的病症進行解釋。

你提到的強迫症（obsessive-compulsive disorder, OCD）是一種常見病症，可能導致情緒管理上的困難。許多強迫症患者都有輕微的偏執，而有些人的偏執行為控制了他們許多的日常活動。在電影《愛在心裡口難開》（*As Good As It Gets*）中，傑克・尼克遜（Jack Nicholson）就飾演一名追求完美的強迫症患者。多數強迫症患者在日常生活中並無太大問題，通常能「與人和睦相處」。但有時他們對於控制、條理與紀律的要求，容易演變成對他人難以容忍與憤怒之感，並出現不可預期的暴力行為。

老年失智症與阿茲海默症亦可能導致怒不可遏的情緒表現。隨著記憶與其他腦部功能減弱，絕望和走投無路的感覺逐漸在患者心中滋長，再加上認知功能與推論能力降低，都可能致使憤怒與暴力迸發。

各種類型的腦瘤也可能誘發多種精神症狀，包括生氣、一陣盛怒、偏執念頭、幻覺與妄想。患者可能自覺受到迫害，或相信有人或有東西要抓他。而這些混亂的思維可能引發攻擊行為，因為患者感受到自我保護的需求。一九六六年，查爾斯・惠特曼（Charles Whitman）於德州大學鐘樓持槍狙擊行人，造成十四人死亡慘劇，他的腦部就有一顆腫瘤。這對於這名凶手的暴力行為可能有關，也可能無關，但部分腫瘤對某些人必然有所影響。

妄想型精神分裂症（paranoid schizophrenia）可能出現類似的想法與信念，並引發極端暴力的行徑。別忘了，對他們來說，察覺到威脅就是真正的威脅。事實上，我們都是如此。但精神分裂症患者無法以正常方式處理資訊，而具有妄想傾向的精神分裂症患者可能相信隔壁鄰居正鎖定他、監視他，甚至在他頭部植入監聽器。對於真正的患者而言，攻擊或殺害鄰居是生存的必要手段。當然，大多數精神錯亂到此程度的患者，其他時候可能無法表現得完全正常。但他們不全然是一副瘋瘋癲癲的樣子。

低血糖會導致一些怪異行為，但極少暴力行徑。大腦仰賴來自血液的葡萄糖與其他營養素持續供給，做為能量來源。血液的血糖值濃度過低，腦部則首要其衝。低血糖會造成許多不同症狀，包括昏昏欲睡、飢餓、緊張、焦慮、噁心、疲勞、虛弱、暈眩，以及性格與精神狀態的改變。就像有些人酒醉後脾氣暴躁，有些人沒吃東西容易發怒或煩躁一樣。當攝取的食物縮減，如進行速效瘦身或跟隨潮流進行不健康的減肥法，都容易導致低血糖。此外，在吃了含糖量高的正餐或點心後，胰臟會分泌過量的胰島素來分解糖分的攝取。而胰島素分泌往往超過人體所需，糖分代謝後（分解並轉換為能量或脂肪），多餘的胰島素將使血糖迅速降至最低。低血糖症狀便隨之快速發生。

許多毒品和藥物也會導致發怒行為。古柯鹼、甲基安非他命和多種減肥藥品、興奮劑都有易使人發怒與妄想的惡名。毒品及酒精戒斷也有相同情況。

癲癇發作亦容易出現攻擊行為。這是整個大腦或某個區域快速不正常放電所致。典型的大發作（grand mal seizure）為大腦皮層神經細胞異常所引起。患者會失去意識、跌倒，以及表現出全身性強直陣攣性發作。但有些癲癇發作為局部性，其表徵則視大腦區域而定。例如，可能僅發生在右手臂。患者手臂痙攣，身體其他部位卻沒事，並保持意識清醒。這種情況下的癲癇可能發生在大腦的左頂葉，負責控制右手臂的區域。這種形式的癲癇發作可能僅限於局部，也可能擴散至整個大腦皮層，演變為大發作。

局部發作的顳葉癲癇可能符合你需求。顳葉位於靠近耳朵的大腦區塊。杏仁核屬於顳葉的一部分，負責掌管情緒如憤怒和恐懼。此區癲癇發作並不會出現痙攣或失去意識等生理表徵，但可能造成情緒與性格的改變，或引致生氣與盛怒。患者可能做出平常不會做的事，不記得自己做過什麼或者剛才在哪裡。此期間稱為「神遊狀態」，可能持續好幾個小時。你筆下的人物可以按照你想要的方式行動；他可以變成完全不一樣的人。

他可能對自己在癲癇發作時去過哪裡或做過什麼毫無記憶。他可能突然醒來發現自己迷路了，或身處奇怪的地方或情境。他突然醒來與癲癇停止的時間點是一致的。

我還是住院醫生的時候，曾見過這樣的情況：一名年輕女性離開工作崗位外出午餐，回來時已約莫下午四點半。同事問她去了哪裡，她卻不明白他們在說什麼。當她發現時間是四點半，而非自己所認為的一點時，她嚇壞了。她完全不記得自己在離開與回到辦公室之間做過些什麼事。她的診斷結果顯示她患有顳葉癲癇，而且可能剛經歷神遊狀態。

麥克・克萊頓（Michael Crichton）在他的著作《終端人》（*The Terminal Man*）中描述的正是這類型的癲癇。

以上的病症都適用於你筆下人物。

29

心臟去顫器致死的原因為何？

問——我正為創作中的故事尋找一件獨特的謀殺凶器。我記得曾經讀過心臟去顫器在不當使用的情況下，有可能導致死亡。這是真的嗎？怎麼做到的？

答——沒錯，心臟去顫器有致死的可能。這類儀器的功能是讓電流通過胸膛直至心臟，以治療致命性與非致命性的心律不整（心跳節奏改變）。非致命性心律不整常為心臟的上半部（心房）所致。典型症狀包括心房頻脈（atrial tachycardia）、心房撲動（atrial flutter）與心房顫動（atrial fibrillation）。妥善使用電流，可使許多類似情況回復為正常心跳節奏。我們稱之為「心臟復律」（cardioversion）。

致命性心律不整通常是心臟的下半部（心室）所引發，好比心室心搏過速與心室纖維顫動。這些情形可能導致心搏停止，若未治療，患者一兩分鐘內就會死亡。此時運用心臟去顫器，以電流讓心跳節奏回復正常即可挽救性命。

但較為無害的心房心律不整，甚至是正常的心跳，都可能因為電擊而轉為致命的心室性心律不整。這就是時有所聞的接觸通電電纜或壁面插座、遭到雷擊，或試圖用刀子插進烤麵包機取出卡住的吐司而身亡的原因。是的，你的烤麵包機有可能害你喪命。人們經常在不經思索的情況下行動。

心臟的跳動仰賴有節奏的電流信號傳遞。而電擊可能干擾這種平穩、有節奏的傳遞，造成電流信號不穩定，進而引發危險的心室性心律不整，甚至死亡。這意謂著去顫器可以用來做為殺人武器。操作者需要把電極片（膠質貼片）置於患者胸前，並連接貼片導線至去顫器，去顫器會自動充電（需費時幾秒），接著按下電擊鈕。這麼一來，電流會傳進胸部及心臟，確實可能造成致死的心跳節奏。但也可能除了疼痛之外，毫無作用。一次電擊不一定能致人於死。凶手可能需要重新充電，重複電擊。

30 何種創傷或疾病會讓一個人不孕？

問——小說主角是一名三十三歲的婦產科醫生，無法懷孕生子。我必須編出一個她最近才發現或發生的充足理由，而且沒有潛在的致命風險（如愛滋病、卵巢癌）或是孕前疾病、性病。那必須是不可逆的狀況。也許是不久前才發現的天生子宮異常，或者必須接受緊急子宮切除術（hysterectomy）？可能經歷了一場大車禍？只是我不希望她有其他生理上的問題。這個發現或事件將導致她的訂婚取消。

賈桂琳・戴蒙（Jacqueline Diamond）
加州布瑞亞（Brea）
著有《圓滿家庭》（*A Family at Last*）、《缺席爹地》（*Dad by Default*）
www.jacquelinediamond.com

答——你已排除許多不孕的常見原因，但仍有其他選項。

首先，有些女性無法受孕，原因不得而知。也就是說，所有組織結構與荷爾蒙檢測一切正常，但就是無法懷孕。

另一種情況是她患有嚴重的子宮肌瘤（fibroid）。子宮肌瘤為長在子宮內的良性腫瘤，會造成子宮腔變形，這個變化可能影響胚胎著床，造成不孕。子宮肌瘤常導致嚴重的疼痛與出血，有時完全切除子宮是控制該問題的唯一方法。這種狀況並不少見。那名女性可能一直感到反覆腹痛及出血，還可能出現貧血，使得她在活動時感覺虛弱、喘不過氣來。她可能需要接受止痛劑與鐵劑治療，甚或一兩次輸血。如果問題持續下去，且肌瘤過大或數量過多，那麼完全切除子宮就勢在必行。

車禍等創傷也可能導致子宮損傷以致需要切除。車禍往往帶來其他傷勢，但可以不是會對她未來嚴重影響的傷。罪魁禍首可以是安全帶造成子宮受損，連帶膀胱破裂。子宮須手術切除，而膀胱成功修復，她復原後的情況將會良好。

另一個問題是卵巢衰竭（ovarian failure）。卵巢無法產生懷孕所需的足夠荷爾蒙，而導致不孕。驗血可測出其濾泡刺激素（follicle stimulating hormone, FSH）與黃體化激素（luteinizing hormone, LH）數值過低。她的其他方面一切正常，僅無法受孕。

31

一八八六年，美國中西部是如何治療白喉的？

問——我的小說背景設在一八八六年的美國中西部。有個角色罹患了白喉，一名年輕醫生必須運用最新療法來拯救她的性命。我認為在當時若病情惡化至呼吸道梗阻，必須進行氣管切開術。但我不確定氣管插管是何時出現的，以及氣切手術與氣管插管有什麼差別？

答——白喉早在好幾個世紀前已為人所知，穆斯林與希伯來醫生數千年前就知道這種疾病。在猶太法典《塔爾穆德》（*Talmud*）中，白喉被稱為「askara」或「serunke」，當時人們極為恐懼這種疾病，只要社區中有病例出現，就會立即吹響公羊角製成的號角做為警報。醫學之父希波克拉底（Hippocrates）在西元前四世紀首度描述這種疾病。古希臘人將白喉稱為「ulcera Syriaca」，在拜占庭帝國的一些文獻中則稱作「esquinancie」。傳染病在古文明世界和歐洲週期性地肆虐，貫穿黑暗時代、中世紀與文藝復興時期。二十世紀早期，白喉在美國成為威脅生命的一大殺手。一九二〇年代，美國每年據報有十五萬宗本土案例，造成一萬三千人死亡。

白喉是由白喉棒狀桿菌（*Corynebacterium diphtheriae*）所引起的急性呼吸道傳染病。白喉會感染咽喉和喉嚨，並產生攻擊神經系統、損害心臟的毒素。主要表現是在咽喉部位形成一層厚厚的灰白色膜。這層偽膜（pseudomembrane）可能自咽喉內膜剝落堵塞氣管，造成窒息死亡。治療方式是另建「替代路線」，好讓空氣進入肺部。首先是進行氣管切開術（tracheotomy）——tracheo意指氣管，otomy則是開啟或創造路徑。氣管切開術就是在氣管製造一個開口或通道，通常是在喉嚨前方、喉頭（聲帶或喉結）下方處進行。以白喉的情況來說，若灰白色膜已經阻塞喉嚨，那麼這項手術可以拯救患者性命。

第一起成功施行氣切手術的案例是在一八二五年七月一日，由法國醫生皮耶·布雷托諾（Pierre Bretonneau, 1778-1862）於圖爾（Tours）用來救治一名哮吼（急性咽喉氣管炎，一種阻塞氣管的疾病）的兒童病患。他認為這項手術也能用於救治白喉。有趣的是，他在一八二六年撰寫的論文中賦予了白喉其現代名稱。

一八八八年，埃米爾．魯（Émile Roux）和亞歷山大．耶爾森（Alexandre Yersin）在培養白喉棒狀桿菌時發現白喉毒素，兩年後，伊密爾．馮．貝林（Emil von Behring, 1854-1917）運用此知識，連同路易．巴斯德（Louis Pasteur）自實驗所獲得的認識，把減毒（弱化）的白喉毒素注射進天竺鼠體內，使牠們對白喉免疫。他發現這些生物的血清注射到其他動物體內時，可使牠們對白喉免疫。人類的疫苗也在隨後被開發。

科學家發現，許多人對白喉後天免疫，有些人則不然。對白喉免疫者接觸白喉桿菌卻未罹病，反而產生抗體對白喉免疫。一九一三年，貝拉．錫克（Béla Schick）發明一種方法（現在稱之為錫克氏試驗〔Schick test〕），可檢驗某人是否對白喉免疫，並藉此為非免疫者注射疫苗。直到一九三〇與一九四〇年代，盤尼西林等抗生素才被證實能有效消滅致病桿菌。無論如何，疫苗接種計畫成了各級學校的實施標準，很快地，白喉在美國幾乎消聲匿跡。到了一九七〇年代，一年僅剩不到兩百宗的病例。

氣管插管（endotracheal intubation）是經由口腔或鼻腔，把一管狀物或人工氣道置入氣管深處，讓氧氣得以送進肺部。這是用來輔助過於虛弱、重病或昏迷而無法自行呼吸的患者，或用於頭部外傷、白喉等疾病產生呼吸道阻塞等情況。第一例氣管插管是在一八六九年，由弗里德里希．特倫德倫伯格（Friedrich Trendelenburg）醫生執行。不過，他是從氣管切開處進行插管。一直要到一九〇〇年左右，才常規進行經由鼻腔或穿過喉嚨的氣管插管。

既然一八八六年時，你筆下的醫生還不知道氣管插管術，他可以用手術刀切開患者緊鄰喉頭下方的皮膚與氣管，執行氣切手術。他可以在皮膚和氣管上切出一個小圓洞。當然，手術一定相當疼痛，也必然造成出血，但患者得以呼吸，而這場急病也會在隔週得到緩解。氣切傷口約於三至四週後逐漸閉合，患者的生命得以維續。那名年輕醫生將成為名副其實的英雄。

32

一八一六年，醫生做出何種行為會讓他被逐出醫界與社會？

問——我正撰寫關於拿破崙被流放至聖赫勒拿島的故事。他當時的醫生是貝瑞・奧米拉（Barry O'Meara）。因為情節安排，我希望奧米拉懷有祕密（或許是一些重大的醫療疏失），迫使他退避至聖赫勒拿島，試圖扭轉命運。在一八一六年的英國，什麼事可能斷送一位醫生的前途及其個人名譽？

蘿拉・哈林頓（Laura Harrington）
麻薩諸塞州格洛斯特（Gloucester）
著有《拿破崙・波拿巴》（*Bonaparte*）等劇作
www.pilgrimtheatre.com

答——有很多可能性：他可能不稱職、搞砸了幾個手術，也可能作帳不實，或者無法挽救某位大人物或官員的妻子或子女。他可能有酗酒或吸食鴉片（當時是常見的毒品）問題。但也可能（而且我喜歡這個可能性）如同發生在同一時期，柏克與海爾（Burke and Hare）聲名狼藉的盜墓案中諾克斯（Knox）醫生所扮演的角色一樣。柏克和海爾提供屍體給諾克斯醫生用於課堂解剖。他們最初是偷取新鮮的屍體，夏季可得到每具八英鎊的報酬，冬季十英鎊（想必在地面寒冷的時節，屍體比較不好挖出來）。

但當地民眾不願意為了那兩個貪婪的男人這麼快死。於是，他們開始動手綁架並殺害不會被人惦記的百姓。動手時，體型高大的柏克坐到被害人身上，摀住其口鼻，把對方給活活悶死。而這種手法後來成為一般人所知的「柏克式窒息法」（Burking）。往後的一年間，共有十六人落得如此下場。

後來，旅社的一名女性房客在床鋪下發現了他們的第十六名、也是最後一名受害者時，事情曝了光。顯然這兩個男人把屍體藏在那兒，伺機運往外科醫生廣場（Surgeons Square）給需要屍體進行解剖示範的諾克斯醫生。於是，兩人就逮，海爾坦承犯案並作證反咬柏克。柏克獲判有罪後，於一八二九年一月二十八日處以絞刑，當時有多達四萬人到場觀看。

你筆下的醫生或可隱瞞他涉及參與這種盜墓與（或）謀殺計畫，而且沒有足夠證據顯示他知道屍體從何而來，所以並未受審。然而，在輿論壓力或醫界同業的譴責之下，使他不得不離開當地。於是，他走避至聖赫勒拿島去照顧拿破崙。

你覺得這派得上用場嗎？

33

給對花生過敏的人食用花生能否致命？

問——某人把花生加進一名對花生過敏的男性的食物中，企圖害他喪命。被害人會出現什麼症狀？法醫驗屍時會發現什麼？

葛藍・伊克勒（Glenn Ickler）
麻薩諸塞州霍普代爾（Hopedale）
著有《營地驚魂》（*Camping on Deadly Grounds*）、《上台恐懼症》（*Stage Fright*）

答——你描述的過程稱之為急性全身型過敏性反應（anaphylaxis），即對特定抗原產生快速且強烈的過敏反應。這些抗原通常是食物、藥物或昆蟲毒液。常見的食物有花生、帶殼海鮮；常見的藥物有盤尼西林和許多X光造影劑所含的碘；常見的昆蟲則包括蜜蜂和黃蜂。其他還有許多食物、藥物和昆蟲可使過敏者產生全身型過敏性反應。

全身型過敏性反應是抗原（食物、藥物等）與身體針對特殊的抗原製造出的抗體所引起的急性免疫或過敏反應。這種反應是我們的防禦機制抵抗細菌及病毒侵入重要的一部分。身體把抗原（假設是一種病毒）視為外來物，然後產生可識別並附著於該病毒的抗體。這個反應會吸引白血球細胞釋放化學物質來殺死或破壞病毒，病毒接著被吞噬並消滅。此過程對於生活在處處充滿細菌與病毒的我們不可或缺。

但對過敏者而言，此過程極為迅速、反應強烈，並促使白血球釋放大量化學物質，而這些物質正是問題所在。它們造成血管擴張，導致血壓降低、休克，或致使支氣管緊縮（嚴重縮小），連帶引發呼吸急促、喘鳴與咳嗽。這基本上是一種嚴重的氣喘發作，阻礙了氧氣的輸送，使血氧濃度快速下降。這些化學物質也造成所謂的「微血管滲漏」，代表組織中的微血管開始滲漏液體進入組織，導致水腫（浮腫）。表現在皮膚上便是蕁麻疹與紅疹。在肺部則造成氣管腫大伴隨呼吸道緊縮，阻礙空氣吸入。在組織方面則導致手部、臉部、眼睛和嘴脣腫脹。全身型過敏性反應的最終結果是血壓急降、嚴重哮鳴、浮腫和蕁麻疹、休克、呼吸衰竭、心肺衰竭，甚至死亡。

全身型過敏性反應通常在接觸過敏物質後數分鐘（十到二十分鐘）發生，但有時候，尤其是攝取食物時，過敏反應可能延緩數小時——甚至長達二十四小時之久。

驗屍結果為非特異性。也就是說，不足以確認曾經發生過敏反應。法醫會期望發現死者喉嚨與呼吸道腫大，可能肺部有液體（肺水腫）或有出血情形。他也許還會發現內部器官充血，像是肝臟。但他必須將這些發現與死者曾吃下的某種食物、曾攝取或被給予的某種藥物，或被昆蟲叮咬螫傷後，出現與過敏反應一致的症狀與徵候綜合起來。另外，在昆蟲叮咬的情況下，他或許可以找到（也可能找不到）死者血液中對昆蟲毒液的抗體，藉此證明蜂毒就是引起反應的抗原。

就你安排的情節來說，若被害人對花生嚴重過敏，接觸花生或花生油可能導致迅速且嚴重的全身型過敏性反應——五分鐘，甚或更短的時間內。被害人會經歷上述的症狀與徵候，並在數分鐘後死亡。法醫會發現死者的喉嚨及肺部腫大，且由目擊者、警方報告或其他來源得知死者曾接觸花生、花生油或其他包含這些成分的食品，接著判定可能死因為全身型過敏性反應。或者另一種可能情況是沒有目擊證人，驗屍基本上又顯示正常。你編寫時可選擇任一方式，都說得通。

但我必須提醒你，這種謀殺方法在著名的暢銷小說《達文西密碼》(*The Da Vinci Code*)中已出現過了。

34

何種創傷可能在一年後復發並危及性命？

問——我安排故事主角所搭乘的企業專機發生飛安事故，而且他是唯一的生還者。他在數個月後復原，但約莫一年後，他所受的傷或病情突然復發並危及性命，必須住進加護病房中。你有什麼建議嗎？

答——你的最佳選擇應該是延遲型或復發的主動脈剝離。我來解釋一下。

主動脈是心臟流往身體的主要動脈。所有血液從心臟流出進入成弧形往上、轉向左側的主動脈，主動脈再分流至右手臂（右鎖骨下動脈）、右側及左側的頸動脈（頸部兩側供應腦部血液的動脈），然後沿著胸部與腹部後方下行，接著分流向雙腿（右腿與左腿的髂動脈）。由此可見，主動脈極為重要。

車禍、跌落、墜機與其他不幸事件所造成的重傷，主動脈可能撕裂或破裂出血，造成瞬間死亡。但有時主動脈僅部分撕裂。被害人並非突然倒地身亡，而是歷經嚴重的胸部與背部疼痛和呼吸急促，這種情形可能被當成受傷所造成的部分影響，而非什麼嚴重的狀況，但實則不然。在這種狀況下，主動脈可能於數小時、數日或數週後破裂，也可能復原，使傷者得以正常度日。

在少數情況下，這類傷勢會在癒合的數年後再次剝離（撕裂）。這可能是另一次較輕微的傷勢所致，例如長期未治療的高血壓，或純粹厄運使然。症狀仍為胸口與背部疼痛與呼吸急促。治療方式是立即住進加護病房並使用止痛藥（如嗎啡或德美羅〔Demerol〕）與降血壓藥劑（如恩特來錠〔Inderal〕、天諾敏錠〔Tenormin〕等乙型阻斷劑或壓得疏靜脈輸注劑〔Sodium nitroprusside〕等）。降低血壓的目的在於減輕主動脈壓力，從而使剝離的速度減緩，保持穩定足以撐到手術。接著患者會被送進手術室，由心血管外科醫生直接進行修復或使用達克龍（Dacron）等材質製成的人工血管來替代。這是一項大手術，但如果患者存活下來，並度過幾個月的療癒期，通常預後情況良好。

依照你設定的情節，那名業務主管在意外發生時，可以胸部受創，或許還斷了一兩根肋骨，但未診斷出主動脈剝離（這很容易被忽略）。他會有幾個星期到幾個月的時間疼痛不適，後來又感覺好轉。過了一段時間，他的胸口與上背部會出現撕裂般的劇烈疼痛。就醫後，胸部X光顯示主動脈擴大的陰影（意即在X光照射的區域中可以看見主動脈因撕裂而變寬），磁振造影診斷出主動脈剝離，隨後被安排進手術室。

35

一個人遭到毒打可能產生肺栓塞致死嗎？

問——我筆下人物是一名體型精瘦、健康狀況良好的二十歲男性。他被人攻擊，慘遭毒打，在頭部受創和手部骨折後便失去了意識，直到十四至十六小時後才送醫治療。在等待救援的同時，我希望他除了其他病痛外，還有肺栓塞情形。這樣的情節合理嗎？哪一種傷勢會導致栓塞？

金潔・羅賓森（Ginger Robinson）
藝術碩士生

答——栓塞是異常物質隨著血液流動嵌塞在某處。肺栓塞（pulmonary embolism, PE）是血栓（血凝塊）流過心臟右側並進入肺臟。血栓通常是在骨盆與雙腿的大血管形成，極少發生在手臂。一般來說，體重過重與年長者較容易發生栓塞，但真正造成血栓與栓塞的形成更與腿部、骨盆受傷，以及無法行動有關。

車禍、摔傷和雙腿、骨盆的重創通常會連帶造成該處血管受傷，而受傷的血管容易形成血塊。腿部或髖部的瘀傷和骨折尤其危險。

由於血液容易停滯（某種程度上）在行動不便處，造成凝塊與栓塞，所以任何因病或受傷而必須臥床休息好幾天的人，都容易得到栓塞。手術也是造成肺栓塞的風險因素。患者在術後通常被要求臥床數日，這可能導致血栓和栓塞。特別是歷經腹部、髖部或腿部手術。

你的情節安排問題在於受傷的性質與時間點。首先，手臂和頭部受創不太可能造成血凝塊與栓塞。腿部可以，但手臂不行。血凝塊通常需要數日才能形成，所以栓塞會在受傷數日或數週後發生。但不總是如此。

如何讓你的故事說得通呢？你可以利用腿傷加上行動不便。這是非常危險的情況，在這種情況下肺栓塞並不少見。讓你筆下人物頭部受到重擊昏迷，加上腿部遭到重毆。也許是他正踢著攻擊者，而攻擊者的許多攻勢，不論是拳頭或球棒、木板等物品都正中他的腿部，造成深度瘀傷。這樣被害人就會有腿傷，並且在十二小時甚至更久時間無法行動，進而造成血凝塊與栓塞；他可以在十四小時左右，未被尋獲前死亡。或者他可以獲救，被送進加護病房觀察與治療。在一兩天或好幾天後，視你的情節需求而定，突發性心臟停止（sudden cardiac arrest）死亡。驗屍結果可以顯示他是因為肺栓塞嚴重致死。

36 一八二六年的醫生會如何治療乳癌患者？

問——我正在寫一本小說（背景設在一八二六年左右），故事提到一名女性罹患乳癌。請問那個時候的典型病例是如何證實的？患者如何知道哪裡不對勁，以及乳癌的病程為何？一定會致命嗎？當時是否有任何外科技術？醫生可能施予何種治療（他們仍為病患放血嗎）？如何抑制疼痛？

答——乳癌在一八二六年與今日並無二致。未接受治療的症狀包括：快速增長的乳房腫塊（可能痛或不痛）、腋下或腋窩腫大的淋巴結（這些堅硬的腫塊可能會痛，也可能不會痛）、虛弱、體重減輕、胃口不佳，以及下述轉移性疾病的相關症狀（代表癌症已擴散到身體其他地方）。乳癌經常擴散的部位包括：

腦部：她可能出現劇烈頭痛，視覺模糊或重疊、噁心、嘔吐、身體一側虛軟，最終昏迷與死亡。

骨骼：乳癌經常擴散至肋骨與脊椎，造成深度、刺骨、如火燒般難以緩解的疼痛，即使今日已有較強效的藥物亦然。

肺臟：她可能出現劇烈胸痛，因呼吸或咳嗽致使疼痛加劇，甚至咳出血來。患者會變得非常虛弱，一動就喘不過氣來，休息時亦然。

肝臟：她可能出現黃疸，一種皮膚與眼白處泛黃的現象。患者會出現右上腹部疼痛，伴隨著噁心、嘔吐與體重減輕等症狀。

乳癌在當時並無治療方法，也沒有手術的可能，基本上是百分之百致命，除非有奇蹟發生。醫生可能會給她酒精或鴉片酊（鴉片藥劑）止痛。放血療法是有可能的，但不會用在這裡。當時已不流行這麼做，但在某些領域，放血確實延續至二十世紀。

37

哪一種測試或檢查可用來分辨體型矮小的成人與兒童的不同？

問——故事中，某人因為體型矮小、相貌年輕，得以用兒童身分矇騙他人。另一個人則因為醫學經驗豐富發現她的真實年齡，並推論出那是年輕時飲食不良所致。我想知道他是怎麼辦到的？

答——沒錯，這有可能辦到。照射X光，尤其是手臂、腿部、手和顱骨都能透露出一個人的年齡。骨骼成長與鈣化（從軟骨至骨骼鈣質的累積）的速度與模式皆可預測。這對於十二至十五歲之間的年齡判定特別有幫助，也有助於判斷二十五歲前的年齡。此外，骨骼礦物質的減少與流失以及關節炎狀況，也常能透露出某人其實已年過半百，而不是只有二、三十歲。

骨頭由骨骺（〔epiphysis〕生長板）形成，而骨骺位於四肢長骨（手腳）的骨端。這些區域將持續增加直到骨骺「關閉」為止——形成骨頭。此後，骨頭就不再變長。骨骺通常於十八到二十歲完全閉合，因此有「開放」骨骺者代表年紀較輕，而關閉者代表已年過二十。營養不良有可能延緩此過程，也可能造成特定骨骼發育異常，不管是大略或細微觀察。這很複雜且解釋不易，你只需知道X光檢查可以看出營養不良的狀況，尤其是在發育期。

你筆下人物可以利用X光檢查、取得或發現她的X光片，然後請放射科醫生或人類學家評估並判定其年齡與昔日的營養及發育狀況。也可能無法判定。雖然不一定行得通，但仍可依照你想要的結果安排。

38

十九世紀晚期，一名小女孩在美國西部邊境歷經壞疽與截肢，她有可能存活下來嗎？

問——十九世紀晚期，有個小女孩在從東岸到西部邊境的跨州旅程中因壞疽截肢，失去一條腿。請問以當時的醫療照護，她有可能熬過這種苦難倖存下來嗎？截肢包括哪些程序？

劇作家麥可・鄧恩（Mike Dunn）
加州橘郡（Orange）

答——當時壞疽（gangrene）相當常見，難以治療且死亡率極高。壞疽是由產氣莢膜梭菌（Clostridium perfringens）所造成的傷口感染。造成這種感染可能是槍傷等大傷口，也可能是荊棘刺傷的小創傷。現代醫學對於壞疽的治療包括清創手術（外科切除遭感染的組織）與高劑量抗生素。在你設定的年代抗生素尚未問世，因此截肢是唯一有效的治療方式。若不進行截肢，病原可能進入血液中，導致患者死亡。

截肢在十九世紀既危險又殘酷。由於手術過程非常痛苦，外科醫生會盡可能快速地進行，尤其是邊境區域或麻醉劑不容易取得的戰時。典型的麻醉劑不是酒精就是鴉片酊，當然也有乙醚。一八四二年，亞特蘭大的外科醫生克勞福隆（Crawford Long）首度在手術中使用乙醚；其後，一八四六年，由威廉・莫頓（William Morton）在波士頓第一次公開示範。因此，你設定的人物之一取得乙醚，並具備運用它來進行截肢手術的能力不無可能。別忘了，當時真正的醫生不多，通常這種事多由同行團體中的某人來執行。團體中的領導者、鐵匠，或任何人都有可能充當「外科醫生」。

患者可能僅使用一丁點乙醚，然後由團體中較強壯的成員加以束縛。他們會將止血帶纏繞在患者肢體末端，以大型刀具沿著圓周切除組織直至見骨。接著，用燒紅的刀身或金屬片燒灼（烙）患肢切口，再以可取得的乾淨布條包紮。

十九世紀晚期，這類手術的死亡率約為百分之五十，甚至更高。患者主要死於感染，一些人則因流血休克致死。所以，那個小女孩的存活率最多只有五成，當然她也可能克服這場嚴峻的考驗活下來。

39

將空氣注入靜脈中能致人於死嗎？

問——我的故事寫到一名年輕女性因腳踝靜脈被注入一些空氣而死。這樣可行嗎？接著，她的屍體被丟入海中（八月的蘇格蘭海口灣），並在幾個小時後被人發現。驗屍官會認為她是溺斃，或能判定真正的死因？注射會留下任何痕跡嗎？

凱特・艾金森（Kate Atkinson），英國愛丁堡
著有《善心之舉》(*One Good Turn*)

答——腳踝附近的靜脈稱為脛後靜脈（〔posterior tibial v.〕踝部外側或外踝）與足背靜脈（〔dorsalis pedis v.〕橫跨足部上方）。這些血管在小腿下半部匯合成膕靜脈（popliteal v.），再上行至鼠蹊部成為股靜脈（femoral v.）。任何注入這些靜脈的空氣都會循著這個路徑，然後沿著下腔靜脈（Inferior Vena Cava）進入心臟。

這個氣泡稱作氣栓（〔air embolism〕空氣栓塞）。但不同於普遍認為的，一個小氣泡並

不會致人於死，也不會進入腦部造成中風。為什麼呢？原因是肺部作梗。若要到達腦部，這個氣泡必須經過心臟右側、肺血管、通過心臟左側，然後再往上行至腦部。肺臟會濾掉這個氣泡，使其永遠無法到達心臟左側或是腦部。

如果要致人於死，空氣分量必須是約為一百c.c.左右的團泡——約半杯的量。當空氣團泡被快速注入血管時，它將流至心臟右側，阻滯灌輸血功能。血液是不可壓縮的液體，因此當右心室心肌收縮時，血液就被迫出並進入肺臟。假使右心室充滿空氣，空氣團泡受擠壓時並不會向前推進；它會被壓縮呈較小體積，並且留在原處，形成一種氣鎖（vapor lock）。這會擋住血流，導致心搏停止，被害人在一兩分鐘內就會死亡。

既然在你故事情節中屍體很快就被人發現，並無延宕，法醫將有完整的屍體進行檢驗。他能輕易判定被害人並非溺斃，也會發現右心室有一團空氣，得知被害人是死於氣栓。接著他會開始尋找針痕，而且極可能找到注射位置。

40

一八三三年已經有「癌症」這個詞了嗎？

問——一八三三年的人已經知道或在使用「乳癌」這個詞了嗎？

溫·布萊文斯（Win Blevins）
著有《把你的心獻給鷹吧》（*Give Your Heart to the Hawks*）、《岩之歌》（*Stone Song*）

答——是的。古埃及已對癌症有所認知，著名的《艾德溫・史密斯紙草文稿》（*Edwin Smith Papyrus*）有所記載。「Cancer」一詞約於西元前四百年由古希臘醫生希波克拉底所創。他稱癌症為「carcinoma」，這個詞仍沿用至今。到了十七、十八世紀，癌症的形式已廣為人知，包括乳癌。事實上，一七一三年，義大利醫生伯納迪諾・拉馬齊尼（Bernardino Ramazzini）還提出修女因獨身而罹患乳癌機率較高的說法。

41

古埃及對於疼痛與外傷的治療方式為何？

問——西元八〇年左右的埃及最常見的草藥有哪些？我對於傷口癒合、保護和止痛的藥物特別感興趣，最好是局部塗抹，人類與動物都可使用的藥物。

凱希・費雪邦（Cathy Fishburn）
加州優巴林達（Yorba Linda）

答——正如其他的古文明，埃及醫學結合了宗教信仰、社會習俗與經驗觀察（由試驗與錯誤中學習）。此外，他們承襲了巴比倫人對占星學的看法。埃及人擁有一定的藥物學知識。顧名思義，就是醫藥的材料，包括各種自動植物萃取而成的藥水、油脂、藥膏等。這些藥劑在使用與（或）取得的同時常伴隨著盛大的儀式，目的是安撫發怒的神祇或召喚治癒力量。印和闐（〔Im-hotep〕又譯伊姆荷太普）是埃及的健康與療癒之神，多數的咒語都是對祂誦念。事實上，他是西元前二九八〇左右，埃及第三王朝法老左塞爾（King Zoser）的大臣。印和闐極具治療天賦，因而後來被奉為醫藥之神。

我們對埃及醫藥治療的認知，主要來自於數世紀後發現的莎草紙文獻。這些文獻通常以發現者命名。其中最重要的有卡亨紙草文稿（〔Kahun Papyrus〕約西元前一八五〇年）、艾德溫・史密斯紙草文稿（〔Edwin Smith Papyrus〕約西元前一六〇〇年）、埃伯斯草紙文稿（〔Ebers Papyrus〕約西元前一五五〇年），以及倫敦紙草文稿（〔London Papyrus〕約西元前一三五〇年）。這些寶貴的文獻資料多處談到各種醫療與外科議題。例如，埃伯斯草紙文稿就列出了七、八百種醫療處方。

沒藥（myrrh）、乳香（〔frankincense〕一種帶有香味的樹脂）和甘露（manna）都被認為有助於治療傷口與其他疾病。他們把銻、銅與其他金屬混合各種草藥做為清潔止血藥劑使用，相信有助於傷口癒合。豬腦、牛脾等動物內臟混合動物脂肪與蜂蜜，則用來服用或塗抹在傷口上；有時還添加龜甲，甚至是磨碎的青金石（lapis lazuli）。瀉藥由番瀉葉（senna）、藥西瓜（colocynth）、蓖麻油等植物萃取物製成。大蒜、洋蔥、檉柳（tamarisk）、蜂蜜、鴉片、大麻、黑藜蘆（hellebore）、甚至是動物的排泄物（鱷魚糞便[4]具有特殊作用）混合後，被當作藥膏與濕敷藥物使用，壓製成藥丸吞服，或混入液體用來漱口、做為栓劑（塞劑），或加熱後做為燻劑使用。

當時，人類及動物多接受相似的治療。

42

人死後能否將屍體放血？

問——我想了解關於人死後血液流動的情形。我正在進行一本書，背景設在中世紀的歐洲，一名年輕的被害人快速死於獻祭時尖銳的火石或黑曜石刀刃所造成的傷口。他接著被人以中空的動物骨頭插進傷口中進行放血。這是一種獻祭儀式而非酷刑，因此我需要安排讓被害人完全死亡或毫無意識。傷口應該位於何處？人死後血液會繼續流動嗎？會流動多久？還是我需要讓被害人保持不省人事的狀態？

李察・戴夫林（Richard Devlin）
加州舊金山

答——人死後，血液即停止流動。當心臟停止跳動，血液流動便戛然而止。人死後的出血情況為血液滲出或滴流。這是地心引力使然，因此只有身體底側的傷口會滲血。依照你設定的情節，如果他被刀刃或中空的管子刺進身體左側，然後他也滾向左側，就可能滴血或滲血幾分鐘。相反的，若他靠向右側，傷口朝上，他幾乎不會或者只會少量出血。無論如何，血液在五到十分鐘內就會凝固，所有滲血情況都會停止。

如果你需要收集幾罐被害人的血液，就必須趁他還活著的時候把中空的骨頭插進傷

4 當時，鱷魚糞便被用來做為避孕良藥。

口內。鎮靜劑或中毒情況都不會影響血液的流動，除非被害人因鎮靜劑死亡。最好將中空的骨頭插入靜脈中。其中又以頸部、臂膀或鼠蹊部為佳，也可以插入肝臟所在的右腹上方。肝臟盈滿了血液，被刺中時就會流血。若刀傷位於右上腹部且被害人仍有氣息，以骨頭穿透腹部至肝臟時，他就會大量出血約三至四品脫，接著失血休克而死。

很難有什麼能跟古代的宗教抗衡，不是嗎？

43

一九六〇年代，何種藥物或手術可以讓連續強暴犯性無能？

問——故事發生在一九六〇年代，有位精神科醫生必須釋放一名暴力性犯罪者重返社會，但憂心他會再次犯下強暴殺人案。她希望能在他獲釋之前，施以無法再犯行（性無能）的措施，並且是以外科手術或一次性藥物的方式解決。

P・J・派里斯
《夜墓驚魂》作者
www.pjparrish.com

答——最有效也最直接的方法是去勢。這是十分簡單快速的手術，僅需切開陰囊移除睪丸。過去和現在都有人提倡這項手術，以降低釋放已知連續性侵犯重回人群中的風險。

目前有些藥物具有「化學去勢」的效果。這些藥物多半是以女性荷爾蒙（雌性激素）

抑制男性睪丸素，目的是希望減少攻擊性與性慾，讓犯罪者的性幻想明顯降低。此舉具有爭議性，但美國部分地區均已實施。一九九六年，加州成為第一個通過這類法律的州。佛羅里達州、路易斯安那州、喬治亞州、奧勒崗州、蒙大拿州、德州與威斯康辛州很快地也陸續通過立法。廣泛使用的藥物為注射型得普樂（Depo-Provera）。

不過，一九六〇年代並沒有這類藥物，也沒有其他藥物治療符合需求。僅能選擇去勢。這對於故事情節來說是可行的。

44

假性懷孕患者的症狀為何？

問——我為了故事裡的一個人物，需要了解所謂的假性懷孕情況為何？那名女性有可能月經停止，甚至肚子隆起嗎？

答——假性懷孕稱之為假妊娠（pseudocyesis）。這是一種精神疾患，表徵因人而異，且依心理疾病的嚴重程度而定。

典型的症狀是患者的月經停止、體重增加、腹部鼓脹、孕吐，以及出現所有真正懷孕的其他症狀。有些患者會將枕頭或衣物塞進衣著中，讓自己看上去更像懷孕。有些患者很「聰明」，會讓懷孕「過程」如期發展。她們可能假裝去看診，到了分娩階段，甚至會從醫院、朋友、親戚或公共場所偷走嬰兒。過去還曾發生過孕婦慘遭剖腹奪胎的慘劇。一些精神疾病患者行事可能不著邊際。

45

用叉子刺穿一個人的喉嚨會發生什麼事？

問——凶手拿著叉子從前方攻擊被害人，被害人的氣管遭到刺穿，而叉子留在原處。這種情形會造成多少失血，以及被害人的呼吸功能會受到什麼影響？在場的人該如何處理這種傷勢，以拯救被害人的性命？被害人若未接受治療可以支撐多久？

大衛・考伯特（David Corbett）
著有《惡魔的紅頭髮》（*The Devil's Redhead*）、
《一角完事》（*Done for a Dime*）、《天堂血》（*Blood of Paradise*）
www.davidcorbett.com

答——情況需視受到傷害的結構而定。叉子或任何刺入喉嚨的物品可能造成的傷害有好幾種，頸動脈、頸靜脈、氣管、喉頭（喉頭或喉結）和甲狀腺都很容易受到波及。

頸動脈（頸部喉頭後方兩側各有一條）由主動脈攜帶充滿氧氣的血液至大腦。倘若任一條頸動脈以任何方式受損、被切斷或堵塞，流至大腦的血液供應會立即減少，被害人可能在幾秒或幾分鐘內倒地死亡。若頸動脈有裂口，出血情況會十分大量且呈搏動性，並於數分鐘內流血致死。除非失去意識，否則被害人仍能說話或是呼叫。

頸靜脈（一側一條，離頸動脈非常近）從腦部攜帶血液至上腔靜脈回流至心臟。倘若頸靜脈受到上述傷害，出血將十分快速，但無搏動。既然上行至大腦的血流沒有改變，被害人並不會立即死亡（至少是在出血量多到使血壓降低產生休克之前），而是逐漸失去意識，流血至死。這個過程可能需要好幾分鐘，如果出血停止，也就有可能存活下來。兩者都有可能。

甲狀腺位於氣管的兩側，其中有一部分稱之為甲狀腺峽（thyroid isthmus），越過氣管連接左右兩半。這個區域位於喉頭下方，若受創將導致嚴重出血，但血不至於流光。然而，如果氣管或喉頭也遭到穿刺，血液有可能進入氣管或肺部，造成嚴重的呼吸困難，甚至死亡。被害人可以說是被血給淹死的。

氣管或喉頭受傷的情況與前者類似，不同之處在於聲帶位於喉頭的內腔，傷勢有可能連帶波及此部位。因此，被害人的聲音會變得刺耳，或無法言語。喉頭下方的氣管出現大型的破洞或穿孔都會使人無法言語或發出任何聲音。為什麼呢？因為無論發出任何聲響，空氣都必須通過聲帶。如果氣管的破洞在喉頭下方（總是如此），肺部的空氣將穿過該洞流到體外，永遠不會到達聲帶。如果是叉子、尖齒造成的小洞，空氣應該足以抵達聲帶。被害人可以發出咕噥聲、呻吟、低語，但可能無法放聲大叫。

現在來談談你提到的被害人。

氣管被叉子穿刺可能不會傷及頸動脈或頸靜脈，所以突然死亡與嚴重出血的情況應該不會發生。如果甲狀腺被刺傷，則會造成一些出血，情況可能嚴重或輕微，看你想怎麼安排。兩者都有可能。他的呼吸功能可能嚴重受損或僅受到一點影響。同樣視你的情節而定。被害人可以說話或呼救嗎？在你設定的故事中應該可以，因為叉子還留在原處。這麼做能有效塞住破洞，使空氣得以循正常路徑通過聲帶。

治療的關鍵有兩方面：控制出血與維持呼吸道暢通，使被害人能夠呼吸。傷處局部施壓或許能止住、減緩出血情形。若出血流進氣管與肺部，這就是個大問題了。

被害人應該被翻向一側，讓血液較容易從喉嚨與嘴巴排出。更重要的是，由於地心引力使然，任何進入肺臟的血液都會流進較低的位置——稱之為低位區（dependent area）。而距離肺底較遠的部位仍可保持乾燥與正常功能。人僅需一片肺葉即能存活，所以被害人可存活很長一段時間，並維持側姿直至送抵醫院。至於是否應將叉子拔除？在多數情況下是的，尤其當穿刺物阻塞了呼吸道。唯一留置原處可能較佳的情況是叉子刺穿頸動脈或頸靜脈，拔除可能導致出血更多。這種情況並不常見，但有可能發生。

46

把一個人的臉壓入沸水中會發生什麼事？他會怎麼個死法？

問——倘若某人的臉部與頭部被浸入大鍋的沸水中直至死亡，屍體會出現何種可見傷勢（尤其是皮膚和眼睛），特別是他在死後十五至三十分鐘才被發現？在這種情況下，被害人切確的死亡原因為何（溺斃、燙傷或其他）？凶手的指紋有可能留在死者的頸部或喉嚨上嗎（假設凶手從背後將被害人的臉部壓入沸水中）？若被害人在死後十五分鐘內被發現，屍體摸起來是不是燙的？

答——被害人的臉部和任何接觸到沸水的皮膚表面，都會造成嚴重的燙傷與水泡。燙傷程度多半是二級合併三級，皮膚會紅腫、出現大型水泡（醫學上稱為bullae），甚至完全脫落（剝落或被燙掉）。眼部也會有類似的傷害，好比眼皮燙傷腫起。由於被害人吸入熱水，以至於鼻腔、口腔、喉嚨、支氣管（呼吸道）及肺部都會受到嚴重的燙傷和損害。

死因是溺斃。燙傷並非致死主因，凶手把手置於被害人頸部後方，所以也不會是勒殺。

沒錯，凶手必須用上極大的力量才能壓制被害人，將其臉部浸入水中，而這麼做會在被害人的頸部後方與側邊位置留下如勒殺般的瘀傷。這些瘀傷會是青黑色。我想凶手會穿戴隔熱手套以防燙傷自己。如果他穿戴了手套，那麼瘀傷會呈現散布狀，但仍能看出手指印痕。

沸水的熱度不會傳至被害人身體的其他部位，因此屍溫仍保持正常。屍體溫度會隨之死亡時間而產生變化。在一般環境下，平均每小時大約下降一度左右。

47

一八九〇年的美國仍存在著脊髓灰質炎嗎？

問——我正在進行一部作品，需要知道一八九〇至一九〇〇年，脊髓灰質炎（俗稱小兒痲痺）在大西洋沿岸中部地區是不是相當常見。如果是，它對於原本健康情況良好的六十歲男性可能造成什麼症狀與影響？坐輪椅嗎？還是提早老化？

答——是的，脊髓灰質炎（poliomyelitis）在那個時期仍存在於美國。脊髓灰質炎在一八九〇年不算普遍，但於二十世紀仍發生過幾次大流行。最早一次是在一九一六年，最晚則發生於一九六一年。災情最慘重的一波發生於一九五二年，當時美國就有五萬八千宗病例。

脊髓灰質炎是一種由病毒引起的神經系統疾病。初始症狀包括發燒、發冷、萎靡不振、喉嚨痛、頭痛、厭食症（喪失胃口）、肌肉痠痛等。這些症狀約於三天內消除，接著患者會逐漸感覺好轉。跟流行性感冒非常相似，患者此時可能已快復原，也可能不是。

患者可能開始出現神經性症狀與徵候，如單側的漸進性肌肉無力（身體一側或肢體較另一側無力）。這種無力感通常對大肌群的影響比小肌群劇烈。這意謂著大腿和肩膀的肌群可能比前臂或小腿無力，緊接著出現痲痺症狀。在大肌群開始失去功能後，患者的吞嚥與呼吸的肌肉也逐漸無力，無法正常言談，最後失去功能。一九五〇年代，患者用「鐵肺」(人工呼吸器)來維持呼吸，但一八九〇年仍無這項工具。

脊髓灰質炎所產生的麻痺症狀，嚴重者可導致窒息死亡。這可能發生在你的故事人物身上。他的病程也可能較輕微，仍可繼續呼吸，在重病之後倖存下來，甚至過了一段時間便恢復正常。他也可能四肢部分(一條腿或一隻手)永久癱瘓。

脊髓灰質炎對患者的影響各有不同，可以讓你的故事有許多走向。那個人物可以像感染流行性感冒，隨後完全復原，也可以症狀較輕微，如單肢無力或麻痺(暫時或永久)。他可能發生重度癱瘓但仍可呼吸(後來長期失能)，或者症狀嚴重，因呼吸肌肉麻痺窒息而死。

48

用刀子行凶最「仁慈」的方式為何？

問——有用刀子殺害某人較為「仁慈」的方式嗎?我正在尋找一種謀殺方式，以某種利器相對無痛地立即致人於死。我也需要知道過程中被害人的出血量，以便準確描述犯罪現場。

蓋爾・安東尼・海伍德，筆名雷・夏農，加州洛杉磯
夏姆斯獎與安東尼獎得獎作家
著有《食人狂魔》與《煙火》等作品
www.garanthonyhaywood.com

答——用刀殺害某人最仁慈的方式可能是切入兩段頸椎骨之間，切斷脊椎神經。由於大腦與腿部及其他肌肉的連結中斷，被害人會馬上倒下。他的雙腿與全身會突然鬆垮，就像斷線了的木偶一樣。被害人將因「脊髓休克」(spinal shock)失去意識。當脊椎神經受損或遭橫切(切成一半)時，身體的血管會立刻膨脹，造成血壓急遽下降。被害人將在數秒內昏厥死亡。這種情形傷口小，僅少量出血，再加上血壓降得非常低，造成出血的壓力極小。而且心臟在一兩分鐘內停止跳動，也就不會有血流，因此不會出血。死人是不會流血的。所以出血量約為幾茶匙，最多半杯。倘若刀留在原處幾分鐘直至被害人死亡，基本上不會有出血情形。

另一種可能性是割斷一條或兩條頸動脈。頸動脈位於氣管的兩側，運輸從心臟上行至腦部的血液。頸動脈被割破時，血液會如噴泉般大量湧出。隨著血壓降低，噴血的距離與流量將逐漸減少，最後隨著心跳停止，不再出血。整個過程約需幾分鐘。一條或兩條頸動脈血流中止，可使被害人立即喪失意識，即使不是如此，他也會因為失血性休克在一兩分鐘內喪失意識。

49 保險套能不能用來急救被碎玻璃嚴重割傷者的性命？

問——我構想的場景是：一位醫生身處某間劣等汽車旅館的行政辦公室內，所站之處很靠近保險套販賣機，當時正好有一輛汽車撞毀櫥窗，並波及街道上的另一車輛。他可以用什麼聰明的方法，以保險套急救因玻璃飛濺的傷者或車禍受害者？他緊接著陪同傷者前往當地醫院的急診室進行救治。他會怎麼治療碎玻璃造成的創傷？是不是只要用鑷子拔出碎片，消毒傷口，再用敷料繃帶包紮即可？

李・戈德伯格
加州洛杉磯
著有《謀殺診斷書》、《神經妙探》等作品
www.leegoldberg.com

答——多酷的點子啊！這麼做行得通。

倘若窗戶或汽車玻璃割傷了受害者肢體的動脈，那位醫生可以用單個保險套或把好幾個扭在一起做為止血帶。受創的動脈可以是手腕靠近大拇指側下方的橈動脈（radial artery）、手肘彎曲處的肱動脈（brachial artery），或膝蓋後方的膕動脈（popliteal artery）。止血帶必須置於傷口上方，緊繞傷肢以止住出血。

到了醫院後，會優先進行動脈修補，因為那是最大的傷勢。這項手術可以在急診室或手術室內進行。接著，醫生會清理其他傷口，必要時縫合，然後包紮。是的，玻璃碎片要用鑷子小心取出，並且徹底清潔傷口。此外，患者也需要接受X光檢查，讓一些肉眼難以察覺的細小玻璃碎片透過X光現形。但實際情況常比聽起來困難得多。這些小惡魔很能躲。

他會住院幾天，被投以抗生素來預防感染，然後應該能慢慢好轉，因為那位醫生及時伸出援手。

50

一八七〇年治療精神疾病的方式為何？

問——不知道你是否了解鎮靜劑的歷史，但我發現進行相關研究尤其困難。故事發生在一八七〇年倫敦的一間精神病院。那個時代的治療方式為何？是否有針對特別暴力的病患所使用的鎮靜劑？

布萊恩・沃德（Brian Ward）

答——一八七〇年，精神疾病的治療在很多方面與黑暗時代相較下進展有限。即使有些地方開始採取較有同理心的治療手段，精神疾病對於多數人而言，仍令人不舒服且感覺怪異。以今日的標準來看，那個時候的治療方式相當古老。

當時，精神疾病被認為是「空氣污濁」、沼氣、詛咒、「不潔」、償還過去罪惡、惡靈附身的證據，或者患者本身是巫術的施行者。治療方法包括監禁，也常有懲罰。藥草、蜂蜜、冰浴都是療法之一。顛茄（belladonna）、酒精、巴比妥酸鹽類（barbiturates）、鴉片劑或鴉片酊（也是鴉片的一種）則被用來做為鎮定瘋狂、憤怒、粗暴與精神病患者的手段。有趣的是，這些藥物的副作用，尤其是顛茄，反而會造成一個人行為怪異、妄想、混亂、定向力障礙、幻覺，甚至抽搐。患者繼而被認定是不潔或有罪的代表，或惡靈附身的進一步證據，而對其嚴厲的懲罰也跟著被正當化。

一八七〇年，精神療法是一項新觀念，當時催眠術僅開始萌芽，出生於一八五六年的佛洛依德（Sigmund Freud）也才十四歲，距離他提出改革理論仍有一段時間。

抗精神病藥物巴比妥（barbital）於一八七〇年問世，但直至二十世紀前半才普及。一九五〇年，抗憂鬱藥與鎮定劑上市。到了一九六〇、一九七〇年代，巴比妥逐漸被煩寧（Valium）、贊安諾（Xanax）等苯二氮平類藥物（benzodiazepines, BZDs）所取代至今日。至於第一種真正的抗精神病藥氯丙嗪（或稱冬眠靈〔Thorazine〕），則是一九五三年才出現。

基本上，你筆下人物可能受到同理心對待，也可能像動物一樣被囚禁起來，身心皆遭受折磨。如果他需要受到控制，雖然有可能用上巴比妥，但給予約束加上鴉片或酒精等鎮靜劑的機會較大。倘若他的醫生走在治療的前端，或許會有基礎的精神治療，甚至催眠。

51

哪一種傷害可使人暫時癱瘓，之後又恢復正常？

問——故事背景設在十九世紀早期的倫敦。我筆下人物有沒有可能被交通工具撞傷或摔落，造成腰部以下癱瘓數月，後來又恢復正常？他會感覺疼痛或麻痺嗎？有什麼方法可以用來評估並治療他的傷勢？他需要什麼樣的照護？在沒有X光的情況下，有可能一開始就知道他會完全康復嗎？他復原的歷程為何？是快速恢復還是需要一段時間？

黑茲爾・斯坦森（Hazel Statham）
英國斯塔福德郡（Staffordshire）
著有《多米尼克》（*Dominic*）、《親愛摯友》（*My Dearest Friend*）
www.hazel-statham.co.uk

答——你的情節安排沒問題。

任何下背部的創傷都可能導致半身不遂，亦即腰部以下癱瘓。摔落、馬車相撞，或槍傷都可以是肇因。

他可能腰椎骨折，也可能不會。他的骨頭可能完好無損，傷害僅限於肌肉或下半背部的其他組織。無論如何，受傷可能導致脊椎神經挫傷，該處腫脹與出血。而腫脹與積血可能對脊椎神經造成壓力，干擾其功能以致半身不遂。患者的雙腳可能不良於行、癱瘓與麻痺。在腫脹消退之後（過程可能為數日、數週或數月），首先皮膚會出現感覺異常（paresthesia），和腳麻時的刺痛感類似。接著他會有觸覺感受。一開始很模糊，但日漸正常。行動也開始回復。他最初可以動動自己的腳趾頭，再來是雙腳及腿部。很快地，他有辦法坐起來、站立，然後行走。整個進程約莫歷時數星期到數個月。

在你安排的時空背景下，治療方式十分有限。他可能被要求臥床休息，並接受多種藥草治療，但這些藥草對他的傷勢毫無幫助。當地醫生會前來探視，但能做的事不多。醫生不知道患者之後會好轉，還是無法行走。他也許看過類似的傷勢，而兩種結果都有可能，因此他只能這麼表示。但他無法確定復原後續問題。

52

哪一種槍傷或穿刺傷會讓女性無法生育？

問——我的小說情節裡，有兩個女人腹部受到重傷，分別是槍傷與刀傷。兩人手術後皆轉入加護病房治療，亦接受臨時結腸造口（colostomy）。雖然她們完全復原了，卻失去生育能力。我假設她們的子宮已完全切除，那麼手術前，外科醫生有時間培育卵子，以供未來代理孕母使用嗎？她們出院後需要接受何種物理治療與居家照護？她們需要多久才能再次正常運動，像是慢跑或打壘球？

答——創傷有兩種主要類型——鈍傷或穿刺傷。鈍傷如臉部遭拳頭或頭部被球棒擊傷。穿刺傷為遭到槍擊，或被刀刺中腹部、背部中箭。你筆下的被害人屬於穿刺傷。受傷性質則依內臟的受損情況而定。

大血管如主動脈或腹腔靜脈受損才會造成迅速死亡，否則被害人會存活下來，並接受外科手術治療來控制出血與修補受損內臟。肝臟、胃、胰臟、脾臟位於腹部上側，腸、腎臟、膀胱則位於腹部中下側。內臟的哪個部分受傷需視彈頭或刀刃進入腹部的位置，以及穿刺的深度而定。手術種類同樣是根據受損的組織構造判斷。

如果結腸或大腸受損，手術修復可能包含腸道的切除與再吻合術（reanastomosis）。結腸造口是改變腸道原本連接肛門的途徑，將腸道從腹壁造口處拉出，並接上特殊的便袋。這項手術的必要性取決於腸道受損的確切位置與嚴重性。結腸造口可能是暫時的，僅維持數週或數個月，也可能是永久的。你筆下的那兩位女士很可能需要接受暫時性的結腸造口。

倘若子宮受損程度嚴重到無法修復，患者就必須接受子宮切除手術。在這種緊急狀況下，醫生不會進行卵子培育。此外，卵子培育需費時數週或數個月的荷爾蒙調整，以刺激排卵。這些荷爾蒙和藥物通稱為「受胎藥」（fertility drug）。在子宮受傷需進行切除的情況下，卵巢多半得以留下。所以即使無法正常懷孕，未來仍能接受排卵準備，運用內視鏡技術培育卵子，並於卵子受精後，由代理孕母進續培育胎兒。因此她們要成為母親仍有可能，只不過需循特殊管道。

復原時間則視患者的年齡、整體健康情況、受傷性質，以及修復手術的程度而定。一般來說，患者在加護病房待上數天後，會轉到普通病房三到六天，再經歷二至六週的復原期。物理治療多半是協助傷者維持行走能力與日常生活機能訓練，如洗澡、穿衣、飲食等。這有可能費時數日至數週的時間，同樣取決於傷勢與手術的性質與程度。

如果一切順利的話，患者可能會在二到四週內回復正常活動，六到八週後回復低強度運動。整體可能需要三到至四個月才能完全恢復。這只是粗略的時間估計，當中仍有極大的變異。

53

氣膠化病毒能多快擊垮一個人？

問——我剛完成一部飛航驚悚小說，有幾個醫學問題想請教您。對人類來說，從最初感染到出現症狀速度最快的病毒為何？絲狀病毒（filovirus）之類的病毒能藉噴霧劑噴出撂倒某人嗎？

迪克．維吉達（Dick Vojvoda）
加州丹維爾（Danville）
著有《地獄之門》（*The Gate to Hell*）

答——你考慮其中一種絲狀病毒是正確的。這種病毒主要可分為馬堡病毒（Marburg virus）與伊波拉病毒（Ebola virus）兩種，它們各有子類別，都是發病非常快速的病毒。但多快算快呢？來看看病毒是怎麼運作的。

病毒基本上沒有生命力，這意謂著它們自己不能搞鬼。它們內含核酸分子DNA或RNA，外面包裹著蛋白質。病毒對人類產生威脅，必須寄宿在細胞當中。一旦侵入宿主體內，病毒就會利用細胞的酵素與製造能量的構造引發炎症反應。這是複雜的生理學。然而，此種炎症反應連同身體免疫系統對抗該病毒的反應，是造成多數禍害的主因。也就是你所熟悉的各種炎症。「炎症」（itis）意指發炎。咽喉炎（pharyngitis）即為喉嚨發炎，胸膜炎（pleuritis）為胸膜（肺部外圍的漿膜）發炎，胃炎（gastritis）為胃部發炎，心包膜炎（pericarditis）為心包膜（心臟外面的一層薄膜）發炎，腦膜炎（meningitis）則是腦膜（腦部的層層外膜）發炎。

從感染到症狀發生所需要時間稱為潛伏期，這段時間因病毒與患者而異。絲狀病毒的潛伏期可達二至二十天左右。

所以，病毒噴霧可能造成感染，但不會引發立即反應。酸類或毒物等化學物質如氰化物（cyanide）可能會有立即危險，但傳染媒介物則否。各種感染都需要時間歷程。

54 一九八〇年代的醫療技術能否讓處於植物人狀態的懷孕婦女順利生產？

問——故事發生在二十至二十五年前。如果一名孕婦在車禍中身受重傷，從此成為永久植物人狀態，請問有辦法為了胎兒維持她的生命嗎？

李・戈德伯格
加州洛杉磯
著有《謀殺診斷書》、《神經妙探》等作品
www.leegoldberg.com

答——可以。有些植物人，如美國佛州已故的泰莉・施亞佛（Terri Schiavo）無須呼吸器等生命維持系統也能存活。這些患者僅需食物、水以及基本照護。他們可此形式存活數十年。植物人死亡通常是感染所致，其中又以泌尿道感染和肺炎最為常見。即使你筆下人物仰賴呼吸器維生，她所接受的照顧大致相同，只不過呼吸器管理將增加罹患肺炎的風險。但有適當的照顧與運氣，植物人可在此狀態下存活很長的時間。

你所描述的情況在社會上發生過不只一次。這對許多人來說是「生命權利」的議題，現在已受到政治議題包裹，但醫學上有能力延續懷孕植物人的生命直至分娩。這代表胎兒必須在二十八週以上。醫生能維持母體生命時間愈久，孩子能存活下來的機率就愈高。假設你故事中的那名女性已懷胎七個月。再維持她一個月或六週的生命，接著進行剖腹取出胎兒，屆時家屬可決定是否摘除母親的維生系統。

二十五年前，維持她生命所需的技術即已存在。

55

在荒野中被熊咬傷該如何進行救治？

問——我設定的情節是：一八八〇年，一名身體狀況良好的男性在山區旅行時，不幸遭到灰熊攻擊傷及肩膀。我希望他大量出血。由於直接加壓在動脈上止不了血，他的同伴就用燒灼的刀來「封住」傷口。這樣做行得通嗎？會不會不切實際？

凱特・杜貝（Cat Dubie）
加拿大卑詩省索里（Surrey）

答——這樣安排沒有問題。肩部有幾條動脈，有大有小。他可以傷及較小的動脈，然後大量出血。他的同伴可施以直接加壓止血，若施壓後仍繼續出血，就改用加熱的刀刃來燒烙傷口。這麼做可以封住破損的血管。接下來，對他最大的威脅將是傷口感染。這種情形可能發生，也可能不會。所以，你有很大的轉圜餘地編寫你的故事。如果你希望他活下來，就不要讓他感染；否則的話，就安排感染吧。

56 過度激烈的脊椎按摩能否致人於死？

問——我正在寫一則短篇故事，關於一名大學兼任教師不願苦等校方開出職缺，於是決定先消滅幾名全職教員。他的第一個目標定期接受脊椎指壓療法。那名兼任教師趁著被害人指壓時溜進去，穿上醫生袍，假裝為他進行頸部按摩，然後伺機扭斷他的頸部。這樣的安排可行嗎？驗屍時是否會顯示這是一樁謀殺案，而非「治療」？

唐恩・摩爾（Don Moore）
加州聖塔克萊利塔（Santa Clarita）

答——只要力量夠大，扭轉頸部可造成一處或多處頸椎骨折。頸椎骨折可損傷脊椎神經，導致癱瘓或死亡。雖然並不常見，但脊椎指壓確實可能，也曾造成此種傷害。

若脊椎神經被骨頭切斷，被害人會立即失去意識，並陷入所謂的脊髓休克。在這種情況下，血壓將急遽下降、呼吸中止，使被害人死於窒息與休克。如果脊椎神經僅受到瘀傷或輕微撕裂傷，被害人可能存活下來，但出現部分癱瘓，身體的一側或半邊肢體無力或麻痺，並伴隨其他併發症狀。這些症狀可能是永久性的，也可能在數日、數週或數個月後部分或完全解除。任何事都有可能發生。所以相較於安排被害人死亡，如果你決定留他一條活路，你可以有很大的發揮空間。

驗屍時，法醫可以判定被害人死於頸椎骨折與脊椎神經受損。但他無法判定是誰造成的，及其原因為何。究竟是意外，還是他殺？這需要留待警方調查，並交由法院評斷。

57

一九〇〇年代初期，有什麼得以控制出血的有效民俗療法？

問——故事背景設在一九三〇年代，一名母親必須幫她五歲女兒手臂上的輕微割傷止血。她可能會用什麼藥草或其他民俗療法？

答——有幾種方法雖然不一定有效，但民間使用由來已久。當然，這些方法只能用於治療輕微出血。嚴重出血是完全不同的情況。

雞蛋：蛋清常被用來塗抹在傷口上。有時還會在蛋清裡加入蜂蜜、麵粉或糖。蛋清中的蛋白質成分具有凝血效果。此外，也可以將蛋殼內的薄膜（沾有蛋清的一面）小心撕起貼覆在清潔後的傷口上，做為止血用的「封膜」。我母親也用這招用於癤子與蜜蜂叮咬。

泥土：在細菌理論成為我們知識基礎的一部分之前，人們會把厚厚的泥土塗抹於傷處止血。泥土可做為阻隔以減緩血流速度，待身體自然的凝血機制開始作用。這種療法的問題是續發性感染（〔secondary infection〕或稱繼發感染）。一九三〇年代仍使用此療法。

菸草：菸草混合水或唾液做為藥糊塗抹在傷口上，同樣具有阻隔效果。此外，菸草也是不錯的抗菌劑，這種濃縮形式可殺死許多常見的細菌。更重要的是，尼古丁是一種血管收縮劑（讓血管變窄），可減少出血，對血液凝固有幫助。

藥草：當時人們會使用任何你想的到的草本植物。直到今日，蘆薈汁仍是許多燒傷、瘀傷藥物的一種成分。此外，山金車（*Arnica montana*，別名狼毒〔Wolfsbane〕、豹毒〔Leopardsbane〕、山煙草〔mountain tobacco〕）的花朵與根部一直以來都被認為具有抑制出血與促進傷口癒合的作用。這種植物生長在歐洲，尤其是在瑞士阿爾卑斯山脈、加拿大山區與美國的北部地區。磨碎的山金車葉片或根部與水混合，可塗抹在傷口上。

你可以安排筆下人物運用上述任一種或所有的民俗療法。

58

毒血症在一八九〇年代是已知的病症嗎？

問——我正在寫一部背景為十九世紀晚期美國中西部的小說。我打算讓其中一個角色在懷孕期間併發妊娠毒血症（toxemia of pregnancy）死亡。請問妊娠毒血症在一八九〇年代是已被認知的病症嗎？當時的醫生是否了解高血壓及其影響？此外，十九世紀的最後二十五年，是否已知我們現在所謂的「氣喘」，並使用這個名稱？

答——是的。毒血症和產褥熱（〔puerperal sepsis〕分娩與產後所發生的子宮與血液感染）在當時都是為人所知的懷孕併發症。但這些病症都缺乏有效的治療方式，因而造成許多接近產期的死亡案例。毒血症（依嚴重性現稱為子癇〔eclampsia〕或子癇前症〔pre-eclampsia〕）的懷孕婦女會出現高血壓、水腫、頭痛、易怒、畏光（光線刺痛眼睛）、緊張、不安，嚴重時，甚至抽搐、昏迷與死亡。

你筆下的年輕女性可以發生上述任何一種或所有症狀，而當地醫生能做的有限。當然，他可以建議患者使用鴉片酊做為止痛和鎮定之用，甚至為患者進行放血，這麼做實際上可能有些益處。至少在短時間內如此。患者的家屬可能會嘗試各種藥草與藥油，最後訴諸禱告。除非她進入分娩且產下孩子或流產，否則這個過程將持續發展，她最終將經歷抽搐、昏迷與死亡。如果她在非常艱難的生產或難產中存活下來，日後的狀況應該會好轉，而這會「治好」子癇症。

血壓是由英國科學家史蒂芬・霍爾（Stephen Hales）於一七三三年首度測得，並於一八四七年由德國生理學家卡爾・路德維希（Carl Ludwig）在波動曲線記錄器（kymograph）上記錄下來。當時的測量儀器都非常龐大，直到一八八一年奧地利猶太醫生貝許（Samuel Siegfried Karl von Basch）發明了血壓測量計，方成為現代血壓計的先驅。由於若干年後血壓計才慢慢普及，你筆下的醫生不太可能取得這類儀器。而且，即使一八九〇年已懂得測量血壓，對不利健康的高血壓所知甚少，也沒有什麼治療方式。

氣喘則是已為人所知甚久，沒有一千年，也有數百年。同樣在一八九〇年代也沒有治療方式，死於氣喘的人不在少數。

59

醫生在接生前為什麼要清洗雙手？

問——我正在進行一本非虛構類書籍，並開始研究塞麥爾維斯（Ignaz Semmelweis）關於接生前清洗雙手以減少感染、疾病與死亡的著作。我讀到他以提出類似「你『看不見它』，不代表那個東西不存在」的說法聞名。感謝你提供相關協助。

答——你提到的感染過程稱之為「產後敗血症」（puerperal sepsis）。這是產後所發生的子宮感染。起因是細菌在生產過程中進入子宮所致。

一八〇〇年代早期，細菌導致感染的理論尚未確立，許多試圖解釋為何發生感染的理論廣為流傳。其中一項理論是沼氣——把疾病傳給人類的「邪惡氣體」。其實真正的邪惡之處在於，當時人們相信禱告比任何已知的醫療手段更能避免邪氣入侵。然後，安東尼·雷文霍克（Antoni van Leeuwenhoek, 1632-1723）發明了顯微鏡，並藉此看見了他所謂的「小生物」。他看見的事實上是細菌。但他當時對細菌的作用毫無所知。

匈牙利產科醫生伊格納茲·塞麥爾維斯（Ignaz Philipp Semmelweis, 1818-1865）注意到，

由助產士接生的婦女，比由醫生或醫學生進行接生較少發生產後感染。他進一步發現助產士較常洗手，且一般來說較符合清潔原則，而在要求相關人員於接生前簡單洗手後，感染的發生率大幅降低。塞麥爾維斯當時還沒有細菌致病的概念，僅憑實證觀察發現洗手可減少感染。

你指的理論可能是自然生成學說（spontaneous generation），代表細菌是自然生成。也就是說，它們是自然出現在傷口上。此理論一直維持支配地位，直到細菌理論否定其說法並取而代之。後來，德國醫生羅伯・柯霍（Robert Koch）、法國著名微生物學家路易・巴斯德（Louis Pasteur）、英國外科醫生約瑟夫・李斯特（Joseph Lister）等人逐漸把細菌的致病理論發展成今日我們所知的樣貌。

60

一艘正在航行的船隻爆發天花疫情，船員們的情緒會受到什麼影響？

問——我正在寫一本給中學生閱讀的非虛構類書籍，內容是關於十六、十七世紀航行到新世界的日常生活。我了解天花如何散播及其症狀為何，但我在揣測它對於船員的情緒影響。當時的航海日誌書寫多半是不帶感情的。你知道爆發天花可能對船員造成什麼影響嗎？

安德魯・A・克林（Andrew A. Kling）

蒙大拿州大瀑布市
著有《新世界旅程生活面面觀》（*Life on a New World Voyage*）

答——天花（smallpox）是很嚴重的疾病，在良好照護下，致死率仍高達百分之三十至四十，在你研究的時期甚至更高。天花常以流行病的方式猛烈侵襲某個地區。患者皮膚會出現膿泡，讓倖存者身上留下難看的痂疤。感染天花死亡者常因併發肺炎而一命嗚呼。天花常造成許多船員死亡，有時甚至超過半數的船員都難以倖免。

十六、十七世紀仍對天花發生原因、如何感染及散播，及其治療方式一無所知。當時離細菌理論問世仍有數百年之遙。因此這個造成患者死亡與毀容的疾病，連同其他多數疾病，都被認為是上帝、惡魔、邪靈、惡氣、沼氣、毒藥、不潔的思想、霉運與下咒，甚至是女巫策畫所造成。患者被視不乾淨、不純潔、邪惡、不虔誠之人。他們經常遭人冷落、被社會遺棄，甚至殺害。

在海上這樣的封閉空間，造成恐慌和恐懼是必然的。患者可能遭到隔離，也可能被拋下船。他們可能遭到凌虐，或被迫進行驅魔儀式。船上很快會變得四分五裂，船員之間反叛和戰事紛起。人僅剩下兩個基本動機：需求與恐懼。而相形之下，恐懼的力量顯得更加強大，會讓人做出可怕的事來。船上將瀰漫著恐懼的氛圍。

61

人進入太空的真空狀態會發生什麼事？

問——人體在太空的真空狀態下會受到何種傷害？可以存活多久，以及存活下來的人會如何？在我安排的故事情節中，一名太空人在太空衣充分降壓至避免立即死亡前，面罩被吹落了。

賈斯丁・L・潘尼斯頓（Justin L. Peniston）
加州洛杉磯
www.quixoticcomics.com

答——首先，被害人不會像許多電影情節演得一樣發生爆炸。但很多不妙的事確實可能在人體內發生，而且速度極快。不論是否先行減壓，他的存活時間可能只有幾秒，頂多一兩分鐘。

太空減壓就像潛水員在深水中待了好一陣子後太快浮出水面。在這種情況下，他是由過大壓力中回到正常壓力。在太空中，被害人則是從正常壓力回到零壓力。生理上來說是一樣的。

過去雖然有真空狀態對於黑猩猩影響的相關研究，但並沒有人類接觸零壓力環境後果的真實資料，僅有幾名太空人或飛行員意外進入此一狀態的事件。如你所料，快速的減壓造成了人員死亡，包括高空飛機與一九七一年六月蘇聯「聯盟十一號」（Soyuz 11）太空船突然失壓，致使三名太空人全數罹難。

一九六〇年八月十六日，美國空軍上校約瑟夫・基廷格（Joe Kittinger）乘坐開放式飛行器上升至十・二八萬呎的高度，創新高空跳傘的歷史紀錄。在上升的過程中，他的右手套增壓系統發生故障，使得他的手部腫脹並一度失去功能，但跳傘下降至較低的高度時，又逐漸回復正常。

一九六五年，美國德州休士頓的太空總署載人太空船中心（Manned Spacecraft Center），一名受訓人員的太空裝在真空艙突然漏氣。他在十四秒內失去了意識，幾秒後，於真空艙再加壓之下甦醒過來。這段非常短的經歷並未為他帶來任何不利影響，但他表示，他感覺到自己舌頭上的水似乎沸騰了。我必須指出，沸騰一詞在化學與物理上僅代表液體氣化。這可以藉由加熱或降低周遭氣壓達成。所以在此案例中，並非他的舌頭變燙了，而是氣壓低到他嘴裡的水分開始變成氣體狀態。

另一個則是局部但人體較長時間接觸真空狀態的案例。一九九一年四月，美國太空梭STS-37在一次任務中進行艙外活動或太空漫步時，一名太空人的一只手套在大拇指與食指間出現了一個八分之一吋的小洞。他當時沒有意識到這件事，後來看到皮膚有一個疼痛的紅色印記才發現該處似乎流了一些血，但他的血液凝固把傷口封住了。

所以，人類進入零氣壓的環境時會發生什麼事？既然環境中沒有氧氣，人在數秒內就會失去意識。此外，如果屏住呼吸（潛水自深處回到水面時，不要這麼做），他肺部的空氣會快速擴張，使得肺部受損、流血、破裂。最好是張開嘴，吐出適量空氣避免肺部快速擴張。

他血液中的水分會立即開始沸騰。這意謂著水將轉變為氣體狀態。這跟打開汽水瓶蓋很相似，壓力釋放後，溶解於汽水中的二氧化碳立即開始轉變為氣態。血液在零氣壓下也會發生同樣的事。這會讓氣壓開始在血液系統中累積，導致心臟停止跳動。血流中可能出現氣泡，而氣泡可能致使器官受損，尤其是腦部。腦部與神經因而停止運作。增加的氣壓也會導致身體組織腫大，甚至破裂或撕裂，但不會爆炸。

但如果某人僅短暫接觸真空狀態，隨後就獲救呢？治療方式是立即將他送回加壓環境，並給予百分之百的氧氣。他可能毫髮無傷，也可能傷及腦部或神經，而且是永久性的。

在你安排的情境中，被害人的面罩會破裂，然後他會開始吐出氣體。他會在十至二十秒內喪失意識，接著在短時間內死亡。如果他迅速獲救，他將回到加壓的太空船，並透過面罩接收百分之百的氧氣供給。他可以毫髮無傷地存活下來，抑或腦部受損。由你決定。兩者情都有可能。

2 毒物、毒素、藥物和毒品
Poisons, Toxins, Medications, and Drugs

62

何種藥物可導致失憶？

問——我筆下有個壞傢伙想對主角下藥造成她短暫失憶。有什麼藥物可造成失憶，但停藥後很快就能恢復部分記憶？我希望這種藥能加進食物或飲料中，有短暫鎮靜效果，幾乎沒有副作用，而且兇手可以「重新設定」，讓她變成另一個人。這樣是否過於不切實際？

答——沒有完全符合你所需求的藥物，但有幾種可能有效。所有可能造成失憶的鎮靜劑和麻醉劑（嗎啡、海洛因、煩寧與其他藥物）都會讓被害人昏昏欲睡、感覺疲乏，因此不適用於你的故事。一種稱之為咪達唑侖（〔Midazolam〕商品名為速眠安〔Versed〕）的前驅麻醉藥或許適合。這種藥不會讓被害人嗜睡，藥效發揮時基本上可讓她全然忘卻這段時間所發生的事。只是它必須以肌肉或靜脈注射的方式進到人體，所以也不符合你的需求。

所謂的約會強暴藥應該符合你的情節。這類藥物可使被害人毫無記憶，但不一定能造成明顯的鎮靜反應。例如，快樂丸會讓被害人變得健談、心情愉快，但不必然使他們「醉倒」。或者可能導致極度鎮靜的效果，喪失協調感，甚至昏迷。由於效果不可預測，所以你想怎麼安排都行。

把這類藥物少量加入食物或飲料中，一段時間後，會混淆被害人對當前事物的認知，以及藥效發揮期間的記憶。之後，被害人的部分記憶有可能逐漸恢復，也可能不會。記憶可能斷斷續續，或因某事觸發而突然回復。接受催眠或許有助於被害人憶起發生了什麼事。

任何約會強暴藥都可能造成鎮靜作用、意識模糊、欣快、喪失自我、暈眩、視線模糊、行動與反射遲鈍，以及記憶缺失。被害人通常判斷力不佳，變得容易接受暗示。這代表那個壞傢伙幾乎能說服她做任何事。就你的目的而言，這類藥物最重要的效果是失憶。

常見的約會強暴藥有下列幾種：

羅眠樂（Rohypnol）：俗稱ＦＭ２、羅非（roofies）、蟑螂（roaches）、繩索（rope）、墨西哥煩寧（Mexican Valium）。一種中樞神經抑制劑，跟煩寧同屬苯二氮平類（benzodiazepine）鎮靜劑，主要用來治療失眠。這種藥不在美國生產，也不能合法使用，但可在墨西哥及許多國家取得。羅眠樂為一或兩毫克的白色錠劑，可磨碎溶解於任何液體。攝入二十至三十分鐘左右會發揮效力，兩個小時內藥效達到高峰，作用可持續八至十二小時。

快樂丸（Ecstasy）：俗稱Ｅ、Ｘ、ＸＴＣ、ＭＤＭＡ、愛（love）、亞當（Adam）。最早於一九一四年由德國默克藥廠專利合成，做為食慾抑制劑使用，但從未上市。快樂丸目前多由地下實驗室生產，以藥丸或膠囊形式分銷。它具有安非他命的速度感與迷幻效果。過去曾發生少數併發惡性高熱（malignant hyperthermia）致死的案例（用藥者體溫突然急升至四十一、四十二度或以上，基本上腦部如遭「油炸」）。

GHB（γ-羥基丁酸〔Gamma-hydroxybutyrate〕）：俗稱G、XTC、E、液態快樂丸、液體E、神仙水（easy lay）、笨蛋（goop）、勺子（scoop）、喬治亞老鄉（Georgia Home Boy）。於一九六〇年代研發合成，過去被當成「天然」的食品補充劑與鍛鍊肌肉（健身者做為同化類固醇替代品）的藥物來販售。呈白色粉末狀，易溶於水、酒類及其他液體。亦有液態形式，無色無味，以小瓶裝分銷。藥效在服用後五至二十分鐘後顯現，一般可維持二至三小時。

吸毒者所遇到的問題之一是Ecstasy和GHB通常都叫做「快樂丸」，其實它們是全然不同的化合物。街上買毒的人不一定知道自己拿到什麼。這兩種毒品往往是由來路不明、經驗不足、參考過時化學書籍的人在車庫中土法製成。

K他命（氯胺酮〔Ketamine〕）：俗稱K仔、特別K、奇巧（kitkat）、紫色、撞擊（bump）。在一九七〇年代常做為外科手術麻醉用途，多以靜脈或肌肉注射，藥效極快。由於容易出現不可預測的迷幻與精神副作用，後來使用上並不廣泛。但仍偶爾用於燒燙傷病患，因為它能使患者感覺較少疼痛，讓極度不適的傷口變得較易忍受。獸醫診所則普遍做為動物鎮定劑，這也是它的另一個俗稱——「貓咪煩寧」（Cat Valium）的由來。事實上，街頭的K他命多自獸醫診所竊得。

K他命呈液態，加熱揮發後會留下白色粉末殘留。這種粉末可加在瓶裝水等液體中，或壓製成藥錠，甚至以鼻吸食。最後一種是較受歡迎也最普遍的用法。以鼻吸入時，藥效幾可立即發揮，持續時間較短，約四十五分鐘至一兩個小時。

K他命的分離作用會讓使用者出現幻覺、喪失時間感、喪失自我等現象。常見形式為自我感消失症（即人格解體障礙〔depersonalization disorder〕），從事某活動彷彿移身一旁或從上方俯瞰整體，包括自己的行動。這種反應也常出現於吸食PCP（苯環利定〔phencyclidine〕，俗稱天使塵〔angel dust〕）。使用者將這種效果稱之為「進入K洞」（going into a K Hole）。

上述所有藥物都適用於你的故事，不過快樂丸、羅眠樂、GHB應該是最好的選擇。你筆下的被害人會看似正常，或許有些微醺或昏昏欲睡，對於發生什麼事幾乎或完全沒有記憶。她的記憶可能得以恢復，或者無法恢復，視你的情節安排而定。

63

法醫驗屍時，能否判定被害人喝下的酒精種類？

問——某人因酒醉不慎溺斃。法醫能否從死者的血液判定其攝取量，以及喝下的是哪一種酒？如果屍體八小時內未被發現，死者血液中是否仍有酒精殘留，或者已經分解？

保羅・尤威爾（Paul Yeuell）
加州好萊塢
美國哥倫比亞廣播公司《鐵證懸案》（*Cold Case*）編劇、研究員

答——簡單來說，應該是的。

倘若被害人攝取過量的酒精而醉倒，他的身體組織和胃內容物會反映這一點。既然所有的代謝過程（毒物與食物的分解）在被害人死亡時已然中止，酒精就不會受到人體轉化，或者至少不會致使濃度明顯下降。酒精的藥毒物學檢測很容易進行且準確性高，所以法醫可以確認被害人體內確切的酒精含量。在疑似酒精致死或酒醉為可能死亡因素的案例中，法醫會檢測死者血液與尿液中的酒精含量（最常用也最精準的判定要素），以此判定酒醉程度是否已高至足以導致或促成死亡。在你安排的情境中，如果法醫發現屍體的酒精濃度極高，他可能推論酒後失足是死者溺斃的關鍵。反之，酒精則對其溺斃甚少或者毫無關聯。

然而，在少數情況下檢測有可能不準確。好比屍體因細菌作用腐敗了一段時間（數日或數週，而非八小時），組織嚴重分解，使得酒精在腐壞過程中耗損，法醫無法確認被害人死亡時血中的酒精含量。若屍體腐壞狀況嚴重，腐敗細菌甚至會造成酒精濃度上升。

但即使發生了，法醫也有辦法解決。他可以從眼球抽取玻璃狀液（vitreous humor）檢

測酒精濃度。玻璃狀液是眼球內部的透明膠狀物質，這裡的「humor」並非詼諧之意，而是源自於亞里斯多德的「體液說」（humors）。醫學上有些事永遠不會消失。玻璃狀液所含酒精水平的變化往往比血中含量遲滯一到兩小時左右。這表示法醫得以較精準地推估被害人死亡時血液中的酒精濃度，而這類推估通常已經足夠。

就你描述的情況，屍體在八小時內腐化得有限。法醫可以採樣血液、尿液、胃內容物，甚至玻璃狀液，來了解酒精的種類及攝取量。

關於酒精的種類，他可以判定為乙醇（〔ethanol〕飲用酒精），而非甲醇（〔methanol〕木精或變性酒精）或異丙醇（〔isopropanol〕外用酒精）。但僅憑血液、尿液或玻璃狀液，他無法判定死者生前喝的是哪一種酒。啤酒、葡萄酒與威士忌所含的酒精成分都相同，在血液中看起來都一樣。但如果分析胃內容物，他至少可區分那是啤酒、葡萄酒還是伏特加。但並非從這些酒類的酒精來判定，而是根據促使葡萄酒或啤酒生成的化學物質。他也可能無從判斷起。兩種情況都有可能發生。

64

一杯酒能讓平日滴酒不沾的人受到傷害甚至死亡嗎？

問——我正在寫一則關於美式職業足球選手的短篇故事，有人在派對上遞給他一杯飲料，結果他離開時感覺身體不適，或有幾分醉意。他並未攝取任何藥物，包括咖啡因在內。我不確定要安排在他的飲料中加入某種物質，還是讓人尾隨在後把他做掉。一杯酒精濃度足夠的飲料有可能讓他嚴重失去判斷，甚至死亡嗎？他有沒有可能對酒精過敏？不論飲酒或遭人攻擊致死，是否都能從血液中測得酒精？

朱迪．克萊門斯（Judy Clemens）
榮獲安東尼獎與阿嘉莎獎提名、「史戴拉．克勞」（Stella Crown）系列作者
www.judyclemens.com

答——基本上一杯酒不太可能使人喪命，就算是酒精濃度百分之百的純酒也不會，而且酒精過敏的情況也很少見。一杯酒可能使平日滴酒不沾的人喝醉，甚至傻呼呼的，但不太可能讓他暴斃。不過，酒精可以影響他的判斷，讓他置身險境，最終導致被殺害或受傷。

我會建議在酒中加料。事實上，他那杯飲料甚至不用含酒精。約會強暴藥如快樂丸、GHB、羅眠樂、K他命都能讓他喝掛。這些藥很容易在街上取得，也能輕易混入飲料中。它們沒有味道，所以喝的人不會發現。而且用量僅需少許。這些藥物會讓被害人看似喝醉，判斷力不清，甚至比喝了好幾杯酒還糟。大量使用任何一種這類藥物都有可能致死。這些藥物的主要作用是讓被害人極易受到暗示。被害人可輕易被帶到或被騙至某處會遭到殺害或傷害的情境中。即使他受到襲擊後活了下來，他的記憶也將是空缺或零星的。

不管被害人是死是活，酒精濃度或高或低，酒精很容易經由血液測得。如果你加入上述任何一種藥物，同樣也能藉由藥毒物學檢測發現。

65

注射抗凝血劑是否會讓刀傷流血的情況更加嚴重？

問——故事中，凶手把被害人吊在浴缸上方，在他身上注入抗凝血劑後，以亂刀砍殺使被害人流血而死。那個房間很溫暖，屍體數日後才被人發現。屆時浴缸裡的血會不會凝固？這些血終將凝固，還是一直保持液狀？看起來又是如何？

珍・柏克（Jan Burke）
愛倫坡獎得主，著有《殺機重重》（*Nine*）、《血系》（*Bloodlines*）
www.janburke.com

答——你提到的抗凝血劑稱之為肝素（heparin），是醫院廣泛使用的藥物。這類藥物可輕易從醫院藥局或病房竊取，也能自診所或藥品供應商購得。它並非管制藥物，因此到手相當容易。

透過靜脈注射肝素能夠立即發生作用。根據你設定的情節，我會安排凶手為被害人注射十萬個單位，再繼續他的骯髒勾當。被害人將因任一傷口大量出血而快速死亡。這些血液永遠不會凝固，兩天後仍維持液體狀態，不過就跟屍體一樣開始出現腐敗現象。在溫暖的環境下，血液看起來是紅棕色的，因明顯的細菌滋生而呈現混濁，並散發腐敗氣味。

法醫若能想到檢測死者體內是否有肝素殘留，應該就能找到答案。在血液和屍體仍保持新鮮的情況下，未凝結的血液有可能促使他進一步探尋，繼而發現肝素。要是血液和屍體已嚴重腐化，正如你故事中溫暖房間的狀況，他可能不會這樣做，僅把液態血液視為腐敗之故。

66

可以對被害人下毒一段時間，讓他出現中風症狀，最後死亡嗎？

問——我正在進行一部謀殺小說，故事提到一名男子遭人下毒長達一兩個月後，開始出現語言能力受損與衰弱等類似中風的症狀。這種毒物必須能夠被身體代謝，跟砷一樣不會留下蛛絲馬跡。我設定這起死亡事件發生在紐奧良，所以希望能利用一些當地植物。

溫蒂．尼爾森（Wendy Nelson），筆名拉瓦娜．艾德華茲（Lawana Edwards）
明尼蘇達州沙科皮（Shakopee）

答——多數下毒的凶手偏好作用快速的藥物。這是為了確認能夠一次斃命，因為他們往往無法反覆或長時間接觸被害人。家庭成員、室友或其他親近被害人的人有機會持續接觸，因此慢性中毒的情況確實有可能發生。你安排的情境需要具有對神經系統造成影響的慢性毒物。

你的情節有幾種可能性，但最常見也最容易取得的是所謂的重金屬。包括砷、汞和鉛。我知道你不想用鉛，但鉛最為常見，除了有效之外，它也經常被忽略。基本上，你需要一種能夠引發神經症狀、緩慢致死，並且不易被查覺的藥物或化學物質。讓我們來看看為什麼重金屬可能適用於你的故事。

長期攝取這類重金屬，可能造成被害人逐漸產生像是虛弱、噁心、嘔吐、腹瀉（帶血或不帶血）、體重減輕、呼吸短促、頭痛、麻痺、肌肉無力、思緒混亂，以及定向力喪失等症狀。他的力氣、平衡感、行走動能力和語言都可能受到影響，而這些症狀近似於神經方面的問題，包括中風。被害人的醫生起初不會意識到是金屬中毒，之後也可能絲毫不察。他會先評估被害人是否患有潰瘍、腸胃炎、結腸炎、神經疾病、中風、腎臟發炎、胃癌或結腸癌、病毒（包括愛滋病毒）與其他方面的疾病。倘若檢查結果一切正常，他可能會假定那是長期遭到病毒感染所致。

你說的沒錯，雖然這些金屬在被害人體內很容易就會被發現，但即使是現代的鑑識技術，仍經常有人下毒後逍遙法外，因為沒有人會想到這一點。假設一名住在療養院，患有心肺疾病、精神錯亂的八十五歲老人在睡夢中死去，他的私人醫生有可能簽署死亡證明，判定他是心臟問題自然死亡，而法醫也會採信。這種情況通常不會進行驗屍，也不會進行藥毒物學檢驗。因此真正的死因（若有過量施用嗎啡或毛地黃）就不會被發現。不過，要是其中牽涉到像是五百萬美金的遺產，或者死者的保險公司無須理賠遭謀害的案例，或者某個家庭成員懷疑有其他家人涉案，那麼法醫可能會依照請求立案調查。

所以，投毒殺人卻能逍遙法外的第一步，就是得安排得不像謀殺。讓法醫毫無插手的餘地，或起碼避重就輕給他一個可信的死因。如果沒人懷疑這是謀殺，法醫寧可採取阻力最小的途徑，也是最便宜的方式。在法醫每年的預算不斷被縮減之下，他只得接受這種處境。要是揮霍預算就只能另謀高就。所以給他一個便宜又輕鬆的脫身台階。

第二步是使用不容易檢驗出來，而且能逃過多數藥物篩檢的毒物。重金屬符合這個要求。藥物篩檢主要針對酒精、麻醉劑、鎮靜劑、大麻、古柯鹼、安非他命和阿斯匹靈。有些還篩檢其他藥物。一旦檢測出某種藥物之一，就會進一步化驗確認藥物種類以及劑量為何。若初步篩檢沒有任何結果，就不太可能繼續下去，除非有非深究不可的原因。

記住，特定的毒物篩檢既昂貴又費時，僅用於已有初步結果的化驗。否則為了省下這筆費用，法醫會把死亡歸咎於其他原因，然後一切照常運作。話雖如此，若懷疑死者是中毒而死，以及金錢和利害關係都足以激發追查動機，那麼只要屍體保持完整，幾乎都驗得出來。使用氣相層析（gas chromatography, GS）再加上質譜測定（mass spectrometry, MS）或紅外光譜（infrared spectrometry, IR），就能找到任何分子的化學指紋。由於每種分子都有自己的結構，具有特定指紋，也因此所有化合物都能相互區辨。

另一個要考慮的重點是，被害人的毛髮亦可檢測出金屬殘留，以及接觸毒物的時間點。但僅限於血中金屬濃度高時所製造的毛髮。若為間斷下毒，毒物濃度將隨著毛髮長度而出現變化。血中金屬濃度高時所形成的區段會顯示較高濃度，反之亦然。可藉由這種方式判定接觸毒物的時序。

所以，你筆下的壞蛋可以使用其中一種重金屬，然後偽裝成其他死因，也許就能脫罪。直到探員發現不尋常的蛛絲馬跡，促使法醫進一步探究。

另一種可派上用場的毒物是歐洲紫杉（*Taxus baccata*）或東北紅豆杉（*Taxus cuspidate*）。兩者都是危險有毒的植物，含有一種稱為紫杉鹼（taxine）的生物鹼混合物。這種成分會造成神經系統症狀（四肢麻痺、肌肉無力、失去平衡感等）、心臟運作緩慢，甚至造成心跳停止死亡。

汰癌勝（〔Taxol〕又稱太平洋紫杉醇〔paclitaxel〕）為必治妥施貴寶（Bristol-Myers Squibb）公司所研發的藥品，每瓶六毫升。這是一種由歐洲紫杉製成的半合成藥物，它的毒性與紫杉鹼相似，可以相同方式致死。此藥品適用於乳癌治療，如果這是情節要素，你筆下的壞蛋可以取得。它可以在被害人的血液與組織中檢測出來，但同樣是在法醫進一步探究的情況下。

蛤蚌毒素（saxitoxin）也適用於你的故事。蛤蚌毒素屬於麻痺性貝毒（paralytic shellfish toxin, PSP），一種赤潮中含有的特定有毒海藻。這種毒素和其他海洋生物如藍環章魚（世界上毒性最強的有毒動物之一）、河豚（河豚毒素（tetrodotoxin））類似，毒性極強，估計比東京地鐵恐怖攻擊事件中所使用的化學武器沙林還強上一千倍。

麻痺性貝毒是由其他有機體，像是浮游藻類中的渦鞭毛藻（dinoflagellata）所製造。而阿拉斯加奶油蚌和加州貽貝攝食這些藻類。當這些貝類再被人類誤食下肚時，中毒事件就發生了。這類毒素除了可由貝類生物中萃取，也能藉由人工合成。

蛤蚌毒素被用於神經傳導研究，而且美國中央情報局在一九五〇年代就開始實驗它的效用。冷戰期間，U2飛行員如法蘭西斯・蓋瑞・鮑爾斯（Francis Gary Powers）便隨身攜帶膠囊形式的蛤蚌毒素，做為被俘時的自殺手段。

蛤蚌毒素是一種攻擊神經系統的神經毒素。它在十分鐘內就會發生作用，不過經由攝食的潛伏期與症狀出現時間可長達一小時，吸入則速度較快。醫學文獻中並沒有人類吸入的案例，但動物研究顯示，吸入數分鐘後就會致死。人體一旦攝入這類毒素，兩小時後症狀會變得顯著；若劑量足夠且被害人未獲得適當治療，將於二至十二小時內死亡。

蛤蚌毒素會阻絕神經肌肉接合處（neuromuscular junction）的神經傳導。初期症狀包括暈眩，臉部、嘴唇與舌頭末端出現刺痛感（感覺異常）。中毒者可能伴隨輕微反胃，但並不顯著。而這些症狀將演變成步伐不穩、四肢麻痺無力、說話困難，以及呼吸短促。最終心律不整或呼吸麻痺而死。

倘若凶手持續對被害人投予小劑量一段時間，被害人會呈現各種不同的神經系統症狀及體徵，最後毒發身亡。並且和其他我所提到的毒物一樣，若刻意尋找，法醫會在屍體的組織、胃部與（或）尿液檢體中發現毒物反應。但他可能不會這麼做。

67

什麼藥物可使人麻痺卻又完全保持清醒？

問——我在故事中安排凶手使用一種藥物，它可以使人麻痺，同時完全保持清醒與警覺。被害人無法行動、言語或喊叫，只能任由可怕的事在自己身上發生。有這種藥嗎？有的話，它的藥名及其醫療用途為何？四十年前能否取得這類藥物？法醫能否從埋葬四十年的屍體中找到毒物殘留？

李・戈德伯格
加州洛杉磯
著有《謀殺診斷書》、《神經妙探》等作品
www.leegoldberg.com

答——這些藥物屬於神經肌肉麻痺劑。它們必須採用靜脈或肌肉注射的方式進行，幾乎立即見效，可對神經或神經支配肌肉的區域發生作用。其淨效用是麻痺身體所有部位的肌肉，也包括呼吸肌群。由於不像嗎啡、酒精或煩寧等鎮靜劑或麻醉劑，所以被害人得以保持清醒，但卻完全動不了。他們無法動彈、講話、眨眼或呼吸，終將窒息而死。

這些藥物是用來做為全身麻醉用藥的一部分，有助於肌肉鬆弛，以便將氣管內管置入氣管內，控制患者的呼吸。此外，也適用於協助癲癇重積狀態（〔status epilepticus〕干擾呼吸、無法控制的癲癇發作）患者使用呼吸器輔助呼吸，直至癲癇發作受到控制為止。在這種情況下，這麼做通常可以救病患一命。

現今有數種藥物符合你的故事需求，但在一九六三年只有兩種可供選擇——箭毒（curare）與琥珀膽鹼（succinylcholine）。琥珀膽鹼至今仍廣為使用。在過去它被視為完美的謀殺武器，因為注入人體後會快速分解，使其無跡可循。現在我們則能藉由檢測琥珀膽鹼分解後的生成物來證明它的存在。幾個著名的案件都涉及這種藥物，包括美國知名律師李貝利（F. Lee Bailey）早期的訴訟案之一卡爾・考伯利諾（Carl Coppolino）案。他在一九六五年犯下第一起謀殺案，用的就是琥珀膽鹼。也是從這個案子開始，屍體上可辨識出琥珀膽鹼終於獲得了法律上證明。另一個著名的案件是珍妮・瓊斯（Genene Jones）案。她是一名德州護士，於一九七〇年代晚期與一九八〇年代早期多次為兒童注射琥珀膽鹼，讓他們呼吸中止，然後再化身救人的英雄。後來經過很長一段時間才證明是她自導自演。

既然這類藥物會讓被害人呼吸中止，你筆下的壞蛋應該做好準備。他需要呼吸器來完成這件事。但呼吸器複雜又笨重，你最好避免這種情況。使用小劑量的琥珀膽鹼就能讓被害人變得虛弱，幾乎無法移動，但又不至於連淺呼吸都辦不到。而要達到這種效果，劑量僅能單憑臆測，無法準確計算，所以你筆下的壞蛋只能注射少許，然後靜觀其變。

至於法醫能否在已有數十年之久的屍體上找到琥珀膽鹼或箭毒的分解生成物？不太可能。因為若非僅剩骨骸，屍體也早已嚴重腐敗。然而，如果屍體保存狀態良好（這是可能的），那麼或許就有跡可循。法醫可以提取屍體的肌肉、腦部與肝臟組織樣本；如果他發現注射處，也可以提取周圍組織（經常可找到注射藥物的殘留），接著就能檢測是否有殘留的琥珀膽鹼及分解物。

另一個可能性是河豚毒素。河豚毒素源自於河豚，可用於製作僵屍粉（zombie powder），有時候也用於一些巫毒儀式。河豚毒素具有影響神經肌肉的作用，會讓被害人動彈不得。被害人的呼吸會變淺但仍持續，除非劑量極高。若真如此，被害人將因窒息而死。

68

連續服用多少劑量的阿斯匹靈幾天，會出現明顯的副作用？

問——背景是一九一一年的倫敦，我筆下五十七歲的偵探才剛被診斷出罹患風濕症。然而在此同時，傳來一名皇室成員遭人綁架的消息，他便旋即被召往蘇格蘭場協尋失蹤的男孩。為了順利進行調查，他服用了過多的阿斯匹靈。我的問題是：四到五天內要服用多少劑量的阿斯匹靈，才會導致暈眩、思緒混亂、耳鳴、噁心及嘔吐症狀，但不至於要他的命？他有可能變得幾乎喪失行為能力，讓他的醫生夥伴擔心他的性命不保嗎？倘若如此，這名擁有鋼鐵般意志的偵探要花多久時間才能充分

復原，重新回到案子上？

約翰・穆勒（John Mullen）
加州包威市（Poway）

答——你所描述的症狀確實是阿斯匹靈（乙醯柳酸〔acetylsalicylic acid, ASA〕）中毒的情形。每個人的中毒劑量不同，根據年齡、體型、罹患的疾病、服用藥物、身體反應與代謝（分解或破壞）藥物的情況（尤其是阿斯匹靈），以及其他種種因素而有極大的差異。也就是說，無法準確判定某人必須攝取多少劑量才會導致中毒。範圍極廣。這也代表你有很大的轉圜餘地來編寫故事，因為無論如何它都是可信且準確的。

目前無法得知阿斯匹靈的致死劑量，但單一劑量三十克幾乎能達到致命程度。一份標準成人劑量的阿斯匹靈為五格令（grain）或三二五毫克。一格令約為六十五毫克，一公克相當於一千毫克。這意謂著一次服用九十片阿斯匹靈幾乎可以做掉任何人。顯然遠遠小於這個劑量便能造成你所描述的毒副作用。一次服用六至八片或許就能產生效果，若一次服用多達二十片，在任何人身上恐怕都會造成問題。連續服用阿斯匹靈數日，藥物的毒性效果在短時間內可能不會出現，但隨著你筆下人物每天增加劑量，血液中的藥物濃度也將隨之上升。

我建議你安排他一天服用十二至二十片左右（這種情況並不少見，因為人們認為阿斯匹靈不需要處方，應該相當安全），持續四到五天，他的症狀約莫從第二天或第三天就會開始顯現並且持續進展。要是每六小時服用三或四片，就能符合你的需求。一旦停藥，他的症狀會在一至兩天內消失，整體情況則依症狀的輕重程度而定。為了保險起見，你可以讓他休息兩天，接下來他的症狀應該就能獲得減緩，足以回到偵辦的案子上。

另外，當時許多藥物都是由藥劑師大量進貨，再依照顧客需求進行分裝。因此，藥房大多以粉末形式製成藥包（利用小包裝紙）販售阿斯匹靈。用藥指示通常是每數小時配水吞服一劑，或把粉末溶於水中服下。這裡的重點是，藥品劑量完全取決於特定藥劑師的技巧與秤重儀器，差異極大。那名偵探可以一次服用三、四劑，一天五到六次。

69

哪種毒氣可以用來殺死一整個房間的人？

問——故事中，最後的對峙場面是四十名腦傷後復原、缺陷程度各異的病患被困在院內的大型餐廳裡，而且門窗都遭到封死。主事者是三名護士，認為這些病患是醫療體系的昂貴負擔，應該讓他們盡早升天。所以我想找一種能夠迅速致死的氣體，像是二氧化氮、氰化氫或氯氣。這些氣體有作用嗎？有沒有什麼點子可以提供給我筆下的壞傢伙？

寶琳・艾里瑞德（Pauline Alldred）
麻州橘郡

答——這幾個護士一定是為維護健康組織（ＨＭＯ）工作，控制成本無限上綱。

氣體可藉由幾種基本機制致人於死。真正的毒害在於它們會改變被害人體內的生化系統功能，造成嚴重的疾病及死亡。氰化物、ＶＸ與沙林皆涵蓋其中。有些氣體具有腐蝕性，會損傷肺部，導致胸腔積液形成而無法呼吸，也就是所謂的「化學性肺水腫」。在這種情況下，被害人基本上是被這些液體淹死的。氯氣（chlorine）和芥子氣（mustard gas）都是以這種方式殺人於無形。還有一些氣體會取代空氣中的氧，從而降低進入肺部的氧氣量，影響血流。這會導致血中含氧濃度遽降，使被害人窒息而死。一氧化碳正是如此。還有一些氣體會對被害人的生理機能產生影響，甚至有致命危險。好比氧化亞氮（Nitrous oxide）會造成血壓急降，休克以及死亡。

根據你的情節，我會使用氧化亞氮或一氧化碳。氧化亞氮又名「笑氣」，常用於牙科麻醉。這些筒裝笑氣可自醫療器材專賣店竊取或購得，然後將氣體灌入空間內。根據空間的大小，可能僅需要幾筒或者多筒才夠用。被害人會開始不停的傻笑、感覺暈眩，接著意識不清、失去定向感、虛脫、陷入昏迷、休克，並且死亡。如果空間很小又通風不良（完全封閉、沒有外部空氣進入為佳），而笑氣的使用量夠大，大概只要幾分鐘就能發揮作用。一氧化碳是一種無色無味的氣體，也能做為犯罪手段。被害人會變得昏昏欲睡，可能感到些微頭痛，繼而意識模糊、定向力障礙、嗜睡、陷入昏迷，然後死亡。整個過程大約十五分鐘至一小時不等，同樣視使用量而定。

其他還有許多氣體可以利用，但以上述較易取得，又無氣味（等被害人明白發生什麼事已經太遲了），因此適用於你的情節。

70

「瘋帽匠的疾病」最早是在何時提出？

問——汞是瘋帽匠的疾病（Mad Hatter's Disease）的肇因，這在哪一年成為普遍認知？在維多利亞時代的英國，一般人可以取得何種形式的汞或汞鹽？我希望被害人在死前有段時間看似瘋狂。

坦米芮．諾溫杰（Tamyra Novinger）

答——十九世紀的製帽匠經常出現神經與精神方面的疾病，症狀包括虛弱、顫抖、行為異常與人格改變。主要肇因於製帽時用來軟化、定型動物毛皮（例如海狸毛皮）的水溶性硝酸汞（mercuric nitrate）。這個過程稱為「製氈」。由於製氈溶劑中的汞經由皮膚被人體吸收，揮發的汞蒸氣透過吸入的方式進入血流中，於是造成汞中毒。

紀錄顯示，首度釐清其中關聯的是一八六〇年紐澤西州的弗里曼醫生（J. A. Freeman）所提出的報告。雖然在接下來的六十年中，相關研究陸續誕生，但直到一九四一年汞才被禁止用於製帽工業。

汞又稱為水銀，多年來被用於鏡子與溫度計的製作。丹尼爾．華倫海特（Daniel Fahrenheit, 1686-1736）於一七一四年發明水銀溫度計，雖然許多地區已禁止公開銷售這項產品，但今日仍看的到它們的蹤影。在維多利亞時代，你筆下的反派人物可以輕易從溫度計中取得水銀，用來執行他的邪惡計畫。只要每天在被害人的食物中加入少量，就能達到目的。

71

一瓶存放多時的氯仿其強度是否足以讓人失去知覺？

問——一九二〇年代的醫生可以輕易取得氯仿（chloroform）嗎？如果現在找到當時所存留的一罐緊閉氯仿，是否仍具效用？「用布以氯仿浸濕後掩住他人口鼻」這種老掉牙的手法，真的能讓人在數秒內昏過去嗎？

海莉．艾弗容（Hallie Ephron）
「彼得．柴克醫生」神祕系列（*Dr. Peter Zak mysteries*）共同作者
www.hallieephron.com

答——德國化學家尤斯圖斯．馮．李比希（Justus von Liebig）與法國化學家尤金．蘇柏西恩（Eugene Souberian）於一八三一年發現氯仿（俗稱哥羅芳）。到了一八四七年，蘇格蘭愛丁堡婦產科醫生詹姆斯．楊．辛普森（James Young Simpson）將氯仿用作麻醉用途後，

很快成了遍及歐洲的外科麻醉流行用藥。

乙醚（ether）在美國較為普遍，這是由於喬治亞州的外科醫生克勞福隆（Crawford Long）於一八四二年率先使用乙醚為患者做術前麻醉之故。直到二十世紀初期，氯仿才在美國受到廣泛使用。所以，沒錯，氯仿在一九二〇年代是可普遍取得的用藥。

氯仿是一種容易揮發的無色液體，在室溫下可快速轉換成氣體飄散在空氣中，就像你在加油站所聞到的汽油味一樣。假如氯仿罐是處於密閉的狀態，那麼有可能得以保存數十年之久。也可能無法保存這麼久。但至少有這個可能性。

是的，浸了氯仿的布確實有效。這麼做可能需要一分鐘左右而非僅有數秒。事實上，昔日用於外科麻醉時就是這麼做的。

72

喝下氯系漂白劑企圖自殺會有什麼後果？

問——某人喝下大量的氯系漂白劑企圖自殺。她所感受到的痛苦為何？她會嘔吐嗎？她有多少時間？如果及時被人發現送往醫院，她可能受到什麼長期影響？

答——多數氯系漂白劑都含有一種名為次氯酸鈉（sodium hypochlorite）的化學刺激物。這代表氯系漂白劑不像砷一樣具有毒性，而是會刺激或者燒灼任何與之接觸的組織。它會腐蝕並使皮膚和雙眼發紅。如果誤食，同樣的狀況也會發生在口腔、食道與胃部。

吞服的同時，她會感到口腔、喉嚨、胸腔燒灼疼痛，並引發噁心與嘔吐。倘若漂白劑的濃度夠高且（或）接觸食道與胃部的時間夠長，恐怕還會伴隨出血情況。不過不太可能致死，因為在大多數情況下嘔吐發生得十分快速。

她可能嗆到並將漂白劑吸入到肺中。吸入（aspiration）是指任意物質進入肺部的情形。這可能發生在飲用流體物質或嘔吐之際。漂白劑進入肺部組織會造成嚴重的傷害，可能導致肺水腫（肺部充滿水分）。因為漂白劑腐蝕肺部組織，使液體滲漏至肺泡內。她可能呼吸急促伴隨劇烈咳嗽，最後演變成呼吸衰竭而死。

在急診室中，醫護人員會為被害人施予點滴救治。若不幸有吸入情況發生，醫生會採用類固醇藥物（如靜脈注射迪皮質醇）來減輕肺部的傷害。另外還可能給予氧氣輔助呼吸，並注射抗生素以防止受損肺部二度感染。倘若演變成肺水腫與呼吸衰竭，她可能需要使用呼吸器一段時間。她有可能復原，沒有長期影響，也可能留下肺部及胃部後遺症問題。

73 把水管清潔劑注射到某人的體內會發生什麼事？

問——我有一個關於瘋狂殺手的怪問題。把十毫升的水管清潔劑注射到某人體內能否致死？會發生什麼事？

艾德華・R・強斯頓（Edward R. Johnstun）
猶他州布蘭丁（Blanding）

答——通樂及其他水管清潔劑都具有高度的腐蝕性。看看這些產品的警告標示就知道，十分嚇人。若不慎誤食，口腔、食道和胃部會受到嚴重侵蝕，甚至造成肺部損傷。這就是為什麼誘導吞服這些液體的人吐出來不是個好點子。如果他們吸入任何吐出的物質，肺部將嚴重受損。

水管清潔劑若以肌肉注射的方式進入體內，可導致劇烈疼痛與局部損傷，但或許不至於使人喪命。至少不是快速死亡。若採用靜脈注射，可能會對血管甚或心臟造成相同的腐蝕效果。

十毫升應該足以讓你筆下人物斃命。很疼痛，但非常快速。假設凶手把清潔劑注射進被害人的其中一條手臂血管中，強烈的疼痛會隨著手臂上行；若清潔劑抵達心臟時濃度仍足夠，這會刺激心臟，導致致命的心律不整（心跳節奏的改變）。被害人會因疼痛出現激烈反應，但當心跳變為致命的節奏時，便倒下死亡。過程約歷時數秒或數分鐘。

74

一九八〇年代，海洛因使用過量的治療方式為何？

問——急診室對於海洛因過量患者的醫療處置為何？醫生會投予何種藥物或干預措施？治療實際上是在現場還是從救護車上開始？一九八〇年代中期至一九九〇年代早期是否已具備這些干預措施？

珍妮斯．杰諾（Jannice Genaux）
德州威果（Waco）

答——一九八〇年代，海洛因過量的治療方式與現在相同。

海洛因是一種自罌粟花提煉而成的鴉片劑，具有強力鎮靜效果，會導致睏倦、嗜睡與昏迷。若攝取過量，將抑制腦部的呼吸中樞，造成使用者呼吸停止，窒息而死。

治療的第一步是重建呼吸功能。以面罩或氣管內管（置入氣管的塑膠管）連接壓式甦醒球（〔Ambu bag〕一種中空球狀物，有節奏地擠壓可把空氣送進面罩內），可有效將氧氣灌輸入患者的肺部（呼吸系統）。救護人員在現場就會開始這個動作，並在救護車送抵醫院的途中持續進行。

到了急診室，醫護人員會為患者裝上呼吸器並插入靜脈導管，以靜脈注射的方式施予納洛酮（〔Naloxone〕商品名為Narcan）。納洛酮是一種能立即阻斷海洛因與其他鴉片劑作用的解毒劑。患者會恢復呼吸並且清醒過來，他有可能出現好鬥、難以控制的傾向。接著便可移除氣管內管。然而，此時苦難尚未結束。患者必須受到嚴密監控，以防再次出現嗜睡、昏迷與呼吸抑制的情形。此外，在第一個小時給藥後，通常會持續使用納洛酮到海洛因代謝（被體內酵素分解）為止。患者還必須接受大量的靜脈輸液來「沖洗」腎臟。

倘若患者接受快速而有效的治療，他的復原情況會非常順利。若有任何延遲，且患者有數分鐘沒有呼吸，則可能造成永久性的腦部損傷。

75

一只裝填海洛因的氣球在胃裡可以維持完整多久？

問——裝填海洛因或古柯鹼的塑膠袋在毒梟胃裡可維持完整多久，他們才需要開始擔心袋子爆開或是破裂？

布萊恩．松頓（Brian Thornton）
華盛頓州西雅圖
著有《你所不知道的林肯》（*101 Things You Didn't Know About Lincoln*）

答——「毒騾」是指把一袋袋的毒品吞下，企圖逃過海關檢查的毒犯。他們多數使用的不是氣球就是保險套。消化道的過渡時間約為二十四小時，也就是說從吞下至排出約為一天的時間。所以，毒騾約有二十四小時能完成他的旅程，接著氣球就被排出然後採集。我不知道在非法毒品產業的階級制度中，誰會被分派到做這種鳥事。

胃酸、消化酶及腸子蠕動都會分解進入消化道的食物。裝毒的氣球也受到同等的待遇。保險套或氣球能否在旅程中倖存下來？可能會，也可能不會。誰也無法預測。幸運的是，多數能被完整排出，否則毒騾就再見了。裝滿海洛因或古柯鹼的保險套只要破裂或大量滲漏，就會快速使人斃命。

X光或螢光透視（fluoroscopy）檢查都能讓保險套或氣球無所遁形，只要美國緝毒局發現可疑人士，進入人體透視儀就——賓果！接著他們會給毒騾瀉藥（通常是檸檬酸鎂之類的東西）藉以採集證據。我猜大概是菜鳥才得負責這種倒楣差事。

所以，毒品在毒騾體內約莫只有二十四小時，在外則能維持三十六至四十八小時，而且它們隨時都可能破裂或是滲漏。你或許可稱之為賭命的「哥倫比亞輪盤」。

76

死刑犯在接受致命藥物注射後，還有可能救活嗎？

問——囚犯在接受死亡注射後若馬上接受藥物治療，還有可能救活嗎？

李．戈德伯格
加州洛杉磯
著有《謀殺診斷書》、《神經妙探》等作品
www.leegoldberg.com

答——有可能。

死亡注射不只一種，有三種藥物包括：鎮靜劑如硫噴妥鈉、肌肉阻斷劑如琥珀膽鹼或維庫羅寧（vecuronium bromide），以及氯化鉀。鎮靜劑能讓人昏睡，因此過程中沒有痛楚。阻斷劑能麻痺人體所有肌群，也包括呼吸肌群。而氯化鉀的作用則是讓心跳停止。

只要幫助患者呼吸即可防止因前兩種藥物而死亡。壓式甦醒球（每次擠壓時送出空氣的球狀儀器）連接氧氣面罩或氣管內管（通過鼻子或嘴巴進入氣管）便已足夠，使用方便。或以呼吸器連接氣管內管，在藥物代謝（被身體分解）前輔助其呼吸。這可能需要花上一個小時或更長時間，但如果處理得當，患者可以存活下來並無大礙。

氯化鉀的問題較大。由於心臟在注射後會立即停止，必須立即為患者施以心肺復甦術。心肺復甦術包括上述的呼吸輔助措施與體外心臟按摩（以有節奏的方式按壓胸腔擠壓心臟，藉此刺激心臟的灌輸血功能及血液循環）。同時以靜脈注射葡萄糖、胰島素與（或）氯化鈣，或可逆轉氯化鉀的影響。此為複雜的生化反應，但總之心臟應得以再次跳動。這些藥物可視需要在下一個小時重複施予，最後身體會排出多餘的鉀，然後一切恢復正常。

因此要拯救已注射三重致命藥物者，你需要輔助呼吸，展開心肺復甦術，並施予葡萄糖、胰島素以及（或者）氯化鈣。

77

何種藥物能使看守囚犯的警衛失去意識？

問——我正在進行一本小說，故事寫到：三名於郡立監獄服刑的囚犯正在執行路邊清掃工作，警車跟隨在後。但守衛及司機在該監控這些受刑人的時候，邊喝著咖啡並大啖監獄廚師烘焙的布朗尼。我希望他們接著打瞌睡，好讓那三個人逃走。在布朗尼中加入大麻有用嗎？如果沒用，什麼才有效？

辛西亞．芮格斯（Cynthia Riggs）
麻州瑪莎葡萄園島（Martha's Vineyard）
www.cynthiariggs.com

答——大麻可能有效，但也可能只讓他跑去便利商店買條士力架提神。大麻有一些鎮靜效果，但沒強到能滿足你的需求。咖啡也無法幫助那些囚犯脫身。我會建議使用常見的鎮靜劑如煩寧、安定文或贊安諾。這些都是鎮靜劑且為錠狀形式。三至四錠以上這類藥物溶於飲料中或磨碎加入布朗尼等食物即能產生效果。藥物大約需要三十分鐘左右才能生效，被害人將失去意識二至六小時，取決於使用劑量及其他許多因素。

另一個不錯的選擇是水化氯醛（chloral hydrate）。水化氯醛與任何酒精混合後可成為非常強力的鎮靜劑。兩者混合就成了名副其實摻有安眠藥的酒。水化氯醛單獨使用的效果也不錯，有一種兒童使用的鎮靜劑Noctec就是這種成分。它是一種液態藥物，只要在飲料中加入幾大匙就能生效。

當然，此外還有多種可用的藥物，但很多人的藥櫃裡都有這些東西，很容易取得。而且囚犯通常都有些小聰明，可以把各式各樣的東西弄進監獄裡，包括處方藥。

以上這些藥物跟大麻比起來，會是較為可靠且效果可期的鎮靜劑，也更能符合你的需求。

78

給人服用什麼藥物能導致憂鬱及自殺傾向？

問——我想知道暗中給人什麼常見又可取得的藥物或混合藥物，能導致嚴重憂鬱及自殺傾向。有必要的話，可連續數日或數週投藥。在我的故事中，被害人已服用某種藥物，是偷偷讓他服下第二種藥物才產生問題。有什麼建議嗎？

答——對人的精神產生作用的藥物泛指精神藥物。精神藥物的種類繁多，可用來提振心情、紓緩憂鬱、緩和過動，治療妄想、幻覺與精神分裂症和嚴重精神疾患的其他症狀，以及許多精神疾病的治療。

這些藥物都具有相當多的副作用，在任何人身上往往會產生不可預期的反應。有人可能感覺抑鬱、甚至有自殺念頭，有人變得過動，有人產生迫害妄想，還有人變得充滿攻擊性、對自己和他人構成威脅。事實上，所有精神用藥有時會引發其原本意圖治療的症狀。也就是說，原本應該有助於減輕抑鬱症的藥物反而使情況變得更糟。利他能（Ritalin）就是經典的例子。這種藥用在正常人身上會有興奮劑的效果，但對於過動兒卻能緩和他們的症狀。重點是每個人的腦部都有不同的化學物質，因此化學混合物會對我們產生不同的效果。

根據你所描述的情節，任何抗抑鬱劑或有抑鬱副作用藥物的組合都可能導致你鎖定的被害人更加抑鬱，甚或自殺。問題在於你筆下的凶手無法預測結果，只能憑「運氣」來決定該藥物組合是否有效，以及整個過程需要多久時間。我懷疑這對你的故事來說變數太多。

但你可能會考慮另一種不同的、非自殺的死亡形式。倘若被害人原本就有憂鬱症狀，而且正在服用單胺氧化酶抑制劑（monoamine oxidase inhibitors, MAOIs）類的抗抑鬱劑，那麼他很容易受到一些藥物與食物的作用影響。

單胺氧化酶抑制劑改變腦部化學作用的方式為阻斷單胺氧化酶，這種酵素通常用於分解正腎上腺素與腦中其他神經傳導物質。此為複雜的生物化學，這裡沒有解釋的必要，只是服用單胺氧化酶抑制劑者不能同時攝取某些藥物，以及必須避免特定食物，否則會有引發高血壓的危險。在這種情況下，他的血壓會突然飆升，可能突然中風、心臟病發，並且死亡。

常見的單胺氧化酶抑制劑有：苯乙肼（〔phenelzine〕商品名為腦定安錠〔Nardil〕）、反苯環丙胺（〔tranylcypromine〕商品名為排抑鬱〔Parnate〕）與異卡波肼（〔isocarboxazid〕商品名為悶可樂〔Marplan〕）。

與單胺氧化酶抑制劑合併服用可引起高血壓反應的藥物則有：安非他命和各種減肥藥、塞克隆班查品（〔cyclobenzaprine〕商品名為服樂適〔Flexeril〕）、氟西汀（〔fluoxetine〕商品名為百憂解〔Prozac〕）、帕羅西汀（〔paroxetine〕商品名為克憂果〔Paxil〕）、舍曲林（〔sertraline〕商品名為樂復得〔Zoloft〕）、德美羅（Demerol），以及任何三環抗憂鬱劑如阿米替林（〔amitriptyline〕商品名為艾勒維爾〔Elavil〕）、多慮平（〔doxepin〕商品名為神寧健〔Sinequan〕）與伊米胺（〔imipramine〕商品名為妥富腦〔Tofranil〕）。其他還有多種藥物，但以上述較為常見。

需避免的食物為氨基酸酪胺（amino acid tyramine）含量較高的，像是特定乳酪、蠶豆、煙燻或醃製肉類、發酵香腸（波隆那、義式臘腸、薩拉米、夏令香腸等）、酒精、含咖啡因飲料如咖啡、茶、可樂，還有巧克力。這份清單長的很，不過這些就足以讓你有所了解，並提供你一些選擇。

倘若你筆下人物正在服用（或由他人暗中給予）用來治療輕度抑鬱症的單胺氧化酶抑制劑，凶手可以接著讓他服下安非他命、減肥藥或幾錠克憂果，然後等待。在幾分鐘到一個小時左右，他的血壓就會飆升，產生嚴重的頭痛、視力模糊、呼吸急促，然後倒下。他可能會抽搐，也可能不會。升高的血壓將損害腦部，甚至導致腦出血。這種情況稱之為「出血性腦中風」，意指高血壓造成腦血管破裂出血的中風症狀。

79

所謂的「吐真劑」是怎麼運作的？

問——一名二十一歲的女性喝下硫噴妥鈉之類的「吐真劑」接受審訊。我的研究顯示，當事人會出現類似酒醉的反應。這是真的嗎？服用過量會發生什麼事？我故事中的英雄要怎麼把她從死亡邊緣救回來？

詹姆士・李（James Lee），筆名戴斯隆（Destron）
菲律賓
www.fictionpress.com/~destron

答——吐真劑其實只是鎮靜劑，而且正是這種鎮靜效果使其在審訊中發揮作用。有效的審訊技巧之一為睡眠剝奪，這可以瓦解當事人的防備，減緩其心智功能，讓他們說出原本不肯透露的事。但這個方法需要一些時間。大約二至三天，也可能更長。而硫噴妥鈉等鎮靜劑則能在數分鐘內產生相同的作用。被害人會感到異常疲倦且心智混亂，防衛減弱，容易說出原本不該說的話。

如同其他所有鎮靜劑一樣，劑量過多將導致意識喪失、昏迷、呼吸中止及死亡。想救她一命的話，你筆下的英雄必須請求醫療協助並試圖喚醒她。倘若她在醫護人員趕到前沒了呼吸，他必須進行口對口人工呼吸直至救援抵達。或者直至藥效消退，不過那就要幾個鐘頭了。

80

調換一名年長女性的藥物有沒有可能致命？

問——故事中，一名年長女性的兄弟試圖致她於死。她每天必須服用多種藥物來治療高血壓與心臟方面的疾病。若用安慰劑取代其中一種（她並未發現），最後會不會導致死亡？

凱倫・伊利特（Karen Elliott），筆名K・葛藍・伊利特（K. Grant Elliott）
新墨西哥州阿布奎基（Albuquerque）

答——這是最容易偽裝的謀殺手法之一。為什麼呢？因為不當用藥比大多數人所意識到的更常致人於死。年長者經常弄錯藥量——服用太多或不夠。兩者都有可能。扣下對方所需的藥物或者給的過多都可能導致死亡。而扣下藥物通常比用藥過量更加難以預測，但仍然有效。

假設那名被害人有高血壓，正服用高血壓藥物如鈣離子阻斷劑（常見的有脈優〔Norvasc〕或硝苯地平〔Nifedipine〕）或血管張力素轉化酶抑制劑（常見的有依那普利〔Vasotec〕、捷賜瑞（Zestril）、心寧衛（Prinivil））。一兩天不讓她服用這種藥物就會導致血壓快速升高而引發中風或心臟病。這是可能的情形，但不可預期，所以凶手無法確定這麼做是否有效。另方面，一次給予大量藥物有可能造成血壓快速下降並導致心臟病發或者心跳停止。如果凶手把幾顆藥磨碎後放入被害人的食物或飲料中，那麼她除了正常劑量外也把這些吞下肚，就可能在服用這額外的隱藏劑量三十分鐘至兩小時內死亡。

倘若法醫檢測死者體內的藥物濃度（除非他高度懷疑其中有什麼不對勁，否則他可能不會這麼做），他會發現濃度高於標準值或低於平均值，然後假設是被害人未能正確服藥。他可能只會把這起死亡事件視為意外過量服用處方藥的結果。正如我所說的，這種情況並不少見。

如果你安排的是用藥過量的情節，那或許是法醫判定事有蹊蹺的情況之一。據了解，多數意外用藥過量的老年人都是因為他們逐漸把一天一次的用藥增加為一天二至三次，體內的藥物濃度就會接連幾天升高到致死濃度。藥毒物學檢測可以輕易檢測出血液中是否含有高濃度的藥物。然而，不論是被害人連續數日服藥過量，或是一次服用許多藥物都可能造成血中高濃度的情形，因此法醫無法判定究竟是慢性用藥過量，還是快速過量所致。

但如果法醫同時檢測被害人的胃內容物，發現其中有許多尚未被吸收的藥物，他可以推論被害人並非意外連續數日藥物過量，而是一次服用大量藥物。雖然仍有可能，不過這種情況比較不像是意外。可能是意外，也可能是自殺，但法醫至少會考慮謀殺的可能性。若你終究希望凶手被逮，這或許能派得上用場。

81

一九六〇年代，什麼藥物會讓人出現如嚴重酒醉般的狀態？

問——我筆下人物需要讓某個男人醉倒好跟他上床，或者至少讓對方這麼以為。那個男人不好杯中物。故事背景是在一九六〇年代晚期的美國南方腹地。她沒受過教育、很窮、不是太世故，還有些愚鈍。把阿斯匹靈加進可樂中有效嗎？或者只是無稽之談？她還能用什麼方法？

卡薩琳・安崔姆（Kathleen Antrim）
《死裡逃生》（*Capital Offense*）作者
www.kathleenantrim.com

答——阿斯匹靈加可樂無效。那是個古老傳說。她的最佳選擇是鎮靜劑加酒精或不加酒精。她可以把鎮靜劑添入可樂或果汁飲品中，或者加進一些辛辣的食物裡來掩蓋藥物的些微苦味。一九六〇年代常見的藥物有巴比妥類藥物（速可眠〔Seconal〕、吐諾爾〔Tuinal〕、苯巴比妥〔phenobarbital〕）、水化氯醛（chloral hydrate）與樟腦鴉片酊（paregoric）。巴比妥類藥物為膠囊形式，可以打開把粉末溶於食物或飲料中；其餘兩種則為液態。二至三粒膠囊或幾茶匙液態藥品應該就能達成計謀。

被害人會「醉倒」，顯得呆傻、愚蠢、睏倦、順從，而且最後會睡著。他可能如你所願不記得太多事。

82

中世紀有什麼藥物能讓人失去意識？

問——故事背景是在中世紀。主角需要讓某人失去意識幾個小時。我原本想用窒息術，但被害人會在很短的時間內醒來。我能想到的另一招是經典的「重擊頭部」橋段，但大概只在電影裡有效。

答——你說的沒錯。透過重擊讓某人在電影的剩下片段都失去意識是好萊塢的橋段之一，在真實生活中並無依據。想想那些你在電視上看到被擊倒的拳擊手就知道了，他們會在半分鐘內爬起來抱怨那不過是對手的一記幸運揮拳。而那是出自於受過專門訓練的專業人士之手。

這意謂著不論是勒殺或重擊對方都不適合你的情節。如果用的是窒息術，除非造成永久性腦傷，否則對方可能在束緊物（手或繩子）移開後很快醒來。重擊頭部的情況亦然，對方可能在數秒或數分鐘，甚至二十至三十分鐘後醒來，絕非數小時之久。

你需要的是某種形式的鎮靜劑。在中世紀時期，酒精和鴉片皆可取得。兩者混合效果尤其強大。鴉片為白色粉末狀，或可與水調和成液態。它帶有苦味，但可藉由辣味食物掩飾。要是讓被害人喝下幾杯飲料與一點鴉片，他可以昏迷一小時甚或長達八至十小時，視劑量而定。

83

酒精加贊安諾可以多快使人斃命？

問——我正在進行一則短篇故事，在毒物選擇上需要一些建議。十五錠贊安諾（磨碎加入蘭姆酒與低卡可樂中）能多快讓一名約五十公斤重的女性斃命？我希望可以在五分鐘左右解決。我是在做夢嗎？

潔芮琳・法莫（Jerrilyn Farmer）
加州洛杉磯
著有《急尋壽司事件簿》（*Desperately Seeking Sushi*）、「曼德琳・畢恩」（*Madeline Bean*）神祕系列

答——單獨使用贊安諾無效。蘭姆酒可以讓它發揮效力。贊安諾事實上是相當安全的藥物，安全劑量範圍很廣。她可能要攝取五十或一百錠才會出事。但如果與酒精混合，十錠左右就行了。要是她在服下贊安諾之前已經醉了最好。幾杯下肚之後，她可能不會

注意到飲料中有藥味。

她可能會出現頭暈、酒醉、昏昏欲睡、失去平衡等症狀。她說起話來會含糊不清、走路搖搖晃晃，最後陷入昏迷狀態、停止呼吸、窒息而死。如果她已經喝了幾杯，又空腹喝下摻了贊安諾的酒的話，那麼整個歷程約莫十五分鐘左右。如果她剛吃過東西，會延長至一小時以上，因為食物會延緩贊安諾與酒精進入血流中。然後她會呼吸停止，並在接下來的十到二十分鐘內死亡。其中的變數極大。所以整體而言，你安排的情節行得通。但我會建議你把五分鐘延長至十五分鐘以上。

84

被響尾蛇咬傷的初始症狀及其相關的長期問題為何？

問——被中型的西部菱斑響尾蛇（Western Diamondback rattler）咬傷後多久會出現症狀？特別是非致命性傷害的情況下，被害人何時會失去意識？假設數小時後才接受治療且無法取得抗毒素血清，那麼完全復原的合理時間為何？會造成什麼永久但看不見的傷害嗎？

答——美國約有一百二十種蛇類，但只有二十種左右有毒。緬因州、阿拉斯加及夏威夷不計算在內的話，每一州至少有一種毒蛇。除了棲息在美國東南部的珊瑚蛇（〔coral snake）又稱銀環蛇），所有的壞傢伙都是蝮蛇（pit viper）。蝮蛇得名於其兩側靠近眼睛的感熱「頰窩」構造，這能幫助它們鎖定獵物。最致命的蝮蛇為東部及西部菱斑響尾蛇。所以你筆下人物遇上的是個棘手狀況。

有了現代的治療方式（如抗蛇毒血清），加上能夠迅速將患者送往醫院，使得每年七千至八千件蛇傷案例中僅有五或六起死亡。然而在你的情節中並沒有這些現代化優勢，因此他亟需仰賴運氣，並且至少做一些處理。我剛強調運氣了嗎？

蛇傷有百分之九十八都發生在四肢——腿部、手臂及雙手。最普遍的症狀包括傷口處疼痛、腫脹、瘀血、噁心、嘔吐、昏倒並失去意識。患者看起來皮膚蒼白、冰冷或濕冷。這些症狀可能跟蛇毒無關，而是患者被蛇咬傷造成心中極度恐懼的結果。當然也可能是蛇毒所致。

至於傷害的嚴重性、症狀出現的速度與最終結果，取決於蛇的種類與年齡（通常蛇齡愈小毒液愈濃縮）以及被咬傷的部位、深度、蛇毒注入量（大型蛇類毒牙較長）；還有被害人的體型、體重與整體健康狀況。

蛇傷的徵候及症狀可分為局部與全身反應。蛇毒的成分非常複雜。一般來說，它包含多種蛋白酶（分解蛋白質——基本上是消化蛋白質的酵素），可導致傷口周圍組織嚴重損傷。情況嚴重時，可能需要進行清創手術（清除壞死組織），甚至截肢。受傷組織同樣也會發生感染，導致嚴重乃至於死亡的後果。在前抗生素時期的十九世紀與二十世紀早期尤其如此。

局部反應可能包括咬印、疼痛、腫脹、發紅、水泡、淋巴管炎（沿著四肢的紅色斑紋）、腋下（腋窩）或鼠蹊部結節。這些症狀和徵候會立刻發生，若未獲治療將持續惡化。

全身反應則肇因於蛇毒的其他成分。這些反應在毒素作用後隨即出現，並持續發展好幾個小時。全身症狀和徵候包括噁心、嘔吐、臉部與四肢麻痺刺癢、虛弱、口中有金屬味、呼吸急促、意識不清、昏迷，以及休克。數分鐘或數小時內，患者可能出現意識模糊與失去意識的狀況，依毒素作用的程度而定。血液可能發生栓塞或溶血（紅血球破裂），並導致腎臟受損或死亡，或者至少是嚴重貧血。患者血壓會降到非常低，脈搏微弱，接著可能死亡。或者如你的情節般存活下來。

鄉間治療是把傷口切開，讓傷口流血數分鐘，包裹並抬高傷處，並進行安撫與禱告。人們常用把毒液吸出的老方法，但我不建議此種方式，因為這麼做的人經常中毒。

嚴重中毒者可能需要幾天才能起來走動，以及一週以上的時間恢復體力。他可能完全恢復正常，也可能在咬傷處留有醜陋的疤痕，這是蛋白酶所造成的傷害。他也可能有長期的神經受損問題，像是被咬傷的手腳無力與（或）麻痺。

85

遭響尾蛇咬傷頸動脈是否會迅速致死？

問——在我的故事中，一名體重約五十公斤的二十歲女性遭到西部響尾蛇（Crotalus viridis）的攻擊。她在某建築物下方爬行，結果被蛇咬傷頸動脈。她多久後會死亡？

諾姆．班森（Norm Benson）
加州下湖市（Lower Lake）

答——蛇咬人時會把毒液注入被穿透的組織中，通常是足部、小腿、手臂或手部。響尾蛇的毒液含有數種有毒物質，有些會導致局部傷害，有些則會導致全身（系統）傷害。

局部傷害包括瘀傷、腫脹，有些毒液甚至會「消化」周圍組織。毒液成分如分解人體組織蛋白質的酶（酵素）。這和我們消化道中的消化酶作用類似。

全身傷害包括低血壓休克，血液細胞及血中的凝血蛋白（讓血液凝結的蛋白質）損害，造成嚴重出血。有些蛇毒還會傷害腦部與神經，造成意識模糊、定向力喪失、虛弱、四肢麻痺與刺痛、昏迷、呼吸中樞受抑、呼吸中止與死亡。

肢體被咬傷（毒液注入）後，局部症狀會在十到三十分鐘內開始發生，全身症狀於一至十二小時內發作。時間範圍很廣，主要取決於患者的體型、年齡、健康狀況，以及傷口的蛇毒作用程度。中毒程度則依蛇的品種、大小與蛇毒濃度而有所不同。

但如果蛇毒注入頸動脈中，這些症狀將於數分鐘內出現，最快三到四分鐘就會死亡。時間有可能更長，也可能更短。這意謂著你在情節安排上有極大的空間。我建議你安排被害人在被蛇咬傷後的二至二十分鐘內死亡，那就不會有問題了。

86

烏頭是一種有效的毒藥嗎？以及法醫驗屍時能否找出死因？

問——一名七十歲的男性吃下加入烏頭（aconite）烘焙的食物中毒身亡，他死亡時無人在場，所以交由法醫進行勘驗。法醫能藉由一般屍檢發現這種毒物，或者僅認為他是死於心臟疾病或其他衰老問題？此外，實驗室能否在一些食物殘渣中檢測出這種毒物？我希望讀者知道這一開始就是遭人下毒，並非意外。

譚美・庫特（Tammy Coulter）
阿拉巴馬州麥迪遜（Madison）

答——烏頭（又名僧帽草〔monkshood〕、狼毒〔wolfsbane〕、修士的帽子〔friar's cap〕、藍色火箭〔blue rocket〕）是一種約三呎高的植物，葉子呈深綠色，花朵為深藍色。它含有數種危險的生物鹼，包括烏頭鹼（aconitine）、烏頭原鹼（aconine）、鷹爪豆鹼（sparteine），以及麻黃鹼（ephedrine）。狼毒之名源自於中世紀時期，獵狼前把箭浸入烏頭的汁液中。打仗時也運用同樣手法製作致命武器。

烏頭用於相當廣泛的醫療問題，事實上今日仍做為順勢療法之用，像是利尿劑以及發汗劑。使用過量的症狀包括虛弱無力、皮膚冰冷濕黏、呼吸急促、噁心、嘔吐，舌頭、嘴巴與皮膚麻痺刺痛，暈眩、步履蹣跚；若用量足夠，可導致昏迷與死亡。

在你概述的情節中，法醫有可能把死亡原因歸咎於自然現象如心臟病發或心律不整，因為這些是老年人常見的死因。在什麼情況下，會促使他考慮中毒的可能性？除非整個局面或證人指出該案涉及毒害，否則法醫不太可能進行昂貴又費時的藥毒物學檢測。他有預算上的考量，而且不同於《CSI犯罪現場》，預算並非毫無上限。他必須證明花費的正當性，若無絕佳的理由，他不會進行昂貴的檢驗。但如果他真的做了，他會發現被害人血液和胃內容物裡的毒素，也能找出食物內含的有毒物質。

也就是說，這兩種情況都有可能發生。法醫開具自然死亡的證明，讓凶手逍遙法外，或者他認為事有蹊蹺進行檢測，並發現死者真正死因。哪一種都行得通。

87

讓酗酒者吃下抗凍劑能否致死？

問——我的故事中有段謀殺一名酗酒女性的情節。酗酒者有可能喝下加了抗凍劑的飲料卻渾然不覺嗎？她能否嚐出抗凍劑的味道？抗凍劑如何使酗酒者一命嗚呼？

喬安娜·派克西諾（Joanna Paxinou）
加州瑪瑞納（Marina）

答——多數抗凍劑的主要毒性成分為乙二醇（〔ethylene glycol〕又名甘醇，一種無色無臭又帶有甜味的液體）。基於某些原因，抗凍劑（包括松節油與油漆稀釋劑）是酒鬼無法取得乙醇（酒的主要成分）時最愛的飲料。由於抗凍劑能產生酒醉的效果，所以被視為乙醇的替代物。這意謂著你筆下人物可能會一飲而盡，甚至她知道那是什麼卻仍這麼做。不幸的是抗凍劑也能致死。

攝食乙二醇的症狀包括噁心、嘔吐、意識模糊、定向力喪失、口齒不清，以及步履蹣跚。如果喝下的量夠多，可能出現抽搐、昏迷，甚至死亡。酒精中毒也會出現相同症狀。但乙二醇真正的問題在於它在人體內所形成的化學反應，它會分解成數種化合物，其中最重要的一種稱為草酸。草酸會造成腦部組織與腎臟的草酸鈣結晶沉積，導致無法挽回的傷害與死亡。驗屍時，法醫會在死者的腎血管找到草酸鈣結晶。

88

什麼藥物可以讓人嚴重不適，但不至於送命？

問——有沒有什麼草本催吐劑或其他無味、甚至幾乎無味的物質能讓人劇烈嘔吐，但不至於喪命？我希望是草本類的東西，因為我筆下人物會把它加進電茶壺裡煮茶。而飲用者，也就是故事主角常喝花草茶，所以她不會注意到茶杯中幾片茶葉或是雜質。

答——有許多草本植物能造成噁心和嘔吐的情況，若服用的量夠多還會致死。加入少許可讓故事主角感到不適，加入大量則能讓她死亡。下列幾種都能運用在你的故事情節中。

吐根（ipecac）：吐根實際上被用於醫院與急診室做為患者藥物過量時的催吐劑，呈液態形式。它具有明顯的藥味，可用風味強烈或辛辣的食物加以掩飾。加入一兩茶匙在氣味濃郁的茶飲中或許不會被注意到。此外，既然吐根萃取自吐根植物的漿果與汁液，你可以乾燥並磨碎些許植物原料或種子，或透過浸泡植物或漿果數分鐘製成茶飲，然後加進被害人的花草茶中。約莫十分鐘內，被害人就會出現噁心、嘔吐、呼吸困難、暈眩與心跳加速等症狀。若劑量較高可導致喪失意識、昏迷與死亡。

蓖麻子（castor bean）：蓖麻子的毒素為蓖麻毒素（〔ricin〕又稱蓖麻毒蛋白），由於可製成恐怖的生化武器而頻躍上新聞版面。它的毒性非常的強，單一顆種子就足以讓人極度不適，兩三顆就能讓多數人死亡。完整的種子不具有傷害性，因為外殼堅硬不易被人體消化。但如果切開或磨碎，即可輕易取得毒素。就像吐根一樣，你筆下人物可以磨碎一顆種子，把它混進乾燥的茶葉中，或者取一兩顆蓖麻子浸泡後將汁液倒入被害人的茶裡。被害人會快速產生噁心、嘔吐、腹瀉、呼吸急促與肌肉無力等症狀。

夾竹桃（oleander）：這種植物很常見且容易取得。由於整株都有毒性，所以把一些葉子、莖與（或）根泡水，就能製造出毒茶。被害人會出現噁心、嘔吐、腹瀉、冒汗、呼吸抑制，若劑量足夠，可造成昏迷與死亡。

毛地黃（**foxglove**）：重要的心臟用藥毛地黃（digitalis）就是從這種植物萃取而成。毛地黃同時也是致命毒物，主要成分為毛地黃毒苷（digitoxin）與毛地黃皂苷（digitonin）等苷類。這些毒素會造成噁心、嘔吐、呼吸急促、視力模糊、視覺顏色改變（看東西變成黃色調），並導致致命性的心律不整（正常心跳節奏改變）。

你還有其他多種選擇，不過上述任一種即可達到你想要的效果。

89

把氰化物加入隱形眼鏡用的生理食鹽水中能否做為殺人手段？

問——故事的某段情節描述被害人使用有毒的隱形眼鏡用生理食鹽水而一命嗚呼。哪一種毒物比較適合，氰化物還是番木鱉鹼？她戴上隱形眼鏡後多久就會死亡？需要多少劑量才夠？

瑪吉・金恩（Maggie King）
維吉尼亞州瑞查蒙德（Richmond）

答——我會選擇氰化物，因為氰化物可以透過皮膚吸收，而番木鱉鹼用於攝食的作用較強。此外，氰化物僅需極少量就能生效。

氰化物的作用快速、猛烈又有效。它是一種所謂的「代謝毒物」，基本上會關閉所有身體細胞使用氧氣的能力。亦即紅血球無法攜帶氧氣至身體組織，身體的組織細胞也無法使用氧氣的情況，宛如所有氧氣瞬間從身體消失般。這個過程立即且全面，依照劑量的不同，被害人會在一到十分鐘內死亡。

中毒症狀會在你選定下毒方式後立即顯現。包括呼吸急促、喘不過氣、暈眩、臉部泛紅、噁心、嘔吐、失去意識，然後死亡。所以被害人會突然嚴重喘不過氣、臉部泛紅，或許還會揪住胸口，倒地死亡。過程中也可能發生抽搐。她的皮膚會呈現粉紅色，如果撞到頭部或跌倒時手肘刮破流血，血液則是明顯的亮櫻桃紅。這是由於氰化物與紅血球裡的血紅素發生化學反應，產生亮紅色的化學物質氰化血紅蛋白（cyanohemoglobin）之故。

氰化鉀（potassium cyanide）與氰化鈉（sodium cyanide）為白色粉末狀，帶有一種淡淡的苦杏仁味，多數人都不會注意到這種氣味。事實上，能否察覺到這種氣味取決於每個人的遺傳基因。有些人聞得到，有些人聞不到。氰化鉀與氰化鈉可溶於水與生理食鹽水，所以任一種都能輕易加入被害人所使用的溶液中。

有一點要注意的是，你筆下的壞傢伙必須小心處理這些化學物質。它們可輕易經由皮膚吸收，讓凶手也跟著完蛋。帶手套是明智之舉。

氰化鉀與氰化鈉多做為商業用途使用，好比提取礦石中的金、銀，以及用來鍍金、銀、銅、白金等金屬。凶手可自珠寶公司或電鍍工廠竊取這些物質，一些化學原料供應商亦有販售。

你可以安排凶手把粉末溶於洗眼液中，當被害人讓眼睛浸潤在清潔液裡或戴上浸過藥水的隱形眼鏡，她將倒下迅速死亡。

90

讓重度過敏者使用過期或替換過的藥物能否致死？

問——我筆下走頭無路的壞蛋想用過期的EpiPen注射型腎上腺素來取代被害人隨身攜帶的新品。他打算演出英雄戲碼親自為她施打，然後把空的注射器留給被害人，讓情況看起來像是她忘了替換藥品。我聽說EpiPen的保存期限大概是兩年，所以超過時限就會失效嗎？她對花生嚴重過敏，而他打算給她藏有花生的點心。他還會給她幾杯酒，好讓她不會太快意識到過敏反應。注射後他會溜去找朋友，所以數分鐘後屍體被發現時，他將有不在場證明。過期的EpiPen是否仍可救她一命，或者凶手的計畫可以得逞？

南希．J．許蒂（Nancy J. Sheedy）
馬里蘭州弗雷德里克（Frederick）

答——Epipen是一種包裝好的自動注射器，內含一劑腎上腺素，發生嚴重的過敏反應時往往能救人一命。我們稱這種嚴重且致命的反應為「過敏性反應」。對花生與其他食物、蜜蜂與幾乎任何其他東西過敏的人經常隨身攜帶 EpiPen。

妥善冷藏保存的話，EpiPen 的效用可以維持多年，不當保存則會降低其壽命。它並沒有何時會失去藥效的準確時間，充其量是過期後效果減弱且無法預期。過期仍有作用。聰明的犯罪者不會仰賴此等未知的狀況。對他來說，最好的做法是用水稀釋注射器裡的藥劑，使其效力降低。當然，使用過的注射器可能被檢測，也會被人發現經過稀釋，但發生的機率不高。為什麼呢？因為儘管接受適當治療，有時過敏者仍會死亡。EpiPen 並非萬靈丹，即便劑量正確仍不足以拯救過敏者。

一般來說，過敏反應愈嚴重，症狀出現得愈快。攝取過敏原比遭蜜蜂螫咬的注入方式所產生反應的時間要長，後者幾乎是立即顯現症狀。以你的故事情節來說，被害人可能在數分鐘內出現反應，但最多仍有二十到三十分鐘的安全範圍。

我會建議直接把她的 EpiPen 換成其他混充物，接著給她「藏有」花生（其實只要些許花生油就能奏效）的點心，並在她吃下點心前逃之夭夭。發病後，她會為自己注射卻不見效果，並在數分鐘內死亡。如果她的過敏情況十分嚴重，即使有其他人在她身邊並通報救護人員，她也會在他們抵達之前死亡。如此一來，可以解決時間安排的問題，因為凶手在布置好現場後就消失了。沒有人會懷疑他，除非被害人身邊的某人知道他曾經給她含花生油的點心。按照這樣的順序，就用不到酒了。

91

給住院病患注射鉀可以快速使他斃命嗎？

問——我的故事情節如下：一名兩百零五公斤重的女性患者在醫院的術前等候區，她的整體健康狀況良好。院方以靜脈注射的方式為她施打術前藥物。但其實裡頭裝的是氯化鉀，導致她突然死亡，而且看起來就像是體重過重造成心臟病發的樣子。請問要多少氯化鉀才足以致死？需要多久時間？驗屍官有可能忽略她真正的死因嗎？在這種情況下，他們是否會進行驗屍？

金姆．卡拉布里斯（Kim Calabrese）
紐約水牛城（Buffalo）

答——氯化鉀是注射死刑所施打的第三種藥物，它會使心跳立即停止。所需劑量視連續輸注速率而定。用於治療時，我們會避免給予患者靜脈點滴每小時超過十毫當量（meq）。在緊急情況下，有可能給到每小時十五毫當量，但極少超過這個速率。倘若以針筒直接注入靜脈，可能僅十毫當量就能解決掉你筆下人物。三十至四十毫當量更不用說了。被害人可能在數秒內心跳停止，然後看起來真的有如心臟病發般或心律不整（致死的心跳節奏改變）。

有一點要注意的是，透過靜脈注射氯化鉀會有極強烈的燒灼感。除非先打過鎮靜藥物（這可能是術前等待區的情況），否則被害人可能會大吼大叫。另一個避免被害人做出反應的方法是放置中央靜脈導管——導管經由手臂靜脈進入中央靜脈或送至靠近右心房處。利用這種方式注射氯化鉀就不會造成燒灼感。

醫院發生原因不明的死亡事件時，法醫或驗屍官都會接獲通知。他們可能會，也可能不會介入此案。倘若主治醫生表示被害人死於心臟病發或心律不整，且願意開具死亡證明陳述這起案例，法醫或許會接受這種說法。然後就此告終，凶手僥倖得逞。

但如果主治醫生不確定死因，法醫多半會參與此案並進行解剖。在這類院內死亡案例中，醫護人員不會移除死者身上的注射導管或其他醫療裝置，而是保留與封存相關物件，然後把遺體交由驗屍官檢驗。原因是患者身上的侵入性裝置可能是造成死亡的原因之一。本案正是如此。

然而，此案的法醫有可能找得出死因，也可能力有未逮。三十或四十毫當量的氯化鉀並不會讓血中的鉀含量明顯偏高，因為鉀會快速稀釋至全身，接著迅速被身體細胞吸收。法醫可以在靜脈導管中發現高濃度的氯化鉀，所以在施予氯化鉀後以生理食鹽水徹底沖洗是明智之舉。若是如此，可能沒有證據顯示真正的死亡原因，也就被當成是一般致死性心律不整打發了。

92 哪一種化學物質可以把香菸變得有毒？

問——在我的政治驚悚小說中，惡人企圖殺害一名揭發他們惡行的報社記者。那名記者抽菸，我打算讓某人在酒吧裡接近他，遞給他含毒的香菸。我希望那種物質最好具有致死性，而那名記者雖然中毒卻活了下來。有什麼建議嗎？

卡薩琳・安崔姆
著有《死裡逃生》
www.kathleenantrim.com

答——把毒物加進香菸，隨著菸霧一同吸入是個邪惡的好點子，而且相對容易實現。有哪個抽菸的人會拒絕免費香菸？尤其現在香菸這麼貴。許多毒物都能符合你的需求，但我想到兩種特別有趣的。

氰化物能發揮作用。氰化物的毒性極強，但小劑量可能只會讓那名記者病倒。極少量的氰化鈉或氰化鉀（兩者皆為白色粉末）可灑入菸草，隨著被害人抽菸時送進肺中，並且被快速吸收進入血流，開始毒害所有身體細胞。

被害人會覺得暈眩、喘不過氣、可能伴隨胸痛、喪失意識、抽搐，甚至死亡。如果用量夠多，而被害人又抽掉整根菸，他可能會在數分鐘內死亡。但如果僅吸了幾口，接觸量很少，只會讓他感到不適。

另一個選擇是苯。苯是一種帶有淡淡甜香的液體，被用來做為油漆、油品、塑膠、橡膠及其他眾多產品的溶劑。苯的沸點低[1]（從液態轉換至氣態的溫度），可輕易經由肺部被人體吸收。

倘若香菸先以少量的液態苯處理過，燃燒菸草的溫度將迅速使其轉化為可吸入的氣體。被害人會立即出現症狀，包括乏力、暈眩、噁心、頭痛、胸痛、步伐不穩、意識模糊與喪失意識。若接觸的量夠多，同樣可能致死。

上述任一種毒物都能讓那名記者感到不適。只要不繼續抽菸，他很快就能復原。雙贏局面。

93

「沼氣」如何致人於死？

問——某個恐怖組織正計畫藉由破壞當地下水道甲烷分解系統摧毀一座城市。要多久才能讓沼氣變得容易爆炸？沼氣對人體有什麼影響？

答——要多久才能讓沼氣累積至足以引起爆炸取決於許多因素，例如下水道系統大小、甲烷濃度、沼氣進入該區域的速度，以及下水道的通風程度。土木工程師或許能協

1 苯的沸點為攝氏八〇．一度。

助你計算確切時間，不過既然是小說，簡單帶過即可。一個小時可能不太足夠，一天左右應該綽綽有餘。

「下水道沼氣」是硫化氫（hydrogen sulfide）、一氧化碳和甲烷的混合氣體。下水道與礦坑往往是這類混合氣體的匯集處，也因此從業人員發生意外的消息時有所聞。原因是甲烷和一氧化碳會降低空氣中的含氧量，使人窒息。下水道和化糞池發酵的生成物硫化氫甚至更具危險性。硫化氫經由吸入進入人體後會與血紅素結合（紅血球中帶氧的分子），形成無法把氧氣從肺部運送到各處組織的變性血紅素。基本上，這是讓身體細胞「窒息」而死。變性血紅素會讓血液呈現暗紫色，法醫在驗屍時，會發現被害人血中高含量的硫化物。

暴露於下水道沼氣的被害人會逐漸產生呼吸急促、咳嗽、疲勞、虛弱、意識模糊、定向力喪失、暈眩、協調感不佳、步伐搖晃，昏迷並且死亡。治療方式是迅速把被害人移離現場，給氧至人體代謝沼氣中的化學物質為止。

94

在按摩油中加入何種物質能讓運動員斃命？

問——我筆下有個人物是職業曲棍球選手，我打算利用毒物經由皮膚吸收的方式把他做掉。我需要一種能加進賽前按摩油的物質，且事後訓練員可以洗淨雙手避免中毒。它必須在三至四小時左右發揮作用。我的想法是，讓運動員接受賽前按摩、打完比賽，然後在淋浴間或按摩室被人發現死亡。有這種毒物嗎？有的話，其症狀為何？

泰瑞．馬丁斯（Terry Martens）
加拿大安大略漢米爾頓（Hamilton）

答——能夠透過皮膚吸收的毒物不多，而且也沒有一種完全符合你的需求。主要問題在於你的時間安排。經由皮膚致死的藥物通常作用都很快，所以要遲至三、四個小時顯得困難。但或許有個變通方法。

我們可以快速排除幾種常見毒物。氰化物在數分鐘內就會發生作用，訓練員的手也會吸收這種物質，所以選手和訓練員都會被人發現陳屍在按摩室中。重金屬如鉛、汞和砷也可能透過皮膚吸收，但它們並不適用，因為多數情況下需要長達數週的重複接觸，才會導致生病或是死亡。

如果你能修改一下故事時間線，局部鎮靜劑如吩坦尼（fentanyl）或可派上用場。吩坦尼這種鎮靜劑會讓那名曲棍球選手產生嗜睡症狀，用量足夠則會造成呼吸中止，然後死亡。吩坦尼為貼片式藥劑，品名為多瑞吉（Duragesic）。這種藥物用於紓緩癌症疼痛及其他疾病引起的劇烈疼痛，也可以注射方式做為術前麻醉使用。二〇〇二年，俄國特種部隊曾以氣化形式的吩坦尼來鎮壓占領莫斯科某歌劇院的車臣叛軍。吩坦尼吸入時的作用非常快速。

我會建議你安排被害人賽後再接受按摩，看起來也比較合理。按摩是為了讓肌肉放鬆，幫助人體代謝乳酸等毒素，所以運動後按摩較佳；運動前按摩反而適得其反。他可以是最後一個接受賽後按摩的選手，隨著吩坦尼發生作用在過程中睡著。按摩師可能會在完成後對他說：「好了，」以為選手會醒來、去沖個澡、收拾自己的東西，然後離開，沒想到被害人實際上已陷入昏迷。按摩師離開後，被害人會呼吸中止死亡。而他的隊友可能先離開去當地酒吧慶祝，以為他晚點就會出現；當他仍不見蹤影時，或許有人會去找他，這才發現他已經沒了氣息。毒理學家或許會發現按摩油或乳液中含有吩坦尼，就此展開調查。

我認為唯一的問題是部分藥物同時透過訓練員的手部吸收，所以他也開始感到昏昏欲睡。但在漫長的一天後，他可能只覺得自己累了。他可能把按摩時間縮短，清洗雙手，然後回家。一旦摻有藥劑的乳液從他手上洗掉後，其作用也迅速消失。

95

生產某種基因改造的毒玉米可以做為宗教恐怖組織的手段嗎？

問——一名酪農以鄰居供應的玉米做為乳牛飼料。豈料那是宗教恐怖組織種植的基因改造毒玉米。玉米本身並不影響乳牛，卻會影響牠們的產乳。我知道這個想法有點不切實際，但我希望至少理論上說得通。恐怖分子在玉米基因序列中加入了真菌的基因，以此製造出具有強烈生物毒性的黃麴毒素。

我應該讓被害人出現何種病理症狀？（請記得這跟現實情況相差甚遠）我的初步構想是，讓被害人出現類似感冒的症狀，如嘔吐、腹瀉、脫水、發燒等，但我擔心不夠具體。有什麼建議嗎？

朱迪．克萊門斯
榮獲安東尼獎與阿嘉莎獎提名、「史戴拉．克勞」系列作者
www.judyclemens.com

答——你說對了。這不太可能在現實生活中發生，但在小說裡卻是個邪惡的好點子。從遺傳學的角度來看，改變玉米的基因序列不太可能影響牛奶，繼而影響喝下牛奶的兒童。因為消化過程可能使玉米的DNA與蛋白質變性。多數糧食都是如此。然而在小說中，你還是可以讓這種轉移發生感覺合理。

黃麴毒素可以是無害的，或者如你所說是一種可怕的毒素。黃麴毒素是由特定的麴黴所生成的黴菌毒素。麴黴本身會導致難以治療的上呼吸道與肺部嚴重感染，尤其是免疫系統缺損患者。

你所描述的症狀是攝取毒素後可預期的反應，所以我想在這方面你是對的。此外，許多黴菌毒素可引發過敏形式的症狀，像是搔癢、臉部與手部腫大、皮膚起疹、氣喘。

消化道症狀則是吸收不良症候群。倘若這種毒素在腸道造成過敏反應，腸道內膜會形成水腫並且發炎。這會妨礙營養素的吸收，尤其是脂肪與蛋白質。脂肪吸收不良會導致腹脹、腹部絞痛、放屁、使糞便帶油發出惡臭。蛋白質吸收不良若持續數週或數月，將導致疲勞、體重減輕，以及肌肉耗損。

另一個你可以留意的是普利昂蛋白（prion）。此為狂牛症的致病原，可經由食用的肉類進入人體血流中，再到大腦作亂的變異蛋白質。它的耐熱性極高，即使將感染牛隻屍體焚化仍能存活。因此餘下的灰燼仍具有傳染力，最好以類似核廢料的方式處理。

顯然你並不希望被害人發生如狂牛症（一種海綿狀腦病）之類的病症，但這是小說。你可以創造專屬的變異蛋白疾病，不一定會致死，但會讓被害人病得非常嚴重。

96

哪一種獸醫用藥能致人於死？

問——我是個推理小說家，正在寫一則發生在馬鄉的故事。我筆下有個壞傢伙能取得多種獸醫用藥，他打算用其中一種來解決一名老人。他打的如意算盤是不會有人進行驗屍。請問哪種藥在驗屍時不容易被發現？

G．M．馬利耶（G. M. Malliet）
www.publishersmarketplace.com/members/gmalli/

答——最常見的動物鎮靜劑是苯環利定（PCP）。這也是相當常見的一種毒品，所以凶手可以從獸醫診所、馬場或街上取得。苯環利定俗稱天使塵、水晶（crystal）、豬仔（hog）、抽搐（tic）、阻特（zoot）等。這種藥物可口服、鼻吸、煙吸，並常與大麻共同吸食。

苯環利定就是所謂的解離性麻醉劑（dissociative anesthesia）。這代表它不僅具有鎮靜效果，也會造成解離的精神反應，亦即與現實部分或全然脫離的狀態，近似於急性妄想型精神分裂症（paranoid schizophrenia）。這也是為何此種藥物危險的原因之一。使用者會失去理解所處環境的能力，時常莽撞行事，例如走進車陣中或試圖從窗戶飛出去。

苯環利定用於特定個體的作用無法預測，但除了解離反應外，還會使人產生欣快、妄想、幻覺（大多為聽覺與視覺）、時間與空間感扭曲（或是漂浮感、無重力感）、注意力不集中、焦慮、恐慌、偏執、攻擊與暴力行為、喪失痛覺、噁心、嘔吐、高血壓、盜汗、心跳急促、體溫過高或下降、抽搐、昏迷、腦出血、肌肉損傷，以及其他欣快感。

凶手可以把苯環利定加進被害人的食物或飲料中，或採注射方式，然後靜待藥效發生。倘若透過攝入，效果約在十五分鐘後顯現。若是利用注射、煙吸或鼻吸，藥效幾乎立即發生。被害人可以坐上駕駛座，接著開車撞上樹木或衝下懸崖。由於他已經跟現實脫離，他可能相信自己是一名戰鬥機飛行員或正在玩電動遊戲。被害人也可能出現前述任一種或所有症狀，並且死亡。

苯環利定中毒在驗屍時並無可察覺的徵候，但可藉由藥物檢測發現。假如法醫判定這是一起意外事件或因心律不整所造成的自然死亡，沒有人會發現死者是被做掉的。即便檢測結果發現苯環利定，而法醫相信是被害人為了個人消遣所致，仍可能被視為意外死亡。雖然這不太可能發生在老年人身上，但什麼事都有可能發生。

97

肉毒桿菌可以用來做為謀殺工具嗎？

問——我可以安排筆下人物用保妥適（Botox）殺人嗎？

珍妮佛・艾波達卡（Jennifer Apodaca）
著有《害到死》（*Thrilled to Death*）、
「薩曼莎・肖」（*Samantha Shaw Mysteries*）神祕小說系列
www.jenniferapodaca.com

答——簡單來說，可以。保妥適是肉毒桿菌（*Clostridium botulinum*）所分泌的肉毒桿菌素（botulinum toxin）商業製劑。事實上，這種有機體可產生七種肉毒桿菌素。保妥適含有少量的A型肉毒桿菌素，適當使用時安全無虞。但如果劑量過高或為非法叩關的仿冒品，就可能產生問題。未經美國食品暨藥物管理局（FDA）核可的產品可能含有較大量的肉毒桿菌素。

肉毒桿菌素是一種神經毒素（影響神經或神經連接肌肉的區域），可導致肌肉無力，亦即肌肉鬆弛、無法收縮的狀態。注射到額頭時，該區域的肌肉會麻痺，變得鬆弛，皺紋於是消失。目前聽起來沒什麼問題。但如果施打過量，毒素會進入血流中，在體內運行並麻痺所有肌肉，包括呼吸肌群在內，造成使用者窒息而死。雖然這種情況不太可能發生，但仍說不準。

所以，替某人施打大量肉毒桿菌素有可能致死。需要多少劑量才夠？這取決於各種因素，包括年齡、體重與被害人的整體健康狀況，還有所用製劑內含的毒素實際濃度而定。以你的故事來說，不必拘泥於細節，把注射器裝滿肉毒桿菌素打下去就對了。

98

哪一種毒素可製成「冷凍彈」使人猝死？

問——我在故事中安排一名職業殺手行刺美國某參議員。我想採用射殺的方式，但又希望他的死顯得有些離奇。我打算讓她使用液態毒劑製成的冷凍彈，自安全距離以步槍射擊。冷凍彈進入被害人體內時，將已溶解為液態，所以不會出現穿入傷口。請問有什麼液態毒素可以立即致命？

卡薩琳．安崔姆
著有《死裡逃生》
www.kathleenantrim.com

答——我超欣賞你解決這名不幸參議員的方法。冷凍彈的點子不但巧妙還出乎意料，加入毒素更是一絕。不像老套的冰柱刀，留下傷口，凶器卻消失了。

顯然殺手必須計算冷凍彈的溫度，以及它液化前必須飛多遠。子彈會以高速液態封包的形式飛抵被害人，而且有點像現在的無針式疫苗——這些藥劑以高速噴射的方式注入皮下進入人體。它只會留下一個小印記，比一般針頭還小。那名不幸的參議員可能在子彈撞擊處出現瘀傷或小擦傷，但驗屍官或許不會把這種小傷當一回事。畢竟，誰會想到是液態子彈呢？

所以你選擇的方式既酷又聰明，這還算是含蓄的讚美。至於什麼毒素能符合你的需求？答案是疊氮化鈉（sodium azide）。

疊氮化鈉是一種毒性極強的液體，可快速透過皮膚吸收，所以沒有刺穿皮膚的必要。這種毒物具有多種毀滅性作用，會造成血壓明顯降低、休克及死亡。此外，它也是所謂的「代謝毒物」，會關閉身體細胞的內部功能，迅速致死。

血壓急降與細胞中毒的結合會讓被害人突然倒下，這在旁人眼中就像是心臟病發。驗屍時不會發現傷口或有任何異狀，所以法醫可能判定是致死性心律不整所致。除非法醫特別檢測疊氮化鈉，不然毒物檢測顯示不出什麼，而他多半不會想到這點。

99

凶手能否利用注射二氯甲烷讓被害人看起來就像死於一氧化碳中毒？

問——我在故事中安排了兩樁藉由改裝汽車與暖爐釋放一氧化碳的謀殺事件。第三樁謀殺，我想給使用鎮靜劑的被害人注射某種物質，讓他看起來像是死於一氧化碳中毒。我知道吸入二氯甲烷的揮發氣體可使肝臟代謝出一氧化碳，在血中形成一氧化碳血紅素（carboxyhemoglobin），就跟真的吸入一氧化碳一樣。我想知道注射方式能否造成相同結果，以及需要多少劑量？

答——二氯甲烷（methylene chloride）類似乙醚，為透明、易揮發的液體，具有刺激性氣味與些微甜味。它來自於甲烷或甲醇，油漆稀釋劑、去漆劑、部分金屬脫脂劑與殺蟲劑中多含有這種成分。多數意外事件都是因為吸入或皮膚接觸所致。

接觸會導致皮膚和眼睛灼傷及刺激。吸入可能引起支氣管（呼吸道）類似灼傷、咳嗽與呼吸困難。經由攝食，則會產生下列所有症狀，包括頭昏、噁心、嘔吐、頭痛、意識模糊、眩暈、定向力喪失、四肢麻痺與刺痛，以及口腔、食道和胃部灼傷與刺激。

二氯甲烷被人體分解後會轉化成甲酸（formic acid）與一氧化碳，前者透過腎臟排出，後者與血液中的血紅素結合，形成一氧化碳血紅素。一氧化碳血紅素會取代氧合血紅素（〔oxyhemoglobin〕把氧氣從肺部帶到身體組織的含氧血紅素複合物），被害人基本上會極度缺氧，並導致上述許多症狀，甚至死亡，尤其是心肺疾病患者。

我找不到關於注射二氯甲烷的資料，可能你是唯一邪惡到想要這麼做的人。不過，讓我們從這種化合物的屬性來看看可能發生什麼事。首先，注射時會有嚴重的燒灼感。倘若被害人使用了大量的鎮靜劑，那麼這對凶手來說或許不是個問題。再者，它具有強烈的揮發性，可能在體內形成細小的二氯甲烷氣泡，流至心臟，致使被害人快速死亡。如果不是這樣，肝臟會加以處理，並將之轉化為甲酸和一氧化碳，如同二氯甲烷經由肺部或胃部吸收般。一氧化碳濃度會急速上升，一氧化碳血紅素濃度亦隨之升高，接著被害人很快就會斃命。該注射多少？這點無法確切得知，我建議你在故事中帶過即可。我會安排凶手給被害人注入一個針筒的劑量。

法醫可輕易判定被害人血中含有極高的一氧化碳血紅素。倘若被害人是在充滿一氧化碳的環境被尋獲，他有可能僅追究至此。為此，你需要把這樁謀殺案的場景設計成你提到的其他謀殺案一樣。若法醫發現一氧化碳中毒的證據，而死者生前並未暴露在這樣的環境下，很可能啟人疑竇，促使他進行更徹底的調查。但如果被害人是在自家車庫中被發現，同時汽車引擎正在運轉，法醫就沒有理由懷疑涉及其他可能。

法醫也可以發現被害人身上的注射痕跡，或血中酸度極高。然後藉由進一步藥毒物學檢測判定被害人體內含有甲酸和二氯甲烷。一樁謀殺調查就此展開。

兩種情況都有可能發生。

100 有毒的加州蠑螈如何使人喪命？

問——我想在故事中使用一種不尋常的毒物。如果從加州蠑螈或大學實驗室裡的毒蛙皮膚上取出毒素，然後放進巧克力糖裡，這樣能致人於死嗎？一塊加工過的巧克力是否足夠？其症狀為何，以及被害人多久後會喪命？

芭芭拉・A・賀德曼（Barbara A. Herdman）
密蘇里州厄巴納（Urbana）

答——加州蠑螈（California newt）是一種體長可達八吋的有尾目動物，分布於加州海岸地區；身體上部呈紅棕色，下部為橘黃色。牠們所分泌的毒素稱之為蠑螈毒素，與河豚毒素類似。這種神經毒素可阻斷神經傳導，導致肌肉麻痺，使被害人呼吸中止，窒息而死。

使用實驗室裡的毒蛙為你開啟了截然不同的可能性。牠們的毒性遠勝於加州蠑螈，能分泌劇烈的神經毒素，快速使人麻痺窒息死亡。

箭毒蛙（〔poison dart frog〕葉毒蛙屬〔*Phyllobates*〕）的毒性極強，主要棲息在巴西等南美洲熱帶雨林。大多色澤鮮豔，可由皮膚分泌毒液。當地原住民把這種毒液塗抹在箭矢上，做為麻痺獵物之用。

而外觀呈金黃色的金色箭毒蛙（*Phyllobates terribilis*）可從皮膚腺體分泌箭蟾毒素（batrachotoxin）。這種毒液能造成其他動物死亡，具有嚇阻作用，避免遭到吞食。其毒性極強，只要極小的量（也許幾顆沙粒大小）就足以致死。

另一種有毒的屬，稱為*Dendrobates*。染色箭毒蛙（*Dendrobates tinctorius*）是一種有著黑色和白色的身體與藍色四肢，體型小巧的蛙類；還有美麗的藍箭毒蛙（*Dendrobates azureus*），具有深淺不同的藍色外觀，會分泌矮叢箭毒蛙毒素（pumiliotoxin）。這種毒素類似於箭蟾毒素，雖然毒性沒有那麼強，但仍有致死的可能。

當然，毒蛙的種類還有很多。

這些毒素每一種都很強，僅需極少量就能致死。以你的情節來說，只要加幾滴毒液在巧克力裡或滴在上面，就能迅速致命。被害人在攝食後約莫十五分鐘開始出現症狀，像是衰弱無力、呼吸急促與麻痺感。過程將持續十五分鐘左右，直到被害人倒下，呼吸中止並且死亡。

101

心軟的竊賊可以給看門犬下什麼藥？

問——我正進行一本小說，故事提到一名竊賊闖進那些豪奪窮人與中產階級財物的富人宅邸，但他不忍心殺害看守的狗。他可以把什麼混入生漢堡肉中，讓牠們迅速昏睡約兩小時，而且醒來後不至於有不良影響？

露西・卡夫曼（Lucy Kaufman），筆名露西・賽門斯（Lucy Simons）
著有《靈魂食物：餵養內在性靈》（*Soul Food: Feeding the Inner Spirit*）、
《解決祖母與其他家庭問題》（*Killing Grandma and Other Family Issues*）

答——有好幾種可能性。

乙醯丙嗪（Acepromazine）是一種非常有效的獸醫用藥。這種藥物為二十五毫克的錠劑，可自獸醫診所取得。狗的鎮靜劑量為每磅體重〇・二五至一毫克。以一隻五十到六十磅重的看門犬來說，兩、三錠就能發揮作用。藥效會在三十分鐘左右生效，但如果你把劑量增加為兩倍（五至六錠），可縮短至十五分鐘左右。

煩寧是常見且廣泛使用的藥物。許多人的藥櫃裡都有這種藥。有效劑量約為每公斤兩毫克。一公斤相當於二・二磅。這代表每磅體重用藥約為一毫克。以一隻五十磅重的狗來說，把十片五毫克的煩寧磨碎並混入肉裡，大概十五到三十分鐘就能生效。

贊安諾也相當常見且容易取得。跟煩寧一樣，許多人的藥櫃裡也有。劑量約為每公斤〇・一毫克。若條件與上述相同，你筆下的竊賊需要二・五至三毫克的劑量以達到鎮靜效果。贊安諾有〇・二五與〇・五兩種錠劑。把六片〇・五毫克的錠劑磨碎應該就綽綽有餘。十五到三十分鐘即能發揮全效。

102

慢性硒中毒的症狀為何？

問——我正在為我的下一本小說尋找一種能造成慢性中毒的物質。它能致人於死，又可偽裝成肇因於某種疾病。我想過利用砷，可是又覺得太普通。有齣根據真實故事改編的影集描述丈夫把硒加進妻子的洗髮精裡，而醫生找不出她的病因。這是個好方法嗎？還是哪種毒物也有這種效果，及其症狀為何？

派翠西亞・哈溫（Patricia Harwin）
著有《舊蕾絲縱火案》（*Arson and Old Lace*）、《殘殺是甜蜜的哀傷》（*Slaying Is Such Sweet Sorrow*）

答——硒是一種非金屬元素，與硫、氧、釙、碲屬於同一個化學家族。硒是生命不可或缺的微量元素，缺乏硒可能導致各種健康問題，其中最嚴重的是心肌病變（心臟肌肉無力）。有趣的是，馬可波羅（Marco Polo）描述在中國南部南山與天山一帶，馬匹身上一種名為腐蹄病（hoof rot）的疾病時，他發現的可能是第一起硒中毒案例。該區域土壤含有豐富的硒。

硒中毒的情況常見於工業生產上。硒主要應用於玻璃、陶瓷、光電管、半導體、鋼鐵與硫化橡膠的製造。它最毒的形式是二氧化硒（selenium dioxide）與亞硒酸（selenious acid）。

急性硒中毒多半會致死。不論是攝食或吸入，二氧化硒或亞硒酸（可在槍枝烤漆溶劑中找到）的毒性會造成心臟擴大與全身血管擴張，致使血壓遽降、心搏停止，並且死亡。患者的皮膚、口腔內膜與肺部也會出現嚴重灼傷，甚至併發肺出血和肺水腫。而牙齒、頭髮和指甲偏紅色素沉澱，以及呼吸出現大蒜氣味，都是典型的急性硒中毒症狀。

長期少量接觸硒則會造成慢性中毒。患者的皮膚會出現泛紅與頭皮癢疹，頭髮變得容易損壞、斷裂與脫落，指甲容易碎裂並出現紅色或黃白色的橫向或縱向線條，呼氣時感覺有大蒜味，還可能抱怨口中有金屬味。噁心、嘔吐、疲勞、易怒、情緒不穩、憂鬱、顫抖與肌肉癱軟，也都是可能的症狀。

硒中毒的診斷（無論是活人或是驗屍）是根據患者血液及尿液中的硒濃度而定。驗屍時可能會發現死者肺部與腎臟充血、心臟擴大且出現斑痕、腦部水腫與增大，以及皮膚與內臟器官呈橙褐色等情況。

對於中毒倖存者的治療包括阻絕與該物質的接觸，並肌肉注射二巰基丙醇（〔dimercaprol〕別名抗路易氏劑〔British Anti-Lewisite, BAL〕）。二巰基丙醇可做為螯合劑與硒結合，使其透過腎臟排除體外。通常每公斤體重注射三至五毫克，每四個小時一次持續兩日，到了第三日每六個小時一次，接下來十天每十二個小時一次。

就你的目的而言，急性或慢性中毒都行得通，主要看你希望被害人立即喪命或歷時一個月左右緩慢死亡。槍枝烤漆溶劑中所含的亞硒酸亦達致死量。只要在食物或飲料中加入幾茶匙，就能在數小時內使人斃命。而每天這裡加一點、那裡加一點即可造成慢性中毒。被害人會喪失食慾、體重下降，出現噁心、嘔吐等症狀。她會開始掉髮、感覺虛弱且呼吸困難。此外，被害人還會變得易怒、手部顫抖，也可能出現心臟衰竭與肺水腫的情況。即便她前往就醫，醫生很可能診斷肇因於心臟疾病或腸胃炎，甚至是流行性感冒。他根本不會想到是砸中毒。然後隨著病情惡化，被害人可能得住院治療，最後心臟衰竭而死。既然這種情況很常發生，她的死很可能被認為是心臟疾病所致。除非有人起疑，並著手調查被害人的真正死因。

103

若以相思豆毒素毒害某人，法醫找得出原因嗎？

問——我想寫一則利用相思豆毒素（abrin）進行謀殺的故事。我的難處在於聽說相思豆毒素在驗屍時無法測得，僅能藉由環境觀察發現。有沒有什麼檢測是精明的法醫能藉此判定死因？或者凶手得以逍遙法外？

答——相思豆毒素為黃白色的粉末，取自於相思子（rosary pea），又稱雞母珠（jequirity pea）的種子。這些植物廣泛分布在熱帶地區，就跟許多有毒植物一樣，用於各種草本療法已行之有年。這種紅中帶黑的種子也被用來做成珠串飾品，偶有攝食相思子的中毒事件發生。但這種事件極為罕見，因此相思豆毒素中毒較可能是蓄意謀害。

相思豆毒素非常穩定，可存放多年。這種毒素可透過攝食、吸入，甚至是注射的方式進入人體。

相思豆毒素與源自於蓖麻子的蓖麻毒素一樣，都是代謝毒物。這種毒素會進入身體細胞，阻止細胞製造賴以為生的蛋白質，致使身體細胞死亡，被害人也隨之喪命。至於症狀則視毒素進入人體的方式而定。

若為攝食，被害人最快會在六小時後出現症狀，但不會超過一至三天。症狀包括噁心、嘔吐、腹瀉（可能血便）、嚴重脫水、休克，然後死亡。他也可能出現幻覺、抽搐與血尿。

若是吸入方式，症狀約莫在八小時內發生，包括呼吸困難、咳嗽、胸痛、噁心與肺積水。被害人會因為胸腔充滿積液導致呼吸衰竭而死。

目前並沒有確立的相思豆毒素檢測法，所以法醫可能無法判定死因。話雖如此，法醫還是可以氣相層析（GC）與質譜測定（MS）檢測被害人的胃內容物。結合這兩種技術，就能取得任何物質的化學「指紋」。如果你希望法醫發現毒物，不妨安排法醫和毒理學家利用氣相層析與質譜測定技術得出正確結果。不然就略過這項技術吧，反正我也沒聽過用它來檢測相思豆毒素的案例。但這麼做是可行的，所以兩種情況都有可能發生。

104

墮胎用的菊蒿有可能致人於死嗎？

問——我正在進行一本小說，故事背景設在一九〇九年的奧克拉荷馬州。核心人物之一，是名罹患重度憂鬱症且病情持續惡化的女性。她是三個孩子的母親，婚姻狀況不佳，還在不情願的情況下懷了第四個孩子。於是她決定墮胎，並請一名種植菊蒿的女性幫忙。據我所知，菊蒿是當時偏好的墮胎方式。我相信它帶有致命風險，而這也是故事最終的結果。

請問喝下菊蒿茶究竟會發生什麼事？它會導致嘔吐、抽筋和出血嗎？這些症狀發生的時間點為何？我需要先鋪陳場景，而後會有醫生前往確認這起死亡事件是否如同他被告知的，肇因於「很嚴重的腸道問題」。

特魯蒂．葛漢姆（Trudy Graham）
奧克拉荷馬州土爾沙（Tulsa）
著有《上帝遺棄》（*Godforsaken*）、《主啊，我該怎麼做？》（*Dear God,What Do I Do Now?*）

答——菊蒿（*Tanacetum vulgare*，別名艾菊），是一種有著黃色花瓣、模樣像蕨類的植物，分布在歐洲全境和美國東部與太平洋西北地區。菊蒿的葉子、花朵、莖與種子都含有一種有毒油脂活性成分，稱為菊蒿素（tanacetin）。

幾世紀以來，菊蒿都被做為草藥使用，而且顯然還曾在中世紀時代某些「巫術儀式」中派上用場。醫生和草藥商推薦以菊蒿來治療腸道寄生蟲、痛風、皮疹、關節炎、扭傷和外傷；用作興奮劑與補藥；緩解腸道痙攣和脹氣；當成通經劑使用（促使月經來潮）。由於具有最後這種效果，因此菊蒿是種墮胎藥，還能用來誘導分娩。

傳統上，菊蒿用法是取葉片磨成粉，或者取葉片壓榨成汁液提煉成油脂，也可以浸泡成茶湯。它的的根部可治療痛風，一般是用糖或蜂蜜調和飲用。

攝取菊蒿的中毒症狀會在服用後一小時或更久之後出現。症狀包括流涎、噁心、嘔吐、瞳孔放大、脈搏急促、腹部痙攣、陰道出血、抽搐和死亡。這些症狀有可能以任意組合的形式出現，程度輕重不等，實際得視劑量和每個人對藥物的反應而定。

那名婦女可以在喝下菊蒿茶約莫一小時後，出現噁心與腹部絞痛，嘔吐症狀則可有可無。至於陰道出血並且流產的情況，可能相隔兩、三個小時才會出現，不過時間範圍很廣，你可以視情節需要調整成二至八小時左右。接著她可能痙攣發作（也可能不會——由你決定），並且死亡。醫生不太可能懷疑是菊蒿惹得禍，僅認為肇因於腸道疾病或是難產。在一九〇九年，這兩種死因並不少見。

3 警察、犯罪現場和犯罪鑑識實驗室
The Police, the Crime Scene, and the Crime Lab

105

警方何時可以移動犯罪現場的屍體？

問——警方前往嫌疑犯家中，卻發現他頭部中彈，面部朝下躺臥在地。他們何時才能翻動屍體？拍完照片之後嗎？

答——他們不會這麼做，至少他們不應該這麼做。

第一位抵達現場的警官應盡速且盡可能不動聲色地確認被害人是否已經身亡。如果還有生命跡象，他應該立即啟動緊急醫療救護系統機制；萬一被害人已死，他應該封鎖現場，並在探員、犯罪現場調查人員與驗屍官等人抵達現場前，避免觸碰任何證物。只有驗屍官能夠檢查、翻動、移動、包裹或運送那具屍體。

是的，在觸摸或移動任何物體前，完整現場都必須拍照存證，包括指定特寫的部位或區域，諸如傷口、證物、血跡噴濺和指紋等。

至少過程理應如此，不過這並不代表每次都能這麼順利。你筆下的員警還是能夠依照你所設定的情節行事，而且他們的行動可能污染證物、使其無效或致使法官捨棄某證物。

106

濺灑在磁磚地板上的血要多久才會凝固?

問——我在故事中,安排了一起暴力砍殺被害人頸部動脈或靜脈的謀殺事件。若血液噴濺到磁磚地板上,要多久才會凝固?

答——不管是頸部動脈或靜脈受傷,你所描述的傷勢都會導致快速失血。頸靜脈的血是深紫色的(靜脈血液因含氧量低而為紫色),血液會湧出流滿被害人身上或地板上,或自傷口處往下淌流。隨著被害人不斷失血,血液會減緩成細流,直至停止。如果頸動脈遭砍傷,是為動脈出血,血液將呈長距離、湧動的鮮紅色狀噴出(動脈血因高含氧呈鮮紅色),距離可達幾呎遠,而呈拱形或瀑布狀噴射模式會使得遭波及的牆面、地板或其他地方出現所謂的動脈噴濺模式。隨著被害人血量變少,血壓降低,其血液噴出情形減緩,拱形噴濺也會變小。一旦被害人進入休克瀕死的狀態,出血最終將減緩至如細流般而後停止。

不論血液以何種形式流出體外,五至十五分鐘內就會凝固,且呈暗紅色、凝膠狀、觸感濃稠,並在數小時後分離成暗紅色或偏黑的血塊及其周圍淡黃色的血清。此乃凝血塊收縮「擠出」不涉及凝固過程的血清之故。

由於大部分的血液檢測僅針對血清,而非全血,因此在實驗室裡,一般的做法是將血液置入試管中使其凝固，再把試管置於離心機快速旋轉數分鐘。此時，凝血部分會集中在試管底部，而清澈的黃色血清則浮至上方。接著實驗人員再取出血清用於各式檢驗中。

地板上的血液將在十二小時或三、四天後乾燥成一層褐色硬殼，然其所需時間仍依血量、環境溫度、濕度和通風程度而定。少量血液的乾燥速度比大量血液快，而不管血量多寡，較溫暖、乾燥、通風的環境將比涼爽、潮溼、無風的環境更快失去水分。

107

屍體的腐敗進程為何？屍體被丟進水裡之後為什麼會浮起？

問——我筆下的凶殺案探員在舊金山灣找到一具漂浮的屍體。我需要知道屍體腐敗的確切過程為何。好比什麼因素造成屍體更容易漂浮？以及屍體泡在水中數週後，外觀會是什麼樣子？

答——在正常情況下，屍體的分解過程有可預期的模式，法醫可循此模式估算死亡時間。而分解實際上涉及兩個明確的過程：自溶與腐敗。

自溶基本上屬於自體消化的過程。死後身體細胞的酶開始化學分解組織，一如多數化學反應，熱氣加速自溶過程，寒冷則會減緩。

腐敗是細菌所促成的身體組織毀壞。此類細菌多數源於死者的腸道，雖然環境細菌與酵母菌在諸多情況下也有所貢獻。細菌易於溫暖潮溼的環境滋生，較冷的氣候則相對不活躍，在嚴寒的條件下甚至活動完全停止。而冷凍的屍體解凍前不會腐敗。

腐敗很醜陋，並不是什麼賞心悅目的過程，在正常的氣溫下將依照已知的過程作用。在前二十四小時，屍體腹部開始出現綠斑，然後擴散至頸部、肩膀和頭部。接著身體逐漸膨脹。這是因為體腔與皮膚內的細菌作用所產生的氣體累積。屍體將從臉部特徵開始腫脹，如眼睛凸出、舌頭伸出。而後皮膚開始出現大理石般的網狀條紋。這種血管紋路遍及臉部、胸腹部與四肢，由於血紅素與腐化過程所產生的化學物質硫化氫作用，紋路因而呈暗綠色。隨著內部氣體持續累積，其腹部腫脹，皮膚開始出現水泡。不久，皮膚和頭髮掉落，指甲也跟著剝落。此階段屍體已經變為暗綠色，腐敗的血水開始從口鼻流出，乍看像是外傷出血，但其實是屍體組織全面分解之故。

腐敗速度並沒有一定的準則，因為屍體周圍的環境幾乎不是固定的。環境與死者身體狀況對腐敗過程有很大的影響。肥胖、過多的衣物、炎熱潮濕的環境，以及敗血症（血液感染）的出現都可能加速此過程，導致在二十四小時內看來就像經過了五、六天一般。而瘦小、未著衣物、躺臥在冰冷的地表且有涼風吹拂的屍體，腐敗速度則相對緩慢許多。寒冷嚴峻的氣候可能使屍體腐敗過程極度緩慢，死了好幾個月卻有如僅一、兩天。倘若屍體在腐敗前即冰凍，嚴寒將使屍體不致腐敗。然而，腐敗程序一旦啟動，便無法阻止屍體腐化。屍體若急速冷凍，則可能保存達數年之久。

接著，我們來討論一下浮屍。「浮屍」是用來描述被發現浮在水面上的屍體。屍體被拋進湖泊、海灣或其他水體時，最初都會沉沒。隨著腐敗產生的氣體在組織與腹部聚集，屍體產生浮性並浮出水面。需要多久時間呢？氣體累積的速度與環境溫度直接相關。在非常溫暖的水域，如佛羅里達八月的沼澤，可能僅需數日；反之，在寒冷的舊金山灣，則需費時數月。一般來說，若溫度相同，在陸地一週相當於在水中兩週。你描述的場景是在極冷的水域，所以可能要經過二至四週屍體才會浮起，甚至更久，且外觀看起來如同才死亡一週。此外，或許因為長時間浸泡在水裡，屍體腫脹與皮膚軟化程度略顯嚴重，也可能有受到海中生物損傷的痕跡。

108

屍體或凶器若被丟入水中，通常證據可以保存多久？

問——我的問題是關於從河裡或被沖上岸的屍體或凶器上所採集到的證據。水究竟可以沖走多少證據？若某人遇刺身亡，屍體和凶器被丟進附近的湖泊、河流或拋下碼頭，被害人衣物上的血漬會被沖刷掉嗎？纖維和頭髮樣本與DNA證據呢？凶器或屍體上的指紋會不見嗎？在這種情況下，實際可以蒐集到什麼證據？隔天尋獲，相對於數週後尋獲的屍體，時間點會不會造成任何差異？

C・奇吉尼（C. Cicchini）
澳洲雪梨

答——總之，發生的就發生了。所有的證據可能都被沖走，也可能僅有部分或完全未受波及。任何事都有可能。血液、頭髮、纖維有可能被找到，也可能找不到。最重要的因素在於水的狀態，以及屍體或凶器泡在水中的時間。假如屍體是在水甚少流動的平靜池塘、靜止的湖泊或在河岸受保護的區域，可能留下較多的證據，證據留存的時間也較長，可達數日或數週。若屍體在流速快的河裡隨河水翻滾，或於滔滔海浪中，那麼所有證據可能在數分鐘內消失殆盡。

然而，仍有幾個一般性原則。屍體可能在河流中翻滾達一哩，沖下瀑布，然後在流動的水道中被樹枝卡住，但驗屍時仍找得到血跡、頭髮和纖維。而在平靜無波池塘中，卻可能證據全無，變數極大。我聽過一個案例：一名遭姦殺的被害人屍體被丟進河裡，五個小時後在水中找到時，她肩上的咬痕仍有足夠的唾液足以取得ＤＮＡ與犯嫌進行比對。

即使被害人的衣物並無可見血跡，衣料仍可能吸收了足夠的血液可進行血型鑑定與ＤＮＡ比對。此外，血液也可能留在刀刃與刀把間的凹槽，而逃過水的摧殘。毛髮和纖維可能纏在被害人的頭髮或衣物中被找到。指紋可能留在凶器上，而不在屍體上。很少有能藉由皮膚發現指紋的情況，指紋只能在活人身上留存九十分鐘，在屍體上約二十四小時。再加上水流的影響，即便屍體很快就被尋獲，尋得指紋的機率仍微乎其微。

這些不確定性對你是有利的，你可隨意安排故事情節，不會有什麼問題。

109

能否從被害人被截斷的指頭上採到凶手的指紋？

問——有可能從被害人被截斷的指頭採集到凶手的指紋嗎？我筆下的壞蛋把一截手指連同勒索信寄出。他們小心謹慎避免觸碰到勒索信、信封或盒子，但在截斷的指頭上可能留有指紋嗎？或者留在指甲上？

菲力普・S・鄧雷（Philip S. Donlay）
《五級颶風》（*Category Five*）、《黑色代碼》（Code Black）
www.philipdonlay.com

答——指紋可自人體上採得，但未必總是如此。在理想狀態下，指紋可留在活人皮膚上達九十分鐘，在屍體上約二十四小時。而在截斷的指頭上找到指紋的可能性幾近於零。可能在指甲上找到嗎？或許吧。指紋在指甲上可存留的時間相對較長，而且，若指甲塗有指甲油或水晶指甲，那麼材質可能夠硬，足以留下指紋。

假如被害人是一名女性，近日內剛塗過指甲油，指甲可能仍有些許黏性。觸摸指甲時，可能留下立體指紋，也就是所謂的塑膠指紋，近似於觸碰到未乾的油漆。在留下立體指紋後，指甲油乾燥變硬，指甲上便保有完整的指紋。

110

可以從塑膠袋上採集到指紋嗎？

問——超市塑膠袋之類的袋子上可以採到指紋嗎？此外，可能在皮手套或羊毛手套裡發現有用的蛛絲馬跡嗎？

馬特・克瓦得（Mat Coward）
著有《開關》（*Open & Closed*）、《上下》（*Over & Under*）
hometown.aol.co.uk/matcoward

答——可能可以，也可能不行。視狀況而定。當手指上的油脂和污垢留在另一個表面上，即出現所謂的指紋。倘若一枚完好的指紋留在塑膠袋或膠片上，加上置於相對受到保護的地方，直到袋子被尋獲，那麼通常可以找到該枚指紋。有幾種方法可派上用場。

運用不同角度或色彩的光源通常可使指紋現形。特殊的雷射光和紫外光可使指紋中的油脂發出螢光（微微透光）而現蹤；色粉與磁粉也有助於找出指紋；使用碘燻法（iodine fuming）配合瞬間接著劑（氰基丙烯酸酯〔cyanoacrylate〕）可使潛藏的指紋現形。

基本上只要狀態良好，指紋可由塑膠材質上採得。許多案子都是因為類似的發現而破案。我記得，在某個案子裡，犯罪者為了避免留下指紋而使用手術用乳膠手套，但他愚蠢得把手套丟棄在找得到的地方。

沒錯，凶手可以在皮革或羊毛手套裡留下珍貴的證據。他的頭髮、寵物毛髮，還有衣物、汽車或家裡的纖維都可能留在手套上或內裡。假如凶手流血或流汗，還可藉此找到他留在手套裡的DNA。油漆、泥土、油脂、植物材料，以及手套上找到的其他物質，都可能追蹤到住所或工作地點。這就是為什麼完美的犯罪只是一種假象。即便是最精明滑頭的罪犯，也常栽在小地方或是意想不到的事情上。

111

人死後傷口的血還會流多久？

問——我的故事情節如下：被害人的喉嚨被割斷，傷口邊緣參差不齊。死者是側躺的，且當天天氣潮溼炎熱。我想知道在這種情況下，傷口的血會流多久？

茱蒂．克瑞格摩爾（Judy Creekmore）
路易斯安那州拉普拉斯（LaPlace）

答——死人不會流血。血液確實會滴流或滲出幾分鐘，但不是流血。原因是人死後血流隨即停止。當心臟停止跳動，血流會立即停止，所以血液不再進入傷口中。沒有血液就不會出血。死後所發生的失血都是滲出或滴流，這是地心引力之故，因此只有屍體下側的傷口會滲血。

由此可知，只要被害人的心臟仍在跳動，傷口就會流血，但死後隨即停止。我假設，你的問題是在那個時間點後還會流多少血。就你描述的情況，他必須正面朝下，或躺在傷口的那一側，才會出現較大量的滲血。如果被害人的頸部左側遭砍傷，而他倒臥在左側，地心引力會使一些血液持續自傷口滲出，流至地面；屍體上側的傷口則因抗地心引力，不會滲血。無論如何，血液都會在五至十五分鐘內凝結，所有的滲血與滴流隨之停止。濕熱的天氣對此沒有太大影響。

多數犯罪現場所發現的血液都是死者生前流出的。緩慢的滲血僅有少量。然而血跡噴濺模式皆其來有自。被害人頭部周圍的一大灘血液可能代表他的頸靜脈慘遭割斷，而噴射狀的血跡則顯示出頸動脈受傷。法醫可藉此重建犯罪現場，並利用這項資訊來檢驗目擊者或犯嫌的可信度。

112

警方會怎麼檢驗失蹤者的汽車？

問——我正在進行一部犯罪小說，有個問題想請教你。有個男人失蹤了，警方在停車場找到他被棄置的汽車，車內未見掙扎痕跡。當他們把汽車帶回檢驗時，會試圖找出什麼？以及針對車內的哪些部分進行檢查？

答——總之，他們什麼都搜。唯一的局限在於探員的積極性（或者缺乏積極性），以及他們是否受限於預算。

他們會扣押汽車並視為犯罪現場，即使警方未必握有犯罪發生的證據。你筆下人物可能只是逃跑，也可能遭綁架或殺害。汽車尋獲時的狀況會引導他們的初始想法。例如，相較於在停車場找到的汽車，在湖中發現的汽車意謂著全然不同的可能性。他們會將車內的每件物品都放進證物袋中，然後在實驗室進行檢驗，從指紋、體液（頭髮和纖維等）、皮夾、槍枝到麥當勞包裝袋等。

他們會在汽車內外搜尋指紋，並採集車內或後車廂的任何液體或污漬以檢測是否有血液和其他體液反應。他們會用吸塵器蒐集汽車內部的蛛絲馬跡用以追蹤、分析證據，也可能使用發光化學試劑魯米諾（Luminol）使肉眼看不見的血跡現蹤。任何找到的血液、組織或其他證據都將被仔細地分析與保存。

他們會一直扣押這輛汽車直到破案，或直到無法蒐集到進一步的證據為止。

113

警方有可能追查出非法藥物的共同來源嗎？

問——假如警方在兩次突擊行動中搜查到毒品，實驗室能否判定它們出自同一批？哪一種檢測可發現其中關聯？

答——答案是可能可以，可能不行。換句話說，這兩種情況你都可以編寫。

任何非法藥物在製造時（海洛因、搖頭丸，不管何種毒品），每一批的雜質種類和含量都略有不同。製造者不是每次都能準確測量成分，也不會每次都以完全相同的方式重複製藥過程。這就好比母親做菜。她知道如何烹調，卻不會每次料理都講究枝微末節。製毒者也一樣。因此這對於比對某特定製毒者或特定批次特別有幫助。

舉例來說，某製毒者可能在毒品中摻入某種滑石粉，另一名製毒者可能使用不同的成分。每個製毒者每批貨所用的量可能不盡相同。這意謂著每一批次不僅滑石粉用量不同，其化學成分也迥異。

對任何化學化合物或混合化合物最具個別化的檢測，就是合併運用氣相層析與質譜分析。氣相層析把混合物分離成其組成化合物，質譜分析則是賦予每種化合物準確而個別的「化學指紋」。這種檢測不但確切且精準。

氣相層析與質譜分析可把任何化合物或混合化合物分解到不可思議的準確，由此可判定毒品是不同批次且（或）為不同製毒者所製。

同樣的檢測通常能區分不同製造商、批次，有時甚至是哪一個加油站購得的汽油。這對於縱火案的破案非常重要。此原則對祕密製毒同樣適用。

114

一九九〇年代早期是否已有DNA檢測？

問——我在故事中，安排一樁犯罪事件發生在美國廣泛接受DNA檢測之前。這個時間最遲是何時？一九九〇年代早期或更晚？

麗莎・金恩（Lisa King）
加州聖克萊蒙特（San Clemente）
《琴・艾波昆斯特》（*Jean Applequist*）神祕系列作者

答——一九八四年，英國科學家艾略克・傑弗瑞爵士（Sir Alec Jeffreys）發明了DNA鑑定技術，並於隔年的《自然》（*Nature*）期刊中發表。這項技術最早被用於一九八六年英國著名的柯林・皮區佛克（Colin Pitchfork）案，而此案後來也為小說家約瑟夫・溫鮑（Joseph Wambaugh）取材做為《血案》（*The Blooding*）一書的背景。DNA鑑定在一九八六年的佩斯提尼卡斯案（People v. Pestinikas）首度被帶進美國民事法庭，隔年更用於刑事法庭成功定罪佛州奧蘭多的強暴犯湯米・李・安德魯斯（Tommy Lee Andrews）。一九八七年，DNA證據在卡斯托案（New York v. Castro）中遭到質疑，也引起各界對於DNA鑑定程序標準化的呼籲。而後，美國國家科學院委員會分別於一九九二年與一九九六年出版《鑑識科學中的DNA技術》（*DNA Technology in Forensic Science*）與《DNA證據鑑定之評估》（*The Evaluation of Forensic DNA Evidence*）。美國聯邦調查局則是在一九九八年開始建立DNA資料庫（全國DNA數據庫）。

總之，DNA技術早在一九八四年就開始運用，一九八七年進入美國的刑事司法體系，一九九三年獲得採認，並於一九九三至一九九六年這段期間廣泛使用。

所以，如果你把故事設定在一九九三年以前，就能符合你的需求。

115

若某處被人發現埋有數具屍體，鑑識小組會如何搬移檢驗？

問——在我的故事中，一名建築工人開挖一座老舊的橄欖球場時發現了一具骨骸。接著又發現了三具。聯邦調查局獲報後隨即介入調查。他們偕同證據回應小組（evidence response unit）前往，開始了基本的考古式挖掘。這樣是正確的嗎？我需要知道這個團隊確切的做法為何。屍體都被埋在地下二至三呎處，遭綑綁並固定在鋼筋上。最終有三十一具。搜查小組會如何定位與挖掘呢？

保羅．吉歐特（Paul Guyot）
密蘇里州聖路易（St. Louis）
paulguyot.net

答——搜查將以極有組織的模式進行。該場地會劃分為網格狀，通常以標樁和繩子在搜索區域上成形。這些網格可以是任意大小，一般約為十至二十平方呎。如果整個場地都需進行搜索，網格範圍可能會更大，取決於負責搜查的探員。一或兩人小組會針對每個方格逐一進行由內至外、由外至內或前後來回仔細檢查。

有幾種方法可以用來定位被掩埋的屍體，但既然你筆下的凶手將被害人綁在鋼筋上，最簡單的方法就是金屬探測器。他們會仔細掃過每個網格，並為每個測得點做記號，而後進行挖掘。

也許有些屍體未被綁在鋼筋上，所以沒有可偵測的金屬物質。但金屬探測器仍可用於定位被害人的手錶、珠寶、皮帶扣環與其他金屬物質。若想找到完全沒有金屬反應的屍首，就必須出動尋屍犬或透地雷達（ground-penetrating radar, GPR）。比起骨骸，以上兩者雖更適於尋找屍體，但仍有所助益。犬隻可嗅聞出並找出腐敗的屍體，腐爛的組織是關鍵。尋屍犬甚至可嗅出骨骸上的殘餘物。雷達則是根據探測到物體所改變的反射訊號來判斷。反射模式顯示有物體時，探員必須將其挖出才能判斷為何物。同樣的，比起骨骸，雷達更容易發現完整的屍體。透地雷達的外觀有如帶長柄的大型鞋盒，操作者需掃視整個搜尋區域，直到在螢幕上看到某物。

一旦定位完成，搜尋人員會以考古的方式挖出屍體。其目標是找出、蒐集並保存每件證物（骨頭、珠寶、衣物、子彈等任何在場的物品），避免遺漏、丟失或損害證物。搜尋人員將仔細地進行挖掘，所有周邊土壤都會細心搜尋與過濾篩選。如此一來，還可能找出牙齒、子彈、戒指與其他許多細小的證物。

搜尋人員會戴上乳膠材質的手術手套，並運用刷子、鑷子與鑿狀的探針（以移動物品）、放大鏡，以及帶有濾網、可過濾土壤的方形木製或塑料盒。

他們還會運用紫外線（黑光燈）搜尋骨頭碎片、頭髮與纖維。骨頭在紫外線下通常會散發出淡藍色幽暗的微光。他們可能戴上護目鏡，以各種雷射光來掃描該區域。不同的材質（如衣物纖維與毛髮）以不同類型與顏色的鏡片搜尋，在不同的雷射光下，都能輕易顯現。這些不同的光源通稱為「多波域光源」（alternative light sources, ALS），也就是運用陽光以外任何類型的光源。當然，這些光源檢測必須在夜間，或在能遮蔽環境光線的遮光罩或箱內進行。

過程中的每個步驟和每件發現的證物都將拍照存證。此外，一名探員會被指派進行整個過程的文字紀錄，並加上略圖做為補充。每件物品會在測量與網格兩側的距離後，在略圖中的網格定位。這是為了記錄每項證物準確的位置，以及它們與該區域和其他證物的關聯性。每具屍體和其他在現場找到的物品都會被裝袋標記，藉此保持證據監管鏈（chain of custody）的完整性。

所有的證物都會被送到犯罪實驗室進行分析。

116

存血能否用來偽裝遭人謀殺死亡？

問——某人儲存自己的血液做為手術備用，不過沒派上用場。一年後，她利用這些血液布置成犯罪現場，假裝自己遭遇不測身亡。有可能被人發現這些血液並非來自新鮮的屍體嗎？

海莉・艾弗容
《彼得・柴克醫生》神祕系列共同作者
www.hallieephron.com

答——保存血液有兩種做法，兩種都需要冷藏以防止腐壞。

第一種做法是先讓血液凝結再儲存。血液會生成蛋白質鏈，當這個過程不斷地進行，鏈數增多，血液也隨之凝固。這類蛋白質鏈能強化血塊，好比割到手指時會形成有效屏障，防止進一步出血。血液約五至十五分鐘凝固。接著在往後幾小時，蛋白質鏈會收縮，逐漸將血塊變得緊實並構成強固捆包，同時「組織」起來。用顯微鏡觀察會發現，纖維顯得較有條理，也可以藉此判斷血塊凝結的時間。雖然不甚精確，不過兩個小時或十二個月的差距倒也不難區辨出來。但是，使用凝結的血液很難做到讓它「遍布現場」。這就好比用奶油抹刀把果凍抹遍各處一樣，很難做到。

第二種做法是讓血液保持液態保存起來。問題是，必須有抗凝血劑才能防止血液凝固。抗凝血劑如乙二胺四乙酸（EDTA）或肝素一類，這類物質很容易被化驗出來。從犯罪現場來看，關鍵在於保持液態的血液與受傷當場流血的情況並不相符。一旦經過抗凝血處理，血液就不會凝固。

再者，現場的血跡很難布置。鑑識專家使用血跡噴濺模式來判斷血液如何噴濺，被害人以及凶手當時所在的位置，還有以哪一種武器、如何攻擊才導致特定模式。這種犯罪現場分析處理起來相當複雜，卻往往是破案關鍵，能佐證或駁斥犯嫌、目擊者對案件的說詞。在現場四處傾倒或潑灑血液，看起來就完全是那個樣子。

你這就能明白，使用保存血液布置成犯罪現場的問題層出不窮。雖然是個壞消息，不過也有好消息，這只有在理想世界才會出現。若場景發生在小鎮，或者雖然發生在城市，但警方、犯罪實驗室和與驗屍官不太幹練，他們可能不清楚凝血和未凝血的差別，也可能完全沒有犯罪現場分析經驗，所以看到大量血跡時，也許會逕自假定肯定有人死了。這種事隨時都在發生。

要是血液浸濕床墊、汽車座椅、地毯或其他材料，情況更是如此。在這種情況下更難看出血液是否凝固。他們會採集樣本，送到實驗室以確認血液是否為疑似被害人所有（若有其血液、頭髮或其他DNA來源可供比對），然後判定此人失血過多，必然已死亡。而且，這甚至能將經驗豐富的法醫與犯罪實驗室矇騙過去，如果他們並未檢驗血中是否含有抗凝劑（他們多半不會這麼做），又怎會在第一時間懷疑此事有假？可能根本無從起疑。

那麼需要多少血量呢？一品脫可能不夠，不過要是蒐集了四、五品脫的血液（她可能連續四個月，每個月存一品脫），然後全部用上，警方可能會研判床墊沾染的血量過多，失血者不可能存活下來。他們會找來類似床墊以血浸濕，模擬在犯罪現場發現的沾染模式。接著，他們可以表示從現場的失血量來看，被害人存活的機率渺茫，於是宣布死亡訊息，日子又繼續下去。

117

案發多年後，有可能在刀上發現血液和DNA嗎？

問——一名血型呈A型Rh陰性的女子以匕首自殺。救護人員把她的血從刀子上抹掉後，並未特別保存那把刀。幾年後，那把刀被用來做為數起謀殺案的凶器。假如那名自殺者的血液還殘留在刀上，實驗室檢測得出來嗎？

答——答案是肯定、否定以及也許。一切都有可能。即使刀身已被徹底拭淨，通常仍可在刀身與刀柄間的縫隙間找到血液。凶手只是沒看見罷了，便以為可以高枕無憂，但實驗室人員以濕潤的棉花棒擦拭該區域，有時仍找得到少量血液。也可能什麼也沒有，刀子真的被清理乾淨了。這意謂著你可以擇一編寫情節——有血或沒血。兩種情況都有可能。

血液採得後，將以PCR與STR技術進行DNA檢測。PCR是聚合酶連鎖反應（polymerase chain reaction），用以擴增（增加數量）任何找到的DNA。這項技術是透過DNA自行複製，直到數量足以產生DNA指紋為止。STR為短縱列重複序列（short tandem repeat），是一種產生DNA指紋靈敏度極高且準確的方法。

另一方面，DNA也可能受損到無法使用的程度，即使找到足夠血液，卻無助於鑑定。酸性、高溫和時間都會破壞DNA，使得DNA檢測派不上用場。

實驗室分析那把凶刀時，有可能找到每一樁謀殺案死者的血液。法醫血清學家（血液專家）會花一些工夫把不同的血液和DNA類型分開來，如此便能建立起凶刀與數起謀殺案之間的關聯性。另一種可能性是採得的血液樣本過於混亂，無法分離殘留在刀上各個被害人的血液。可能只找得到其中一些人，卻找不到其他人。任何情況都有可能發生。

所以警方可能找得到血液，也可能找不到；血液樣本可能有用，也可能沒用。這讓你在故事編寫上有極大的轉圜餘地。

118

粒線體DNA能否用以追蹤某人的血系？

問——我有一個關於粒線體DNA的問題。它只能用於追蹤女性的血系，或者也能

用來追蹤男性幾世紀前的祖先？

M．戴安．佛格特
佛羅里達坦帕市
www.mdianevogt.com

答——男性與女性皆可藉由粒線體DNA追蹤他們的血系，但僅限於母系。亦即母親、外祖母、外曾祖母，以此類推。粒線體DNA無法透過父系傳承。也就是說，父親的粒線體DNA與其子女、父親、祖父不同，但與他的母親、外祖母一致。

為什麼呢？我們來看看粒線體DNA是怎麼來的。標準的DNA測試所用的DNA為核DNA，存於細胞的細胞核中。此即我們基因的DNA，它含有我們的遺傳基因。細胞也含有非細胞核DNA。這種DNA存在於粒線體中。粒線體是細胞質中的微小胞器，負責製造細胞能量。每個細胞都有許多粒線體胞器，而粒線體中可找到少量的DNA。那麼，我們的粒線體是哪裡來的呢？

受精時，卵子和精子各提供一半的DNA。精子細胞把自己的基因物質傳給卵子細胞的細胞核後，便自行分解消失。這代表受精卵發育時，所有細胞成分都來自母親，包含粒線體。隨著細胞分裂繁殖，粒線體不斷複製並代代相傳。因此，女性會把細胞核與粒線體DNA傳給自己的孩子，男性則不會。男性僅傳給後代細胞核DNA，而不會遺傳粒線體DNA。

既然粒線體DNA非常穩定，約隔六千五百年才會發生突變，每個人都可追蹤自己數千年前的母系血系。父系血系則不行，至少以目前的技術還做不到。一種較新的Y染色體DNA技術也可以跟母系的粒線體DNA一樣追蹤父系血系。不過，這項技術目前仍未臻成熟。

119

犯罪現場所找到的彈頭能否用來辨識槍枝？

問——我筆下人物有一把點三八手槍，她以槍法卓越聞名，只是情緒不太穩定。有個男人前額中槍身亡，而她被人看見從案發現場離開，於是成了嫌疑犯。如果現場找不到彈殼，光憑彈頭是否足以進行槍枝比對？彈頭有可能穿過身體以致遍尋不著嗎？在沒有彈殼或彈頭的情形下，調查人員有辦法排除她持有凶器的可能，或者除非找到真凶，否則她麻煩大了？

布萊絲・克萊蒙特（Blaize Clement）
佛州薩拉索塔（Sarasota）
《迪西・賀蒙威》（*Dixie Hemingway*）神祕系列作者
www.blaizeclement.com

答——槍枝擊發時，彈頭和彈殼上都會留下痕跡。彈頭自槍管轉出、彈殼往後撞擊槍機面時，會產生溝痕與紋路。這些痕跡都非常獨特，可用以比對彈頭與彈殼是否屬於某特定槍枝。當然，要比對犯罪現場的彈頭與某特定槍枝，必須先取得那把可疑槍枝。然後，進行試射測試，並準確比對試射的彈頭或彈殼以及現場尋獲的彈頭或彈殼。然而，一旦彈頭嚴重損毀或因擊中骨頭、門或樹木而缺損，可能就無法用於比對。

很顯然，如果現場並未尋獲彈頭或彈殼，鑑識人員即使取得犯嫌的武器，也無從比對起。法醫和槍枝檢查員或許能藉由被害人的傷口判斷出槍枝的口徑。他們通常可以區分出點二二、點三八或點四四，但不一定能準確，尤其是傷口呈特殊角度或不規則狀，或凶手使用的是中空彈頭的狀況。中空彈頭往往會比同口徑的一般彈頭造成更大的傷口。

這兩種情況都有可能發生。調查人員也許能判斷出口徑，也許不能。從傷口來看，凶器的口徑若大於你筆下人物所持有的點三八，或造成較小傷口的點二二，她的槍就不會是謀殺凶器。相反的，如果可能製造出這種傷口，她就難以脫身。無論如何，這只能構成間接證據。調查人員若要起訴她，就必須進行彈殼或彈頭與槍枝比對才行。

是的，彈頭可能留在屍體內；萬一彈頭穿過被害人身體，也可能留在牆面、樹上或其他地方，或根本找不到。只要他們找到完整的彈頭或彈殼，就能輕易判定凶器的口徑。

所以傷口、彈殼與（或）彈頭通常可以判斷出所用槍枝的口徑。但要證明是該口徑的何種槍械所擊發的致死子彈，仍須與特定武器進行彈頭或彈殼比對。

120

藥毒物學檢測會透露被害人其實是個毒蟲嗎?

問——法醫可藉由藥物篩檢來判定死者為長期吸毒者,還是只能透過肝臟與(或)其他器官檢測得知?

答——你說的沒錯。藥毒物學檢測僅能篩檢常見毒品,並確認這些毒品是否存在分析樣本中。要判定毒品類型及其濃度,則有賴更具體的檢測。換句話說,篩檢可能顯示出安非他命的存在,至於是何種安非他命(甲基安非他命、偽麻黃素〔pseudoephedrine〕等)以及死亡時或生前採樣血液中的毒品濃度,則必須進行更具體的檢測。藥毒物學檢測僅能做到如此。

此外,要想判斷某人是長期吸毒者,還需要器官或施打處變化的證據。常見的變化包括血管成串珠狀與鼻中隔穿孔。肝臟、肺部、腎臟與其他毒品對特定器官造成的典型損害,再再暗示著某人長期大量吸毒。例如,血液中含有高濃度酒精可能顯示某人急性酒精中毒,而測得酒精性肝硬化的情形(即使檢測當下,血液中並無酒精)即為長期酗酒。

藥毒物學檢測能測出某時間點的狀態,而驗屍將指出由於長期吸毒致使身體損傷的證據。

121

如何在犯罪現場的彈頭上動手腳，使其無法做為法庭證據？

問——我正在構思一段劇本情節，某人被一把克拉克手槍擊中身亡。驗屍時，彈頭從屍體中取出。彈頭有些損毀但尚稱完整，可進行彈道比對。凶手的警察同夥伺機單獨接近證物，並以榔頭重擊，致使彈頭無法用於比對。這樣做合理嗎？他需要重擊幾次？

馬特．威頓（Matt Witten）
《殺人蜂》（*The Killing Bee*）作者
影集《豪斯醫生》（*House*）製作人

答——是的，這行得通。如果彈頭確實受到榔頭嚴重損毀。當然，如此便可明顯看出有人曾重擊彈頭，而榔頭可不是什麼小巧的物品。

不過，我想提出其他建議。比對彈頭時，彈頭的表面十分關鍵。開槍時，槍管會造成可供比對的溝痕和紋路，因此改變或增加彈頭表面紋路將妨礙比對。銼刀、粗糙的鋼絲絨、砂紙或任何可摩擦的材質都行。如此一來，變造彈頭不至於像以榔頭重擊這麼明顯，而那名黑心警察亦可逍遙法外。若你希望他被人懷疑對彈頭動過手腳，可安排檢查員在彈頭上找到沾附其上的一些砂粒或鋼絲絨因而起疑。此外，這些新的小刮痕中，可能有部分跟彈頭長軸並非平行，不若從槍管穿出的紋路。這些發現皆可判斷出彈痕是事後經過變造的。

122

法醫能否判定屍體上的瘀傷是在死前或死後造成的？

問——一名男子被推入舊金山灣中，他的屍體在四十八小時後在碼頭下方被人發現。他的頭部有一些挫傷，可能是凶手所為或碰撞防波堤所致。法醫能否判定挫傷是在死前或死後造成的？

麗莎・金恩
加州聖克萊蒙特
《琴・艾波昆斯特》神祕系列作者

答——法醫多半能判定瘀傷是在死前或死後造成。理由很簡單，要讓屍體產生瘀傷非常困難。我來解釋一下。

挫傷（瘀傷）是由於組織微細血管損傷所致。受傷血管出血，造成受傷部位呈青黑色。血液在皮膚下形成袋狀稱為血腫（hematoma）。「heme」意指血液，「toma」為腫瘤，hematoma為血腫或血塊。

既然瘀傷在幾分鐘後才會顯現，倘若被害人在死前數分鐘或數小時前受到撞擊傷害，所產生的瘀傷將較分散且分布於傷處附近。但是，如果撞擊是在死亡前後不久造成的，瘀傷會較小且邊界明顯。死亡前後不久可定義為死亡前後數秒或數分鐘內。為什麼此時所形成的瘀傷較小？因為血液需要時間滲透並擴散至身體組織，當死亡導致此過程中斷，瘀傷範圍不再擴大且邊界更明確。

那麼死後的挫傷呢？屍體有可能出現瘀傷嗎？有可能，但很困難。既然挫傷是血液經由受傷血管滲漏所造成的，代表瘀傷需要血液流進受傷的血管中。死亡時心跳停止，血液停止循環並在數分鐘內凝固，因此死後受傷不會形成瘀傷。即便如此，若屍體遭到重擊的力道強烈，血管仍可能嚴重受損，促使血液滲漏至傷處。在這種情況下，法醫可能無從判斷該重擊發生於死前或死後。

有時疑似受到鈍傷的屍體表面卻未見瘀傷證據，可能是因為瘀傷發生在組織與肌肉深處，而被害人在瘀傷滲出表面前即已失去生命跡象。在此情況下，法醫驗屍時，可能沿著背部、手臂、腿部，對肌肉進行較深的切割，下至骨頭，以尋找深度瘀傷。他還會進一步檢查肝臟、心臟、肺部和腦部等內臟器官是否有挫傷。

法醫必須仔細檢查挫傷，並判定傷勢發生在死亡前、死亡後或死亡前後不久。他還要判斷這些重擊是否致死，這會直接影響死亡的原因與時間，以及支持或駁回犯嫌對該事件的陳述。

123

時值一九三九年，精液可用於確認血型嗎？

問——在一九三九年，美國中西部的凶殺案探員可藉由殘留在被害人身上的精液來判定凶手的血型嗎？

蘇珊・維奇李諾（Susan Vercellino）
副製作人
哈理斯製作公司（James B. Harris Productions）

答——多半可以。

一九〇一年，奧地利細菌學家卡爾・蘭德施泰納（Karl Landsteiner, 1868-1943）發現了人類的基本血型，並於一九三〇年獲得諾貝爾獎的肯定。一九二五年則有研究顯示，百分之八十的人屬於分泌型（secretor）。這代表多數人分泌同樣的蛋白質至血液和其他體液中，如精液、唾液與眼淚。因此A型男性會分泌A型抗體（蛋白質）到精液中。而非分泌型血液中具該血型抗體，其他體液則無。因此在一九三九年時，研究人員已了解分泌型與非分泌型的差異。

此外，美國在一九二九年二月十四日發生了眾所皆知的「情人節大屠殺」事件後，芝加哥西北大學便於同年成立了第一間犯罪實驗室。

由此可知，在一九三九年時，必要的科學觀念已然建立，中西部也有一間多元化服務的犯罪實驗室。而你設定的故事場域也擁有這類知識，你筆下優秀的驗屍官可把樣本送交至西北大學的實驗室、聯邦調查局（他們隨後便成立專屬實驗室），或你虛構的地方犯罪實驗室。這些實驗室都能以精液樣本來判定凶手血型。

124

凍死在冷凍櫃中與凍死在偏僻山區，屍體有何差別？

問——凍死在商用或家用冷凍櫃裡跟在凍死在攝氏零下二度低溫山上，屍體有什麼差異？若死者的體內有酒精會有影響嗎？

戴爾・E・斯柏林（Dale E. Sperling）
著有《南門之后》（*The Queen of Southgate*）

答——在這兩種情況下，屍體會完全結凍，因此將保存得十分完好。不過，暴露在外的屍體與受到保護的屍體有兩個主要的差別。

商用與功能優異的家用冰箱溫度皆遠低於攝氏零下二度，商用冷凍櫃一般溫度更是在攝氏負十二度至負二十三度之間。另外，兩者的溫度都能保持穩定，因而屍體可以保存完好多年。反觀自然界的溫度變化很大，氣溫可能有高於結凍溫度的時候，促使屍體表面部分解凍，細菌得以滋長，並發生某種程度的腐化。這意謂著暴露在外的屍體其腐化程度會大於置於冷凍櫃中的屍體。在這種情況下，腐敗過程將從屍體表面開始，中心的部分則得以保存下來，與一般由內而外的腐化模式不同。

其他不同之處還包括天氣和肉食動物的侵襲。雨水和冰雹可能造成屍體損害，萬一被沖入河中或有水流過，其受損程度會相形嚴重。肉食動物若得以接近屍體，可能把屍體當作食物。這些動物包括昆蟲、貓、狗、狼等，牠們可能吃光屍體的某部分，其餘屍塊則四處散落。比起新鮮的獵物，冷凍屍體顯然不太具有吸引力，但在寒冷的冬天有什麼就吃什麼，啃噬冰凍的屍體總勝過挨餓。

總之，冷凍櫃裡的屍體將保存得相當完好，而暴露於自然環境中的屍體則都有可能發生。

屍體血液中的酒精含量不會有影響（即使是嚴重酒醉的情況），酒精並不會改變屍體的腐敗或保存情況。

125

屍體被丟入週期性結冰的沼澤中，五年後會出現什麼變化？

問——一具屍體被丟棄在一處水深不深的北部荒野沼澤中。那座沼澤一年約有六個月的結凍期，除了這段時間外，該地氣候變化極大。這具屍體在五年後會呈現何種狀態？

雪莉．柯斯塔（Shelley Costa）

——俄亥俄州沙格蘭瀑布（Chagrin Falls）
二〇〇四年愛倫坡獎短篇小說類提名

答——屍體隨著時間流逝可能經歷不同形式的變化。較普遍的情形是腐敗、乾屍化與形成屍蠟，其中又以腐敗最為常見。

你故事中的屍體多半會變成骨骸。雖然每年有六個月處於結凍狀態，但其他時間氣候一定相對溫暖。這勢必提供屍體解凍的機會，並暴露在肉食動物與腐敗的風險下。每年春季和夏季，屍體都會再腐化一些，直到沒有任何組織留下，只剩骨頭、牙齒，或許還有一些毛髮。

如果那座沼澤有各種植物或根莖枝葉掉入水中腐化而產生極高酸性，屍體或其部分會乾屍化，正如過去發現的木乃伊「沼澤人」（bog people）一樣。由於水中的酸性物質抑制細菌，因而防止了腐化。在這種情況下，屍體的保存狀況良好。五官和指紋得以保留下來，甚至有可能從組織提取ＤＮＡ。

屍體可能產生的第三種情形是屍蠟。屍蠟是身體脂肪在特定環境下所形成的白灰色蠟狀物質。既然脂肪遍及身體，屍蠟也可能在身體任一處形成，看起來就像蠟像一樣詭異，令人毛骨悚然。

而且在某些情況下，屍體會同時出現這三種情形。有些部分化為骨骸，有些乾屍化，有些則變成屍蠟。例如，頭部可能是屍蠟，胸部與手臂乾屍化，下肢為骨骸，或其他任何形式的組合。這很難以預料。不過，結果多半是屍體化為骨骸。

126

已埋葬十二小時的屍體會不會產生氣味？

問——故事發生在四月的洛杉磯。被害人在某建築物內死亡約莫十二小時，接著被埋入不深的墳墓中，約八小時後被人發現。當時的氣溫攝氏十到十六度左右。屍體的氣味有可能強烈到某人走到附近時察覺到異狀嗎？

席碧爾・A・強森（Sybil A. Johnson）
加州曼哈頓海灘（Manhattan Beach）

答——事實上，根據你所描述的狀況，氣味可能很微弱，僅有些微發霉或腐爛味道。可能直到屍體被發現前，都不會有人注意到這種氣味。屍臭來自細菌所造成的腐敗，一如把肉留在廚房檯面上。細菌喜歡潮濕、溫暖的環境。休士頓八月之際，被放置在車庫中的屍體，十二小時後就會開始腐化並發出異味。但是，若環境溫度僅攝氏十到十六度，腐化速度不會這麼快，大約四十八至九十六小時，臭味才會引起路過者的注意。尤其是屍體被掩埋的狀態，即使墓穴不深。

既然氣味無法形成線索，這代表經過的人需要其他無意間發現屍體的方式。或許你可安排有狗兒挖土，使得屍體的手或腳露出，或者附近留有一件衣物等。他查探時，會發現地面有被動過的跡象，隨後注意到些微腐敗的氣味。

127

埋在水泥下五個月的屍體會呈現何種狀態？

問——如果屍體被埋在水泥底下，偵查犬可以嗅出氣味嗎？屍體埋葬五個月後看起來會是什麼樣子？驗屍官能否判定死因，好比顱骨受傷、頸部瘀傷？我想，警方會等法醫來到現場才碰觸或移動屍體。移動屍體有該特別注意的事項嗎？有沒有什麼技巧？

羅謝爾・柯奇（Rochelle Krich）
瑪麗・海金斯・克拉克獎（Mary Higgins Clark Award）得主
著有《墓地奇案》（*Grave Endings*）、《你看見我了》（*Now You See Me…*）
www.rochellekrich.com

答——有幾種可能情形。屍體的狀態取決於被埋葬的深度、上面有多少水泥、泥土的性質、環境溫度，以及與潮溼程度。

溫暖、潮溼的泥土有利於細菌滋生，因而造成腐敗。腐敗速度快的話，屍體被發現時將僅剩骨骸。偵查犬主要是根據腐敗組織的味道找出屍體，若僅剩骨骸則不容易嗅聞出氣味。在這種狀況下，法醫可判斷骨頭與顱骨的損傷，卻無法判斷肌肉組織的損傷。

若死者的舌骨（位於頸部的小型骨頭）遇襲時骨折，他可能判定勒殺為主要死因。當然，他還須考慮水泥的重量也可能導致這根細長易碎的骨頭骨折。

另一方面，在氣候涼爽乾燥的條件下，屍體可能保存良好。此時，偵查犬嗅聞到氣味的可能性較高，法醫將有骨頭和組織可研究。他可能發現上述的骨骼傷勢，以及被害人所經歷的瘀傷、刺傷、砍傷等傷害的特徵。

介於這兩種極端狀況之間的情形也有可能發生。屍體可能部分化為骨骸，部分保存下來。偵查犬可能聞到氣味，也可能聞不到。法醫可能發現瘀傷，也可能沒發現。顱骨與舌骨骨折可能讓法醫判斷被害人遇襲且（或）遭到勒殺，也可能無從判斷起。

這種不確定性有利於你的創作。發現屍體時的狀況可以是上述任何一種，而且都說得通。

沒錯，現場會保持原狀。等到法醫和他的助手前往現場後，相關人員會進行拍照與取證工作，再以塑膠布包裹搬運屍體。以上為例行做法。接著，會檢驗屍體下方及周圍土壤，甚至放入袋中，以便稍後在實驗室進行微量跡證的篩檢。

128

眼球轉動能否透露一個人在說謊？

問——一個人接受審訊時，若是說謊，眼球會下意識地移往左側，而移往右側則代表回憶某事。確有其事嗎？能否壓制這種下意識行為？

迪林・德波諾（Dion Debono）
馬爾他（Malta）

答——首先，針對欺騙並沒有百分之百準確的判斷依據。人類在壓力下可能出現的反應實在太多。有些人本性害羞或容易緊張，在任何情況下都會顯露出壓力。而某些反社會者即便隨口扯謊，也完全不會顯露出一點壓力。介於這兩者之間的任何情況也都有可能。這就是為什麼謊言偵測器的測謊結果在法庭上極少被採納的原因。

你所描述的反應稱之為神經語言程式學（neurolinguistic programming, NLP）。簡單來說，神經語言程式學的理論是眼球的偏移反映某人內心的想法。眼球往上，然後朝向右方，代表正在回憶過去所見聞的事物；眼球往上，然後朝向左方，表示正在構思新的意向。眼球朝右（朝向右耳）或朝下，然後往右看，表示正記起自己聽過的事；朝左看（朝向左耳）則代表正創造新的聽覺想法。朝下，然後朝左，表示正回憶某種感覺或氣味。

根據這個理論，假如某人被問了一個問題，他回答時，眼球往上再朝右，表示他正在描述自己看過的事物。或許是犯罪現場，或許是被害人。如果他往上，然後朝左看，意謂著他正匆忙構思某影像，因此可能是在說謊，或編造他認為訊問者希望得到的答案。然而，後者顯示他從未目睹先前自己所聲稱曾見過的事。

同樣的邏輯，向右看代表他聽過，而向左看則是他聲稱自己聽過。

無論如何，這些都是理論。神經語言程式學或任何其他生理線索都不是百分之百絕對，更不可能放諸四海皆準。一如義大利的禁止通行號誌僅是建議而已。

倘若你筆下人物了解神經語言程式學，且認為訊問者有可能運用這項技巧，他只需要強迫自己朝反方向看、盯著自己的腿或直視訊問者即可。上述的眼球移動方向為下意識行為，有意識的操控可凌駕其上，至少維持一段時間不成問題。然而，隨著審訊的進行，他可能感到疲累，無意間出現下意識反應。

129

有什麼方法可使印在次頁的書寫痕跡現蹤？

問——我希望故事中的探員能透過字條書寫時複印在下一頁的痕跡，發現端倪。有什麼方法足以讓這些印記現蹤？

答——複印在下一頁的書寫痕跡稱為「凹痕書寫」(indented writing)。筆在紙張上移動將隨著用筆的軌跡在下頁留下壓痕。若你用鉛筆在次頁上來回摩擦，會看見原本隱形的書寫印記。這個方法雖可見效，但鑑識人員不會採用這種方式，因為鉛筆筆墨可能毀壞或損傷證據，至少也會讓證據有所變化，使其在法庭上不被採認。所以鑑識人員採用的是不會損傷或更動頁面的做法。

有時只要調整光線角度隱藏字跡就會現蹤。在明顯偏斜的光線下，凹痕將產生使其現蹤的陰影，就像隨著太陽落下地平線，低處會出現陰影並加深。鑑識人員會立即拍下該頁面。

更敏銳的方法是使用靜電探測儀（electrostatic detection apparatus, ESDA）。這種技術極度敏銳，即使是最輕微的壓痕都可能現形，有時甚至能一連感應出原本頁面下好幾頁的壓痕。有趣的是，沒有人確切知道靜電探測儀究竟如何運作，僅知其功能足以發揮至此。

運用靜電探測儀時，該頁面將以麥拉薄膜（mylar sheet）覆蓋，然後放在孔狀金屬板上，接著以真空吸引器讓薄膜緊貼金屬板。薄膜的作用是為了保護證據不致損傷。隨後以電棒掃過覆蓋著薄膜的頁面上即能產生靜電。此過程將使整張薄膜表面充電，但頁面壓痕處電流最強。再將類似影印機碳粉的黑色色粉倒在或灑在薄膜上，讓色粉隨電流強弱程度附著於表面，這意謂著壓痕處的色粉最為集中。如此一來，壓痕字跡得以現形，書寫內容也隨之曝光。

130

電子郵件中所使用的文字語言可用來判定寄件者的身分嗎？

問——有公認的語言學方法可分析書寫語言的模式，最終判定書寫者的身分嗎？比方說，匿名的電子郵件可用來與其他已知身分的文字內容進行比對，然後建立或暗示其關聯性？我筆下的關鍵人物之一僅透過電子郵件或網路聊天室來施展他的影響力，能否利用此方法揪出這個藏鏡人？

克雷格．威卡利（Craig Vicary）
比利時魯汶（Leuven）

答——當然可以。文書鑑定人擅長的就是這件事。他們不僅檢視文字本身、對紙本與油墨進行化學分析，還會建立書寫者的教育和種族背景、書寫風格、職業類別，以及其他方面的概況。不論文字是採手寫、打字、複印或電腦列印，為信件、擄人勒贖或搶劫銀行的威脅字條、更動過的合約、浴室牆上塗鴉等，都會受到語言分析。

這並不是一項新技術。語言分析過去曾用於摩門教謀殺案、希特勒日記偽造案，以及被稱為世紀犯罪的林白之子綁架案等知名案件。美國飛行英雄查爾斯．林白（Charles Lindbergh）成為成功單人橫跨大西洋的「孤鷹」五年之後，一九三二年三月一日夜裡，他的長子於他們紐澤西州霍普韋爾（Hopewell）家中遭人綁架，凶嫌在現場留下勒索信。信上並未留下任何指紋，但內容所使用的語言讓調查人員推論他的教育程度不高，且可能為德裔。最終因此案被定罪、處死的布魯諾．霍普曼（Bruno Hauptmann）正符合這項推論。

為了辨識不同類型文件的書寫者，美國聯邦調查局建有數個資料庫，包括全美票據詐騙檔案、銀行搶劫威脅字條檔案、匿名信檔案等。

以電子郵件而言，文書鑑定人可協同電腦鑑識專家追蹤信件來源，並分析其用字。

字跡、油墨和紙張分析於此無法發揮功能，因而用字遣詞的分析相形重要。一旦分析成功，不僅能判斷書寫者的種族、教育程度、書寫風格，且能猜測其年齡、性別、居住地區、職業、宗教與政治信仰，如此一來即可縮小凶手的搜尋範圍。

131

驗屍官能否判定頭部中彈的被害人屍體於死後一小時曾被人移動？

問——某人被發現頭部中彈倒臥在後門門廊。假如死者死後一小時曾遭人移動，法醫有辦法察覺嗎？凶器是一把點二二口徑的手槍。死者一側的太陽穴有個小型穿入傷口，但沒有穿出傷口。點二二的彈頭有可能卡在顱骨內嗎？

卡洛琳・哈特（Carolyn Hart）
奧克拉荷馬州奧克拉荷馬市
《夏日凶殺案》（*Dead Days of Summer*）作者

答——我們先來討論彈頭。點二二這種小型彈頭並未穿出顱骨，且卡在腦部某處的可能性相當高。彈頭可能穿透人體，也可能留在體內，你可以任意編寫情節。

至於法醫能否判定屍體曾被人移動？也許能，也許不能。屍斑是屍體低位區的藍灰色瘀斑現象，此為血液沉積在血管中所致。若屍體呈仰臥姿勢，屍斑會沿著死者背部、頭部後側、雙腿後側浮現。若屍體倒向一側，屍斑則沉積於該側。死亡第一個小時左右，屍斑將以這種方式轉移。你或許猜到了，此過程稱為屍斑轉移。這表示呈仰躺姿勢的屍體會開始沿著背部出現屍斑。如果數小時後，屍體才被翻向右側，那麼屍斑會轉移並集中在右側。四到八小時後，血液滲出血管並使組織染色，屍斑已固定，此時即使把屍體移動至為不同姿勢，也不會改變屍斑位置，此為固定屍斑。因此，若法醫在死者背部發現屍斑，屍體卻呈俯躺姿勢，他可能因此判定屍體曾被移動過。既然死者不會自己移動，那就是遭人移動。

但在你的情節中，被害人死後僅一小時即遭人移動，法醫就不太可能發現，因為沒有足夠的時間讓屍斑出現，更遑論固定。除非延長時間，讓屍體以同樣的姿勢躺臥六小時再移動，如此一來屍斑就成了調查線索。

不過，出血模式可能有所幫助。例如，被害人被尋獲時，完全符合遭射擊的姿勢。此時，法醫預期在事發地點看見典型的槍擊高速濺血模式，如在地面、牆面、周圍的家具與最接近的任何其他物體上。一旦他未看見這些濺血，他可能懷疑死者是在其他地方遭射擊。當然，小口徑的點二二可能不會製造太多濺血，法醫也可能忽視這一點。

假設被害人被發現躺臥在左側，與穿入傷在同一側，再假設傷口的血流過臉部，流至下巴。既然血液不會湧出或往上流（違反地心引力），此發現將意謂著被害人遭射擊後躺臥在右側，接著才被翻往另一側，否則血液僅會流至地板上，不會流過他的臉。

值得注意的是，血量的多寡會依被害人的死亡速度而定。既然在失去生命跡象的狀態下，亦即心臟一旦停止跳動，被害人便不再失血。而心臟可能立即停止跳動，也可能在數小時後才停止跳動。與電影情節不同的是，腦部受槍擊並不會當場死亡。事實上，許多人直到被送進急診室仍有生命跡象，有些人甚至存活下來。如果他快速死亡，出血會極少，但如果他存活時間較長，出血會較多。

132

在屍體上找到的沙能否用來判定案發地點？

問——實驗室可以區別出不同地點的海灘沙粒嗎？在我的故事中，一具屍體在加州海灘上被發現時，看似遭人移動過。如果屍體上的沙與屍體被發現之處的沙不同，有可能比對出案發地點其實是在三十哩遠的沙灘嗎？

凱蒂．麥洛林（Katie McLaughlin）
加州聖塔馬利亞（Santa Maria）

答——有可能。這要看那個區域海灘沿線的沙質與環境有多大差異。

沙粒的大小、形狀、顏色、折射與反射性質（光線照射所產生的彎折或反彈方式）互異。沙子是一種矽酸鹽（silicate），而矽酸鹽有許多種類別，這代表不同區域的沙粒在化學組成上也各有不同。有時這些物理和化學屬性可用以判定某樣本是否來自特定地點。有時則辦不到。

還有細小、只能從顯微鏡裡看到的動植物生命也因地而異，法醫植物學家通常能歸結某特定樣本來自何方。某個地方附近也許有喬木，而另一處長了野花。這些植物的葉片、針葉、種子和花粉會混入鄰近的沙中。某些鳥兒可能僅在特定區域築巢，牠們的羽毛、築巢材料或糞便也可能在某個地方的沙子找到，但十哩外的另一個地方就找不到。

若調查人員發現屍體沾附，或屍體上的沙混有松花粉、松針葉、細小植物或羽毛並非該地所有，而且沙子的物理和化學屬性也不同於屍體周圍的沙粒，他便能判定屍體可能被人移動過。他也許能將這些發現和海岸線三十哩外海灘採得的沙子相互比對，從而判定謀殺現場位於何處。

另一個你或許用得到的素材為植物DNA。植物跟人類一樣有細胞，也有DNA。假如在屍體上發現的植物只在一處生長，那麼法醫或許就能進一步確認屍體曾被擺放的精準地點。假設你的探員發現某地區的樹下有鞋印或輪胎痕跡，或者任何可能暗示謀殺發生在樹下的線索。他有可能設法拿植物葉片、種子碎片或花粉粒的DNA，確認它們來自哪一棵植物。這項證據非常明確，可以藉此把屍體和謀殺地點串連在一起。

133

探員能否判斷出犯罪現場的毛髮與纖維證據是刻意布局的？

問——我正考慮讓凶手在被害人身上放置毛髮與纖維物證，以陷偵查人員於罪。故事背景為高科技環境，所有相關人員都受過良好訓練，了解如何控制微粒污染。只是該處並非第一現場。那名偵查人員要如何發現證物為刻意布局的呢？我可以安排他誘使凶手說出實情，不過，我在想證物本身有無任何露出破綻的可能性。

亞琳．沙奇塔諾（Arlene Sachitano）
奧勒岡州波特蘭
哈利．斯賓（*Harley Spring*）神祕系列《晶片疑雲》（*Chip and Die*）作者

答——這個問題不太容易回答。你筆下的探員有可能做到，也可能做不到。而最關鍵的破綻是根據犯罪現場的重建，在纖維不太可能出現之處找到纖維。著名的麥克唐納（Jeffrey MacDonald）案就是一個經典案例。麥克唐納是美國北卡羅萊納州特種部隊的軍醫，他殺害自己的妻子跟兩個孩子，卻聲稱有一群嬉皮闖入家中，在客廳與他搏鬥後將他擊昏，並撕破他的藍色棉布睡衣。接著凶手在他昏迷時進入臥室，殺害他的妻小。然而，犯罪現場分析卻發現，他妻子慘遭殺害的臥室中留有許多棉布睡衣的纖維，孩子被殺害的房間裡也有一些，而客廳卻幾乎沒有。這意謂著他的睡衣可能是在臥室被撕破，很可能是他與妻子搏鬥時所致。纖維的位置與數量與麥克唐納的說法大相逕庭。

以你的故事情節來說，凶手設計犯罪現場時，會把纖維放在被害人身上或附近，好讓纖維被發現，迫使清白者成為嫌疑犯。那名探員可以發現部分纖維與毛髮以不尋常的方式成叢或纏繞在一起，並判定這不該是它們自然掉落的樣子，因而懷疑有人刻意而為。

你筆下的凶手可以不慎把一些毛髮和纖維撒落在錯誤的地方。例如，他可能打破窗戶讓警方認為這是凶手的闖入方式，然後把後門打開，像是凶手自該處逃離。但另一個門附近（真正的進出處）卻發現一些纖維，顯得相當可疑。罪犯通常只有一個進入處與一個離開處。出現第三處的可能性便顯得怪異，而這怪異之處便足以讓那名探員進一步探究，也提供了他自凶手口中得出真相的正當動機。

134

如何檢測人體中的海洛因？

問——因應故事情節需求，我想知道如何檢測某種物質是否為海洛因。檢測過程必須使用哪些實驗室器材？需時多久才會得到結果？一次應檢測多少量？

答——檢測過程視實驗室所取得的是化學物質，或是人體或屍體上的體液和組織。

海洛因（二乙醯嗎啡〔diacetylmorphine〕）是一種鴉片劑，自罌粟汁液提煉而成，依來源與製法可分為天然、半合成、合成。海洛因屬於痲醉鎮靜劑（促進睡眠）與止痛劑（舒緩疼痛），可使人心情愉快、昏昏欲睡，劑量較大時會導致呼吸抑制、窒息死亡。吸食方式多為鼻吸或注射，並極可能為人濫用。

天然鴉片劑直接由罌粟製成，包括嗎啡和可待因，而海洛因可輕易由嗎啡轉製而成。半合成鴉片劑則是改變嗎啡和可待因的分子形式，許多醫療止痛藥皆屬此類，如氫可酮（hydrocodone）、羥二氫嗎啡酮（oxymorphone）、羥二氫可待因酮（oxycodone）。合成鴉片劑於實驗室中製造，並非由嗎啡或可待因轉製，這類藥物包括配西汀與吩坦尼。

海洛因注射至體內時，會在數分鐘內轉化成單乙醯嗎啡（monoacetylmorphine），然後再進一步轉化為嗎啡。所以，當測試某人（活人或屍體）體內是否含有海洛因時，其實真正檢測的是單乙醯嗎啡和嗎啡，因為已檢測不到海洛因。而這些物質可在血液、尿液與膽汁中找到。檢測方法很簡單，可在數小時內完成。

檢測鴉片劑的藥物樣本使用的是眾多層析技術之一，如氣相層析。這類儀器分離所存在的化學物質，然後透過質譜測定辨識出組成的化學物質。質譜測定能辨識所取得的任何化合物的化學指紋，而且非常精確。

分析血液或其他體液的第一步是篩檢鴉片劑。常用的方法是馬爾基氏檢測（Marquis test），馬爾基氏試劑的成分為甲醛和硫酸，檢測時若試劑變成紫色就代表檢出鴉片劑。此外，氣相層析與薄層色層分析（thin layer chromatography, TLC）也能用於此篩檢。一旦發現鴉片劑，再由質譜測定來檢測血液，就能辨識出你在情節中設定的海洛因。

135

被棄置屋內好幾個月的屍體會乾屍化嗎？

問——我希望安排小說中的某個人物自然死亡。她因癌症日益衰弱，最後在住處床上因脫水過度虛弱而死。接著屍體就一直放在原處，並未加以埋葬。（想像電影《驚魂記》（*Psycho*）中男主角諾曼．貝茲（Norman Bates）的母親）這有可能發生嗎？鄰居會不會注意到臭味或一群蒼蠅？如何處理屍體才能使其形成乾屍？屍體發出的臭味會持續多久？一年之後又會是什麼情況？

海莉．艾弗容
《彼得．柴克醫生》神祕系列共同作者
www.hallieephron.com

答——是的，這種情況有可能發生，而且確實不時耳聞。常有獨居者在家中死亡數週、數月，甚至數年都沒人發現。這些屍體可能部分腐化、骨骸化或乾屍化，依狀況和運氣而定。原則是「該來的總是會來」。

溫暖潮溼的環境容易造成屍體腐爛或腐敗。若腐敗過程持續發生，屍體組織將完全消失，最後僅剩骨骸。而寒冷乾燥的天氣則較易形成乾屍。此外，炎熱乾燥的天氣也會導致屍體變乾。屍體也可能呈現出這些狀態的組合，也就是部分化為乾屍，部分化為骨骸。

腐敗氣味來自細菌所產生的氣體，這種氣味的存留取決於組織完全腐化的時間有多長。在密閉的建築中，氣味可能被阻擋在屋內，鄰居、郵差或任何敲門的人都不會注意到異味。依情況而定，屍體可能在一、兩週內完全腐化，或需時數月。在佛羅里達的沼澤中，一個星期左右便已足夠；在美國中西部室內，則可能歷時數週或數月。在密閉的房間內，蒼蠅不至於構成問題，因為牠們多半出現在暴露在外的屍體周圍，儘管牠們仍有出現可能。況且，如果沒人進到屋內，他們也不會知道其中一個房間裡是不是有一群蒼蠅。

依照你的情節，炎熱乾燥的氣候如亞利桑納州可能是形成乾屍的最佳選擇，但乾屍化情況仍可出現在諾曼母親的家裡，或任何人的家中。你筆下的被害人在死前嚴重脫水，這一點更有助於形成乾屍。也就是說，那具屍體可能化為乾屍，或者完全腐化，徒留骨骸，卻無人發現，直至有人進屋查看。

如果你希望加速乾屍化的情況，大可在屍體上灑鹽。古埃及人用油和鹽讓屍體乾燥、防止腐化，並製成木乃伊。鹽不僅有助於屍體乾燥，也是很強的抗菌劑。細菌需要濕氣才能滋長，高濃度的鹽將造成細菌死亡。以鹽醃製肉類是幾世紀以來的保存法，基本上是同樣的原理。

一旦屍體化為乾屍或骨骸便能保持數年，所以不論是腐敗或乾屍化過程結束的一年後或一、兩個月後，其外貌並無太大差別。乾屍通常呈深色，皮膚緊緊包覆著骨骼，猶如收縮膜包裝。屍體的臉部表情看似扭曲，雙眼乾燥至形成幾乎難以辨識的深色繩結狀，眼窩因而看起來空洞洞的。這景象很驚悚，就像諾曼一樣。

136

能否從已埋葬一年的被害人毛髮中檢測出汞？

問——我在故事中安排某人中毒身亡。事隔一年，一名探員懷疑被害人的死因不單純，或許跟汞有關。有沒有可能在不挖出屍體的情況下，判定被害人死於汞中毒？

蓋伊．妥特．金曼
加州阿罕布拉
著有《城堡迷情》、《超級探員》
gaykinman.com

答——汞、砷、鉛、鉍、銻、鉈都是重金屬。這些金屬容易在人體組織與毛髮中累積。如果被害人因單次高劑量而中毒身亡，就有必要掘出屍體。即便僅留有殘餘組織，也能檢測出汞。要是被害人慢性接觸重金屬達數週或數月，汞也會累積在被害人的毛髮中，那麼就未必要掘出屍體。

毛髮形成時，只有在血中汞含量很高的情況下，毛髮會含汞。若為急性中毒的情況，被害人可能在數小時或數日後死亡，意謂著沒有足夠的時間讓毛髮生長。反之，若是慢性接觸重金屬，毛髮有時間生長，而且只要生長期間接觸到汞，就能檢測出來。

唯一不掘出屍體，又能發現死者曾接觸汞的方式就是取得其生前的毛髮樣本。或許喪禮前，家屬曾剪下一綹死者的頭髮存放在紀念冊裡。如此一來，凶手若為某家庭成員，就等於在不知情的狀況下保存了將之定罪的證據。這是最精采的諷刺手法。此外，毛髮可由死者生前使用的梳子或留下的衣物上取得。檢測毛髮樣本時，一旦發現汞含量異常，即可往毒殺的可能追查。

重金屬的篩檢測試包括萊因施氏檢測（Reinsch test）或比色測試（colorimetric test）。若有重金屬存在，檢測結果將呈陽性。藥毒物學家還會利用原子吸收光譜儀（atomic absorption spectrophotometry）或中子活化分析（neutron activation analysis）來辨識重金屬種類及其含量多寡。只要濃度高，就會挖掘屍體做進一步檢測。

137

鑑識人員如何辨識出用來切割毯子的工具？

問──在仔細檢查後，鑑識人員能否辨識出用來切割法蘭絨毯的工具？這一點對我的小說情節很重要。

密雪兒．葛瑞漢（Michelle Graham）

答——或許無法辨識出某特定工具，但至少可辨識出種類。此為工具痕鑑定人員（forensic tool mark examiner）的工作範疇。他會以顯微鏡，甚或掃描式電子顯微鏡來檢查纖維切面，然後判定該切割工具的一些特性：刀刃的鋒利度、刀刃斜角的角度、是否有一個（如刀）或兩個（如剪刀）切面、切面直不直（鋸齒剪刀）、刀刃是否平整或為鋸齒狀（後者的切面粗糙，前者則乾淨俐落）及其他事項。根據這些發現，檢查員或可判定該工具為某特定種類。也就是說，他可能判定切口是由剪刀，而非刀刃所造成的。

如果他握有疑似工具，他會用它來切割相同的材料，只要在顯微鏡下切口一致，便不排除其為切割工具的可能性。若刀刃有缺角或其他瑕疵，他可用以比對切口的缺陷，並進一步確認該物為形成切口的工具。他大概僅能做到這般程度。他無法斷言此為該工具所切割，因為這類檢驗不足以具體到這種程度。

但如果刀刃上沾有一些化學物質或油漆，甚或血跡，而有些殘留在毯子上，那麼這些蛛絲馬跡就能讓該工具更顯獨一無二，他也就更有信心了。以血跡來說，他可能進行DNA比對，然後肯定這就是所使用的工具。至少犯嫌必須解釋，何以被害人的血會沾在他的刀或剪刀上。

138 一九四一年，法醫可以發現屍體中留有鴉片酊嗎？

問——我正在進行一部推理小說，時空背景為一九四一年，被害人死於鴉片酊過量。當時的法醫會在驗屍時發現死者有中毒跡象嗎？

答——鴉片酊是一種麻醉劑。你筆下的被害人會顯得昏昏欲睡、熟睡、昏迷、呼吸停止，隨後窒息而死。既然鴉片酊中毒沒有明顯的生理症狀，驗屍時就不會有解剖線索。基本上，所有的毒物都是如此，這意謂著在屍體上找到這些毒物通常需要化學分析。

以目前的技術，我們已經可以找出並判定屍體內大多數的毒物。法醫可依毒物濃度高低來評估其含量是否足以致死，或至少與被害人的死有關。

一九四一年時，藥毒物學的領域還處於萌芽階段，但當時化學家仍可測得砷、鴉片劑、生物鹼與一些其他物質。所以你筆下的法醫可能可以，也可能無法判斷出死因。如果他僅依賴眼前所見，他可能會假定這是自然因素造成的。但只要他採集血液、尿液與組織樣本，並送往當時較先進的實驗室，就有可能發現鴉片劑，並判定鴉片劑與死亡有關。他們也可能什麼都找不到。檢驗可能不敏銳或不可靠。

而且在一九四一年，不論檢測出的藥物含劑量多寡，都會被認為與死亡脫離不了關係。除非醫生曾開藥給被害人，或被害人曾在藥房買藥。當時鴉片酊和鎮痛劑（也是鴉片的一種）非常容易取得且用途廣泛，可治療頭痛、失眠、腹痛、腹瀉，乃至於任何其他你想得到的疾病。所以，如果被害人有使用這種藥物的合理原因，法醫可能推斷用藥與被害人的死無關。或者他可能得出完全相反的結論，甚至推斷這起死亡事件為自殺。這些情況都有可能。

你有許多不同的選擇，就看你希望法醫得出的結論為何。

139

出生和死亡證明以及DNA鑑定可以用來證明親子關係嗎？

問——我筆下的探員要如何判定出生證明是偽造的？故事情節是：出生證明上記錄的並非親生父母的名字，而是養父母。如果那對父母被告知他們的孩子死了，缺少死亡證明或出生證明是否代表孩子還活著？如果孩子已經死亡且埋葬一年多，何種檢測能證明嬰兒的父母身分？

凱莉林恩・芮莫（Kelly-Lynne Reimer）
加拿大曼尼托巴省溫尼伯（Manitoba, Winnipeg）

答——出生與死亡證明都是紙本紀錄，因此會面臨任何其他文件都會有的問題。它們可能被銷毀、偷竊、更改或偽造。這意謂著你可以用來做為故事情節中假文件的背景。

所以是的，養父母的名字可以出現在「正式」的證明上。

缺乏或無法找到特定證明的情況並不少見，然而這不代表被害人還活著。雖然出生與死亡理應有相應的證明，但官僚體系素有搞砸這類事情的惡名。這些紀錄通常保存在各郡郡政府，或該郡文件存放處。出生證明可由本人、父母（除非涉及領養，各州情況差異極大）或依法院命令取得。親屬、保險公司、法院及其他許多人都可以取得死亡證明。而且內部人士可竊取這些證明，小偷也可以闖入偷走。如果這些證明存於電腦（每個地區情況各異），紀錄也可能被駭客侵入或更改。

從遺體判定父母身分的最佳方法為ＤＮＡ鑑定。這種檢測的準確度高達百分之九十九以上。當然了，這是在仍可自屍體提取ＤＮＡ的條件下。如果屍體經過防腐處理且大致完整，很容易就能取得ＤＮＡ。若僅剩骨骸，則可自骨細胞與牙髓提取ＤＮＡ。少量即可。遺骸的ＤＮＡ指紋一旦比對相符，父母身分就此確認。

接下來，針對ＤＮＡ的部分，容我稍作說明：

透過卵子與精子的結合，父母雙方各自提供一半的ＤＮＡ給受精卵，而非全數。四十六條染色體分為二十三對，他們僅貢獻每對染色體中的一條給孩子。如此孩子便有了四十六條染色體，從父母雙方各得二十三條。因此，孩子是父母雙方ＤＮＡ的組合。父母可能有孩子所沒有的ＤＮＡ（染色體的ＤＮＡ並非由卵子或精子而來），但孩子絕不可能擁有父母所沒有的ＤＮＡ。這意謂著當孩子的ＤＮＡ被分段且分離為橫紋（外觀猶如條碼），這些橫紋可在雙親之一身上找到。

就你的情節而言，若遺骸的DNA斷片（fragment）並不存在於可能的父親或母親身上，那麼他們其中一人或兩人都不是孩子的親生父母。斷片一定來自某人（生母或生父），因而排除了他們為親生父母的可能性。如果殘骸含有的橫紋與其中一人符合，就能確認身分。

140

一九八〇年代，是否已有將彈頭與某特定武器進行比對的技術？

問——某人不幸遭到槍擊，子彈穿過頭部後嵌入樹幹。在一九八〇年代，彈道學領域已進步到可將之與獵槍彈頭比對嗎？另外，指示犬身上的毛是否也能與沾附在某人衣物上的毛髮進行比對？

查爾斯・薛佛爾（Charles Schaeffer）
著有《說故事的人》（*The Storyteller*）、《染血的匕首》（*The Crimson Dagger*）等書

答——這類稱之為槍枝檢驗的比對方法自一九二〇年代起就開始進行。事實上，槍枝檢驗得以進到鑑識最前線，源於著名的情人節大屠殺。

在一九二九年二月十四日，艾爾・卡彭（Al Capone）派三名身著芝加哥警裝的槍手前往敵對幫派「瘋子」莫蘭（George "Bugs" Moran）的私貨倉庫。他們以湯普森衝鋒槍殺害了

七名莫蘭的手下。警方在現場與屍體身上找到多達七十個彈殼與彈頭，並會同心臟科醫生以及軍火專家卡文．古德（Calvin Goddard）進行堪驗。比對後，發現它們與卡彭其中一名手下住處的兩把衝鋒槍吻合。處理如此大量的證據與偵破此知名犯罪案件，促使兩名時任陪審團的商人成立美國第一間獨立的犯罪實驗室。而這間實驗室也成為後來許多實驗室的雛形。所以，槍枝檢驗在一九八〇年代前已是確立的鑑識技術。

膛線（rifling）是來福槍與手槍槍管呈現螺旋狀凹凸的槽線。彈頭沿著膛線旋轉飛出，大幅增加了準確度。彈頭自槍管擊發時，槍管內壁的紋路在彈頭上磨出紋痕。只是犯罪現場的彈頭與特定武器的比對，主要是透過視覺比對現場的彈頭紋痕與試射紋痕，因此有賴於犯罪現場彈頭的完整度。一旦彈頭嚴重毀損以至於紋痕不清，要進行比對當然不可能。如果彈頭保持完整，比對通常很簡單。依照你設定的情節，彈頭可能保持完整，也可能由於撞擊到骨骼或樹木而嚴重損毀。這代表你可以任選一種方式設計情節，也都說得通。

動物毛髮可透過顯微鏡檢查進行比對，然而比起彈頭檢驗，則較不具體。檢查員或許能判定品種，也可能表示該毛髮可能來自某犬隻或相似犬隻。不過檢查員無法確認一定來自某特定犬隻。這意謂著動物毛髮比對，正如人類毛髮、衣物或地毯纖維，雖然並不足以將人定罪，卻能做為間接證據，增加不利於犯嫌的罪證。

141

若某人死於創傷，凶手能否以心肺復甦術讓調查人員相信死者是因槍傷送命？

問——凶手有可能模擬死後的血液循環來干擾死因嗎？我的意思是，如果被害人因車禍重傷身亡，但凶手希望情況看起來像是被害人遭到槍擊，他可以把子彈射入被害人屍體中，然後以心肺復甦術促使血液循環，好讓傷口流血、被害人看似死前遭到槍擊？

答——這會有兩個問題：到底是何種創傷造成被害人死亡？兩件事的時間順序為何？死人不會流血。人死了之後心臟停止，血液不再循環，流血中止。而你希望被害人死後血液持續流動，好讓槍傷的傷口流血，致使法醫相信槍傷是在死前發生。

有些車禍所造成的創傷會立即致死。例如，嚴重的頭部創傷、頭身分離、胸腔或心臟的擠壓傷、心臟或腦部或主要血管的穿刺傷、頸椎斷裂（切成兩段）或重傷，以及其他一些傷勢都屬於此類。還有肇因於失血過多或心肺衰竭等的致死情況。在這種情況下，被害人是緩慢死亡，所以準確的死亡時間（心跳停止）可能不容易判斷。

假如被害人的心臟或主要血管受創，或在死前大量失血，使用心肺復甦術並無法引起明顯的血液循環。原因在於血液大多流出來了，以致體內沒有多少血量可以循環。此外，一旦主要動脈被切開或壓破，心肺復甦術所造成的血流可能選擇阻力最小的路徑，由此出口離開身體。如果你希望心肺復甦術把血液輸送至槍傷處並使血液積聚在該區域，那麼循環系統必須完好無損。

再者，死亡與槍傷所間隔的時間必須非常短暫，一定要少於兩分鐘，否則血液會開始凝結，也就沒戲唱了。心肺復甦術無法使凝固的血液流動。

其實或許根本用不著心肺復甦術。如果某人在死亡十秒後中槍，地心引力仍會使液態的血液滲入傷口周圍組織，而血液在傷口內積聚的同時，其中一些可能自傷口流出，只是血量可能不多。法醫面對這種情況時，將難以區別傷口究竟是在哪個時間點造成的。

所以，凶手要在被害人車禍死亡的當下立刻開槍，你的情節才合理。時間間隔愈短愈好，一分鐘以內最佳。如果被害人在死亡兩分鐘後才中槍，法醫也許可以判定槍傷是死後造成的。心肺復甦或可將時間延長到三、四分鐘，但絕對不可能再長了。你只要把時間控制在這個範圍內，應該就說得通。

142

警方或犯罪現場的鑑識人員能否看出被裁縫工具劃破動脈的死者是死於意外還是他殺？

問——被害人被一種類似於披薩刀的旋轉刀殺害。這種刀主要用來快速且準確切割層層布料。我的情節是，刀刃割傷被害人的股動脈，導致她流血而死。我希望警方一開始把此案視為意外。若凶手站在被害人後方，她身上會沾滿血跡嗎？被害人多久後會死亡，以及周圍會有多少血？

泰瑞・薩爾（Terri Thayer）

答——此類刀刃可輕易劃破由主動脈運送血液至腿部的股動脈。股動脈位於鼠蹊部（腹股溝）靠近皮膚表層處，且在腹部與腿部的皺折處可感覺其搏動。這是一條大型動脈，直徑約與拇指同寬，一旦被割斷將快速失血，若僅割傷則流血較少。

正如任何嚴重的動脈受傷一樣，被害人會快速大量失血（約總血量的三分之二，或四至五品脫左右）。血液一開始會噴湧而出，接著力道減緩，最終呈穩定流淌。這是因為隨著身體失血，血壓穩定下降，動脈輸送血液的力道隨著每次心跳降低所致。

倒下並失去生命跡象的時間依許多因素而定，例如被害人的體型與健康狀況、動脈割傷的嚴重程度、受傷後的姿勢與活動，以及被害人是否懂得如何止血與其他因素。假如被害人年輕健康，且動脈僅是割傷，加上清楚加壓止血法並求助的情況下，她就能存活下來，否則半小時左右就會失血過多而死。反之，若被害人有點年紀且患有心臟疾病，動脈的裂傷很大，並在驚慌之下任意走動，那麼五分鐘內就會倒地身亡。在這個時間範圍內都有可能，你幾乎可以用任何方式來架構情節。被害人血流得愈多，她就會愈顯虛弱、暈眩、發冷、昏睡，也可能意識模糊、出現定向力障礙、發抖、顫抖、陷入昏迷並且死亡。

假如攻擊者站在被害人後方，除了雙手以外，應該不會被血液噴濺到。當她把手移開時，血液可能會滴落在椅子後方，這是被害人坐在椅子上死亡的狀況。犯罪現場的血濺形態分析會判斷出此特徵，並引發懷疑。如果這真是意外事件，血怎麼會滴在椅子後方？要是凶手把手上的血漬擦在被害人的衣服上，也將留下不可能由被害人製造的血漬。而這些發現將引起法醫懷疑這是一起謀殺案，而非意外事故。

如果被害人從椅子上跌下，試圖去拿電話，或到門口求救，血濺形態分析會揭露這個過程。根據噴濺的角度、方向與長度，以及血腳印的數量與方向、血液滴落或滲出的點及其他濺血模式，鑑識人員可判斷出被害人遭受攻擊時的姿勢，並追蹤死者流血至死前任何活動與姿勢的改變。以上為犯罪現場重建的領域，該領域的一些成員非常優秀。你可用此分析來協助探員朝對的方向偵辦。

143

哪一種藥物可以讓被刺傷的被害人失血更加嚴重？

問——我的故事中有一名被害人遭到刺殺。凶手先讓他服藥，好讓他的失血狀況更嚴重。有沒有任何容易取得的藥物可達到這種效果？法醫驗屍時，能否在被害人體

內檢驗出這種藥物？

麥克・李斯特（Michael Lister）
佛州巴拿馬城（Panama City）
「約翰・喬登」（*John Jordan*）神祕系列作者
www.michaellister.com

答——可「稀釋」血液的藥物稱為抗凝血劑。這類藥物容易加劇出血情形，尤其是在受傷（如遭刺傷）後。有兩種抗凝血劑易於取得。

可邁丁錠（coumadin）必須連續服用數天才有明顯的抗凝血效果。單次高劑量也能達到作用，但可能要幾天後才能發揮全效。為什麼呢？因為這類藥物的作用是改變肝臟製造特定凝血蛋白因子的能力。一旦凝血蛋白的濃度明顯下降，不正常出血的狀況便相對增加。這需要一些時間。你筆下的壞蛋必須在刺殺被害人前，暗中把搗碎的可邁丁加入被害人的食物或飲料中，經過數日甚至一週才能見效。

另一種是肝素，僅能以靜脈或皮下注射的液態藥物。靜脈注射更加有效且即時，凶手可以刺傷對方，壓制住他，然後把藥物注射到他的血管中。接著被害人會大量出血。

血液流出人體後，一般會在五至十五分鐘開始凝固。若犯罪現場的血液未凝固，法醫會察覺情況有異。他會檢測被害人的血液，並發現凝血檢測結果超出正常值，接著進行專門檢測，找到被害人體內殘留的可邁丁或肝素。假如被害人沒理由使用這些藥物，法醫就會考慮遭人下藥或施打的可能性。

144

凶手能否用麻醉藥迷昏被害人，讓他看起來像是舉槍自盡？

問——凶手為被害人注射琥珀膽鹼，然後把槍塞進被害人手中（凶手戴著橡膠手套），對準頭部扣下板機。法醫會知道被害人被下藥嗎？我希望他們能發現這種藥物，因為這是揭露這起謀殺案的主要線索。

艾琳・寶拉爵克博士（Ellin Pollachek, Ph.D.）

答——簡單來說，只要法醫檢驗得宜，就會發現琥珀膽鹼。只是問題在於他們在你所描述的情況下或許不會發現。法醫會進行驗屍，或許還有例行的藥物與酒精篩檢，但這兩者都無法驗出琥珀膽鹼。

所以，什麼會讓法醫起疑並進一步探究？有幾個重點。

或許被害人完全沒有自殺的理由，但有意圖傷害他的仇敵或其他人。家屬可能提出質疑，法醫則會訴請對死者進行心理剖析，並發現被害人確實不是自殺的高風險群。精神病學剖析為調查死者生前各方面、性格與當前所承擔的壓力，著重於判定其自殺的風險。若結果顯示他自殺風險極低，法醫就會起疑。

或許被害人已投保鉅額保險，而保險公司在未經徹底調查死因的情況下拒絕支付。這種情況並不少見。

犯罪現場的重建可能指出開槍者另有其人，因而排除自殺，並提高他殺的可能性。穿入傷的特性可協助判定槍口與傷口的距離與彈頭進入的角度。判定結果若是被害人不可能以那樣的姿勢持握武器，就會排除自殺的可能。要是血濺形態或被害人與槍枝的角度，跟自行開槍可能的傷勢有所衝突，法醫就會起疑。例如，發現槍枝掉在慣用左手的被害人的右手附近，就會啟人疑竇，因為人幾乎都是用自己的慣用手開槍自殺。而且在自殺案件中，槍枝幾乎不會落在自殺者的膝上，凶手卻經常如此故布疑陣。

或許在驗屍時，法醫會發現不尋常的針孔，然後懷疑被害人遭人注射藥物。尤其是針孔位於被害人不容易自行施打之處。膝蓋後方、臀部與大腿間的皺折處是其中幾個人們試圖隱藏注射痕跡的部位。

如果法醫並未起疑，並認為死因的確是自殺，此案便就此落幕。但如果上述情況之一有異，他可能深入探究，針對被害人的血液、尿液與胃內容物加以檢測，也包括注射傷口周圍的組織。不過別忘了，完整的藥毒物學檢測昂貴又費時，若無充分理由，他不會往此方向進行。

他可以運用氣相層析與質譜測定發現琥珀膽鹼，結合這兩種檢測可測得任何化學物質的分子指紋，因而辨別出任何已知的化學物質或化合物。以琥珀膽鹼來說，它物質及分解物都會被測得。

145

毒物檢測可以區分出安定文、替馬西泮和煩寧嗎？

問——故事中，被害人在喝下摻入安定文的飲料後被擊昏，接著凶手讓他吸入一氧化碳死亡。我知道法醫可結合氣相層析與質譜測定來找出這種藥物，但這些檢測能區分出安定文、替馬西泮與煩寧嗎？兩名犯嫌偶爾服用安定文，因此能取得該藥，但其他兩種藥就不行。

南希．J．許蒂（Nancy J. Sheedy）
馬里蘭州弗雷德里克（Frederick）

答——對藥毒物學家來說，分辨這些藥物是輕而易舉的事。

藥毒物學家在尋找屍體或生者體內的藥物時，通常會進行兩種檢測：利用篩檢或推定試驗（presumptive test）來推定藥物屬於何種類別，接著再以確認檢驗（confirmatory testing）測出是該類別中哪種藥物。最精確的檢驗是合併使用氣相層析與質譜測定，兩者合稱GC/MS；或結合紅外線光譜與氣相層析，這個組合稱為GC/IR。氣相層析用以分離化合物，有時單獨使用便足以區別藥物。倘若仍無法辨別，質譜測定或紅外線光譜可用來判定每種化合物確切的化學結構。質譜測定與紅外線光譜可測得任何化合物的化學指紋，判定元素及含量多寡，如此一來就能得知該化合物的化學組成。每種化合物都有明確的化學結構（這是定義該化合物、賦予化學名稱、給予明確屬性的關鍵），因此也有其獨特的指紋。

你提到的藥品都屬於苯二氮平類。針對被害人的血液、尿液與（或）肝臟組織的例行藥物篩檢可測出藥物類別。安定文、替馬西泮與煩寧都會被篩檢出來，然後利用GC/MS檢測來區分這些藥物。法醫只要運用這些檢測就能輕易判定是哪一種藥物及其藥量。

146

在犯罪現場噴灑血液，能否混淆魯米諾對最初血濺形態的判斷？

問——我們正編寫一個劇本，計畫讓一群奉命行事的清理專家來消除某槍殺案的所有證據。他們並非試圖清理所有潛在的血漬，而是把稀釋的血液或血漿噴灑在該區域，如此可干擾魯米諾對原有血液模式的判斷嗎？

答——發光化學試劑魯米諾對於最微弱的血跡（小至十億分之一）都會產生反應，即便是經過徹底清理或在沾染血跡的表面塗上油漆的情況。魯米諾可顯示出血與血濺形態，用以判斷是拖行屍體留下的痕跡，或為逃逸的凶手所滴落。一些油漆之類的產品所含有的特定金屬與氯系清潔劑可能誤導結果，因為這些物質會與魯米諾產生反應。魯米諾與血液產生反應後發光的時間相當的短，不過魯米諾與金屬反應的發光時間更短，經驗老道的刑事專家或可判斷出其中的不同。因此，如果你筆下的清理小組使用氯系清潔劑，將可隱藏血液模式。當然，法醫可以用其他方法來判斷血跡存在與否，但血濺形態將因此變得模糊且難以判斷。

是的，噴灑血液可模糊原本的血濺形態並混淆案情，因為魯米諾會對所有現場的血跡產生反應。此外，魯米諾是與血液富含的紅血球血紅素產生交互作用，所以我會建議你使用血液，而非血漿。血漿是血液分離紅血球後的液體，沒有血紅素就不會有反應。把血液灑在該區域，將隱藏有助於犯罪現場重建的血濺形態。犯罪學家會發現大量血液，並從不同表面採得血液樣本。接著法醫可能在確認血液的ＤＮＡ圖譜後，發現血液有兩種不同的來源——一是來自被害人，另一種則是未知來源。他很可能把這個結果解讀為來自兩名被害人，而未想到你密謀的情況。聰明。

4 法醫、屍體和屍體解剖
The Coroner, the Body, and the Autopsy

147

何種不甚明確的驗屍結果會讓一名菜鳥病理學家察覺有異，而經驗較豐富的前輩卻毫無所覺？

問——故事情節如下：一名年輕、稍有經驗的病理學家正在為某職業運動員進行驗屍，和她搭檔的是年紀較長、經驗也相對豐富的前輩。該運動員以潔身自愛及好好先生的形象著稱。八卦媒體猜測他是死於使用增強體能的藥物所產生的併發症，但在驗屍後、檢驗報告出來前，她判斷肇因應為某種有損其形象的毒品。她的前輩則不這麼想。請問過量使用甲基安非他命是否會造成這種情形發生？

達爾文．沙爾（Darwin Sauer）
加拿大卑詩省維多利亞
《荒野》（*The Barrens*）、《惡猴》（*Devil Monkey*）編劇

答——甲基安非他命或古柯鹼都有可能。那名年輕的病理學家過去可能曾在貧民區的醫院受過訓練，因此她比在富裕區工作的前輩見識得更多，其中之一便是長期吸食甲基安非他命和古柯鹼的驗屍案例。這種癮頭會造成鼻腔內膜出現疤痕與潰瘍（多處腐蝕小洞）。鼻內組織稱之為鼻黏膜，長期使用這些毒品會使鼻黏膜受損，導致鼻腔血管強力收縮（變窄或緊縮），並使組織死亡，最後形成潰瘍與結疤。

那名菜鳥可能看過這種情況不下數次，她的前輩則不然。這會發生在任何專科醫生

身上。一名醫生或許充分了解書本裡的知識，然而其所見所聞與親身經歷得視實際看診的患者類型而定。年長的醫生可能受到自身對被害人的既定印象影響，而抗拒這種可能性。唯有留待數日，甚至數週後（時程依故事發生地的轄區而定）藥毒物學測試結果出爐，才能證明故事主角是對的。

148 屍體被丟入河中經過多久，被害人遭到性侵的證據才會消失？

問——我正在進行一本書，故事背景設在一九五〇年代。內容提到一名五歲男童慘遭性侵殺害，屍體被丟入河中。我想知道歷時多久，屍體才會腐化至那個時代的法醫無法判定死者曾遭性侵？

答——屍體被丟進水中幾乎都會下沉。而後，細菌滋長所產生的腐化氣體逐漸充滿屍體的腹部、胸腔與組織，會增加浮力，使其浮出水面。這段過程所需的時間取決於屍體的體積、重量，以及細菌滋長的速度而定。形成內部氣體的細菌源自於身體內部，以腸道為主，環境中的細菌不過是加速屍體腐化，但它們主要破壞的還是屍體表層，對內部氣體的累積影響不大。

有一條經驗法則是，在水中兩週相當於在地面一週。氣溫決定了細菌滋長與氣體形成的速度。在上述案例中，關鍵在於水溫而非氣溫。水愈溫暖，細菌滋生得愈快。在墨西哥灣溫暖的水域中，這個過程可能僅費時數日，然而在加拿大洛磯山脈的湖泊裡，則需費時數月。至於氣候溫和地區的湖泊或河流則界於兩者之間。大多數情況下，所需時間約二到三週左右。

只要屍體未浮起，就不太可能被人尋獲。不過，當然也可能在狀態仍完好的情況下被流沖上岸。屍體愈快被尋獲，保存得愈完整，就愈可能留下曾遭侵害的證據。這意謂著，法醫要找到性侵的痕跡或發現精子，屍體就必須相當完整。一旦屍體已明顯腐化，法醫的工作便相形困難，甚至無從判斷。

在遭到侵害的一、兩天內屍體被沖上岸是最理想的狀況，但即使已過了三或四週，只要屍體漂上岸後不久就被發現，仍可能留有曾遭性侵的證據。雖然未必找得到，但仍不乏可能。屍體也可能嚴重腐化，性侵的證據全然消失。

倘若你希望法醫找到性侵的證據，不妨安排屍體在數日後被沖上岸，且不久後被尋獲。若你不希望留下任何證據，可以安排屍體在數週後才漂至岸邊，並在岸上曝曬了一、兩週。在這種情況下，屍體將嚴重腐化，使法醫無從判斷起。

腐化所需的時間範圍變化極大，所以你有很大的空間可以編寫劇情。

149

有公式可藉由屍體溫度準確判定死亡時間嗎？

問——我在研究死亡時間時，偶然發現馬歇爾與霍爾估算死亡時間的公式。真的有人使用這項公式嗎？準確嗎？

答——馬歇爾與霍爾公式（Marshall and Hoare's formula）幾乎無人使用，因為它在多數真實情況下不甚準確。原因在於它所設定的兩個基本假設。首先，預設死亡時的體溫是「正常的」，不管正常的定義為何。雖然一般認定正常體溫為華氏九十八．六度（攝氏三十七度），但實際情況因人而異，同一個人甚至在一天之中會有不同體溫。其次是，假設環境溫度穩定不變。如果屍體在溫度變化不大的地下室或酒窖被發現，或許還有道理，但這種情況很少見。

上述任一種假設的不準確，都會嚴重影響死亡時間的最終推定。

最常運用的公式其實最簡單。當然，它也有不準確的問題，但至少不像馬歇爾與霍爾公式需要電腦協助計算。公式如下：

死亡時數＝（98.6〔華氏〕－身體中心體溫）／1.5（華氏）

一般來說，在正常情況下，屍體以每小時一．五度的速度失溫。以這個公式計算，假如屍體被發現時，中心體溫（通常是直腸或肝臟溫度）為九十二．五度，代表死亡發生時間約為四小時前。

98.6 − 92.5 = 6.1

6.1／1.5=4

這項公式跟其他公式同樣存在著準確性問題。它僅能大致估算出死亡時間，而非絕對精準。

150

觸電死亡會呈現出什麼樣的驗屍結果？

問——驗屍官可藉由何種內部與外顯徵候判定一起肇因於觸電的死亡事件？

吉娜．L．懷特（Gina L.White）
加利福尼亞州洛杉磯
著有《長廊謀殺事件》（*The Corridor Murders*）

答——電流的形式分為好幾種，可以數種不同機制置人於死。低壓電流介於六百至一千伏特，高壓電流則在一千至八千伏特之間。閃電是極高壓電流。幾乎所有觸電死亡的案例都是意外事件，電流很少被用來做為自殺或殺人手段。

電流進入身體時，會從身體的一端以最短的途徑接地，是否會置人於死則視電壓及接觸時間而定。一般來說，低壓電流可能需要數分鐘才會造成傷害，高壓電則可能立即造成死亡。

家用交流電的電壓低，短時間接觸僅會造成輕微燒灼。一旦長時間接觸，可能造成嚴重燒傷，且內臟器官如肝臟和骨髓可能受到嚴重且無法恢復的損傷，甚至死亡。

低壓電電擊最大的危險在於對心臟的影響。正常的心跳是由心臟內部心律調節機制產生正常搏動的電流，再傳導至心肌。遭低壓交流電電擊可能干擾心臟節奏的搏動，導致致死性心律不整（即心跳節奏改變），如心室心搏過速和心室纖維性顫動。當這種情況發生時，通常會瞬間致死。

高壓電擊事件一般發生在工業環境與輸送電流至鄉間與社區的高壓電纜。郊區與都市電纜通常為七百至八千伏特，跨州的電纜則達十萬伏特以上。這些電纜通常在暴風雨或意外事件中掉落地面，使得電流從電纜「跳」到站在附近的人身上，意即根本不必直接接觸也可能遭到電擊。此外，較高的金屬物體如梯子或旋臂起重機也可能把電流傳導至被害人身上。就我所知，這類意外曾透過修剪樹木的車載升降台或電視攝影機而引起。

即使接觸時間不長，高壓交流電通常會造成嚴重的內部與外部燒傷，但還不至於導致心跳節奏產生致命的改變。為什麼呢？高壓電可除顫而非造成纖維性顫動。這意謂著高壓電流反而會把異常的心跳節奏調回正常。常見的情形是，一旦心搏停止，醫生會為患者進行外部電擊，此時的電壓相對較高，目的是試圖將可能致死的心律調整至正常。然而，高壓電也可能導致心跳完全中止，引發上述致死的心跳節奏，或麻痺腦部的呼吸中樞，造成被害人窒息而死。

驗屍時，法醫會發現幾個電擊受傷的徵兆。在一些低壓電擊事件以及所有高壓電擊事件中，被害人的肢體接觸處、接地處或兩者都會出現焦黑。有時，低壓電擊會造成接觸處發紅與起水泡，而非全然焦黑；高壓電則可能造成數個小範圍的燒灼傷，這些小範圍燒灼即電弧的接觸點。被害人部分體內器官也可能受損，最常見的受損部位為肝臟和骨髓。

在電擊致死的特徵中，有個值得關注的現象是局部僵直。僵直發生在死後肌肉腺苷三磷酸（adenosine triphosphate, ATP）下降。遭到電擊時，電流所造成的肌肉痙攣會消耗腺苷三磷酸，並造成該區域突然僵直。比方說，若某人用右手抓住電線，電流往下並往右腳流出，此時他的右手和右腳可能在身體其他部位僵直前率先發生僵直現象。

萬一死亡是肇因於低壓電流，法醫可能無法判斷準確死因。反之，在高壓電的案例中，電流進出處皮膚的燒灼與內部器官的損傷卻能讓法醫窺知一二。

151

法醫如何判定刺傷是由何種凶器所造成的？

問——若一名身上帶有刺傷的受害者被人尋獲，法醫會如何判定凶器種類？什麼情況會干擾他的判斷？

T．K．哈里斯（T. K. Harris）
阿拉巴馬州亨茨維爾（Huntsville）

答——刀、剪刀、斧頭、冰椎以及其他尖銳器具所造成的穿刺或尖銳刺傷，與球棒、金屬管所造成的鈍器傷不同。而這些尖銳器具所形成的傷口也各有差異。

砍傷、斬傷或割傷很難分析，但刺傷或可提供給法醫較多的判斷依據。他會測量傷口的深度和寬度，同時檢驗傷口是否帶有不尋常的特徵。藉由傷口深度可得知刀刃最小長度。凶器實際上可能比推測的更長，但不可能比傷口短。

不同的凶器造成不同種類的傷勢。冰椎會造成平整且小而圓的傷口，刀傷則較長且窄。單面刀刃尖銳面的寬度會比非切面窄，雙邊的刀刃就沒有這種情形。如果刀刃是彎曲的，法醫也許能夠判定彎曲的角度。如果刀刃或非切面呈鋸齒狀，他可能會察覺不平整或粗糙的傷口邊緣，因為刀刃平滑的凶器不可能造成這樣的傷口。假如使用的是剪刀，傷口的特徵則視剪刀如何運用而定。如果刀刃相合，傷口會比剪刀打開時，僅以單刀刃犯案時還寬。若刀刃略為分開，就會出現兩個鄰近的傷口，且呈現出剪刀的特性。

假如法醫取得可能的犯案工具，他會仔細檢驗並測量刀刃，以確認其特徵是否與傷口測量數據結果吻合。他不會將凶器插進傷口中，以免改變傷口，也就改變了證據。

即使凶器與傷口完美吻合，他也不能就此斷定，只能認定是類似的凶器所為。只有發現凶器的刀刃或刀刃與把手接縫處留有被害人的血液，他才能較篤定的宣稱這就是犯案工具。或者，如果刀刃的尖端處在傷口中斷裂，法醫可藉此分析其材質，並與犯嫌持有尖端斷裂的利器進行比對。最有利的情況當然是斷裂的尖端與疑似凶刀如拼圖般吻合。

在評估致死的穿刺傷時，法醫必須針對幾項特徵進行判斷。倘若死者身上有多處傷勢，他必須先確認位置，然後評估出現順序，再判定哪些傷處可能致死。一旦凶殺案的攻擊者不只一人，上述判斷就變得相當關鍵，因為造成致死傷勢者將面臨較重的刑責。這些傷處情況各異，因而影響法醫判定的難易度。

法醫也必須判定死亡形式。刺傷、割傷、斬傷的性質可能是意外、自殺或他殺，法醫必須盡可能地辨別。他會以傷口的屬性、位置與數量來進行評估。

至於什麼因素會讓法醫的鑑識工作變得困難執行？當傷口乾淨、屍體完整，法醫自然可透過檢視傷口特徵得知許多關於凶器的資訊。一旦傷口毀壞、屍體腐化，環境改變了傷口特徵，法醫能藉由傷口獲得的有用資訊便少之又少。如果攻擊者轉動插入傷口的凶器或劇烈移動，或被害人曾企圖轉身、扭動掙脫，這會造成傷口嚴重變形，以致法醫無從判定起。

152

有辦法判定一具已有一百五十年歷史的骨骸性別嗎？

問——人類屍體被埋在地窖中一百五十年會是什麼樣子？斷裂的骨頭是否仍顯而易

見？法醫能否根據骨骸判定性別？

海瑟．柯利（Heather Curley）
賓州匹茲堡（Pittsburgh）

答——根據平均環境溫度與該區域平均濕度而定，屍體可能化為骨骸或乾屍。溫暖潮溼的氣候容易造成腐化，促使所有組織毀壞，僅殘存骨頭。寒冷乾燥或炎熱乾燥則會形成乾屍。不過，屍骸最終成為骨骸的可能性遠高於乾屍。

一百五十年後骨頭可能還在，也可能消失無蹤。在你所描述的受到保護的區域，骨頭若未全數留存，至少也還留下部分。只要骨盆、顱骨與下顎骨還在，便足以判斷死者性別。萬一這些都不在了，性別判斷就會變得困難甚至不可能。

從嬰幼兒的骨骸判定其性別比成人更加困難，原因在於骨骸的性別特徵直至青春期才會顯現，十二歲至二十歲之間的男女骨骼由於出現性別特徵而明顯不同。如果仍留有必要部位的骨頭，法醫人類學家便能以這些變化來判定性別。

男性骨骸整體大小與骨頭厚度都比女性大。但這並非通用的準則，因為除了性別以外，骨頭大小與厚度受到諸多因素影響：不論性別為何，較充分的營養與大量體能活動會讓骨骼較強壯。所以飲食良好且進行勞動的女性骨骸，可能比營養不佳且極少勞動的男性骨骸顯得更男性化。

即便如此，特定部位的特定骨頭厚度可用於區別男性與女性。一般來說，男性的肱骨（上肢骨）、橈骨（大拇指側的前臂骨）與股骨（大腿骨）較為粗大。

用以判定性別最可靠的部位是骨盆。男性骨盆功能僅為支撐與移動，而女性骨盆則適於生產。女性骨盆較寬且骨盆出口直徑較長，主要功能在於生產時嬰兒可藉此通過。此外，以坐骨切跡（〔sciatic notch〕坐骨神經與其他連接至腿部的神經通過處）而言，女性通常比男性寬。此外，生產過的女性恥骨後側可能疤痕較多且形狀不規則，這是因為生產時韌帶撕裂後重新生長的緣故。

顱骨也能提供判斷性別的線索。男性顱骨肌脊明顯、較大且厚，尤其是臉部與下顎肌肉接合處。此外，男性的下顎枝後緣些微彎曲，女性通常是直的。

如你所見，能否判定骨骸性別主要取決於遺留下來的骨頭分量及部位。倘若骨骸完整，準確度相對較高，而在僅有髖骨或下顎骨的情況下，法醫人類學家的工作相形困難，但他仍可提出尚稱準確的猜測。在最終分析時，唯一絕對的確定方式是ＤＮＡ分析。在某些情況下，可從骨頭和牙齒提取ＤＮＡ。不一定都會順利，但有時的確可行。

153

如何辨識乾屍的身分？

問——若被害人已化為乾屍，要辨別死亡約二十五年的乾屍身分需費時多久？我希望可以用衣服來辨識身分，但還有其他方式可供參考嗎？

莫琳・道林（Maureen Dowling）
紐約傑佛遜港（Port Jefferson）

答——不論屍體化為乾屍與否，甚至已死亡數十年，法醫和法醫人類學家都會以他們所掌握到的任何訊息來辨別並判定死因與死亡方式。如果法醫懷疑為他殺，屍體的身分更顯得重要。為什麼？因為絕大多數的情況下，或許九成以上，被害者都是遭認識的人殺害。這意謂著辨識出被害人身分將縮小嫌犯範圍，最終揪出凶手。

乾屍在鑑定上有其特殊的挑戰。被害人的體型、年齡、性別與種族在多數情況下都可以輕易判定，如此一來將大為縮小案件所涉及的範圍。如果被害人是一名四十歲左右的男性，身高約為六呎，法醫將自失蹤人口報告中尋找符合這些描述的人。埋葬或丟棄處所發現的衣物與其他物件也很關鍵。皮夾裡若留有駕照，顯然有助於案件的進展。沒有的話，屍體身上的珠寶、皮帶、鞋帽衣物等，必定是在某處製造或販售，找出這些物件的製造處及購買地點，對於辨識屍體身分也相當重要。膠布、防水布或其他用以包裹屍體的材料或製作棺木的材質（如果有的話）也有助於辨識。有時，凶手會留下挖掘工具或其他器械，甚至是謀殺凶器，這些多少都能提供協助。

屍體可能還會有刺青和外科手術的傷疤。刺青通常特色鮮明，可輕易追蹤到刺青師。外科手術疤痕，如心臟手術或膽囊摘除手術等，能排除一些涉案疑點並納入其他可能性。而外科手術所置入的裝置如人工髖關節與心律調節器等上頭都有序號，因此易於追蹤。

若將乾屍的手指浸入水中或甘油裡，有時仍可取得指紋。水分或甘油能促使肌理豐滿，常可藉此取得指紋。法醫也可以小心切下手指皮膚，並壓在兩片載玻片之間，如此一來或可辨識出指紋。取得的指紋將與聯邦調查局自動指紋辨識系統的資料比對，或與疑似是死者的人士進行指紋比對，DNA與牙齒也可與某些失蹤名單的類似資訊比對。不過在死後二十五年，這些資料可能已難以取得。

辨識過程可能僅花幾分鐘、幾小時，也可能長達數週或更久。實際情況是，許多屍體一直無法辨識出身分。所需時間端賴找到了什麼證據，以及警方和法醫多快能把這些資訊跟某失蹤者比對。例如，法醫可能先為乾屍進行牙齒X光照射。若警方手中正好有一名獲報失蹤的對象，最後一次被目擊的地點在乾屍發現的附近區域，且兩者的生理特徵相似，法醫就會請法醫牙科醫生自失蹤者的私人牙醫診所處取得X光片，再與乾屍進行比對，之後或許能夠辨識成功。這個過程需要數小時或數日。

154

法醫能夠分辨出古老骨骸和新鮮骨骸嗎？

問——專家如何分辨某骨骸具百年歷史而非新鮮骨骸？骨骸的身分為一名被祕密埋在某人後院的年輕女性僕人，沒有棺材或防腐。我希望警方能夠研判這是發生在一八九〇年代，而非近期遭謀殺的被害人。

答——法醫人類學的領域相當令人著迷，卻常是不精準的科學。針對年代久遠的屍骨遺骸也是如此。骨骼可用於判定年齡、性別、體型和體重，可惜難以判定準確的死亡日期，所幸現代法醫人類學家有許多工具可提供一臂之力。

必須留意的是，在此討論到的任何一種技術都高度取決於被害人死亡時的環境。事實上，環境狀況比死亡時間更為重要，但也正因如此，在估算時間這方面可能造成極大誤差。

即使埋葬的時間相同，乾燥、涼爽的地點與溫暖、潮溼之處所尋獲的骨骸所呈現的狀況迥異。置於密室或房間等密閉空間的屍體，會比暴露在大自然與肉食動物行動範圍內的屍骸保存得更好。基本上，骨骼、軟骨和軟組織的腐壞速度差異極大，視屍體所處環境而定。放置野外長達五年的骨骸可能跟涼爽乾燥密室中的百年骨骸腐化情形差不多。

骨頭是複雜的器官，由磷與鈣結合的基質（stroma）組成。基質是活的器官，不斷毀壞與重建，為身體功能所需的鈣與磷等元素的大儲存庫。肘、髖、膝部等關節處末端的骨頭，其一端或兩端有軟骨，肌腱和韌帶則連接在不同的各點。此外，骨頭外覆蓋著一層薄薄的纖維組織稱之為骨膜（periostium）。

基質、軟骨、骨膜、肌腱和韌帶都屬於軟組織，跟皮膚、肌肉與內臟一樣會腐爛，且軟組織腐爛的速度受環境因素影響極大。

埋葬不久的骨頭仍保有這些軟組織的殘餘物，反之，古老的殘骸的軟組織早已消失。骨膜、肌腱與韌帶約可留存五年左右。當然，肉食動物與惡劣的環境可能會嚴重縮短保存期限。

倘若骨骸未殘留軟組織，骨頭本身也可能留有透露死亡時間的線索。基質腐壞的同時，骨頭將變得更輕、更脆、更易於切割。年代久遠的骨頭其脆弱程度甚至以指甲輕觸就會剝落或留下凹痕。基質的分解過程是由外而內、由內而外同時發生。這意謂著自表層往內且髓腔往外腐壞，造成一種「三明治」效應。如果橫向切割，新鮮的骨頭質地堅硬而難以鋸斷。若以類似方式切割古老的骨頭，外層輕易就能切開，中間部位相對堅硬頑強，內層則同樣易於切割。

在暗室中的紫外線下觀看切面即可清楚觀察出三明治效應。基質會透出螢光或發出銀藍色的微光。假如每一層都看得見光，代表基質尚未開始腐壞，骨頭仍屬新鮮。若骨頭僅中間部位發光，並夾在兩個毫無螢光的區域之間，則透露出其年代較為久遠。基質隨著時間繼續腐化，夾在中間散發螢光的環形將會愈來愈少，最後完全消失。這個過程所需時間不盡相同，一般而言，完全喪失螢光至少需要一百至一百五十年。你筆下的骨骸質地會很脆弱、易於切割或剝落，沒有螢光，或僅在中間部位有一圈細小的環形。

另一項檢測是骨骼中的氮含量。蛋白質中的氮是組成基質的要素。當基質腐壞，氮的含量也跟著下降。新鮮的骨頭約含百分之四・五的氮。若骨頭內的氮含量高於百分之四，年代可能少於一百年；氮含量少於百分之二・五的話，骨頭約有三百五十年以上的歷史。不過這項檢測對你的探員幫助不大。

蛋白質是由胺基酸所組成。組成骨基質的蛋白質含有十五種不同胺基酸。基質毀壞的同時，胺基酸的數量也隨之下降。脯胺酸（proline）、羥基脯胺酸（hydroxyproline）等兩種胺基酸的消失大約需要五十年左右，而其他胺基酸則約費時數百年才會完全無法測得。仍含所有胺基酸的骨頭年代可能不到五十年，僅剩三或四種胺基酸的骨頭可能如你故事中的骨骸一樣具百年以上的歷史。

放射性同位素也有助於判斷骨骸的年代。碳十四定年法（C-14）對鑑定的幫助有限，因為它的範圍太廣。碳十四的半衰期（毀壞一半的時間）為五千七百年。這種檢測對於有數百年乃至於數千年歷史的文物很有幫助，但無法運用在年代較短的物件。其他放射性同位素或許可助你一臂之力。在第二次世界大戰期間，由於核能設備的測試與使用，直至一九五〇與一九六〇年代的持續測試，致使全球環境的碳十四、鍶九十、銫一三七、氚（氫的放射線同位素）隨之增加。如果在骨頭中發現這些同位素的增加，表示被害人死於一九五〇年以後。在此之前的死者未曾暴露在環境中增加的同位素裡，因此骨頭不會有同位素增加的情形。你故事中的骨骸就不會有同位素。

155

在割腕致死的案件中，法醫能否判定遭人謀殺與自殺的不同？

問——法醫根據什麼證據來辨識割腕者是自殺還是他殺？

答——他或許能夠分辨，也或許無從分辨起。但至少他會注意下列幾點：

割腕的角度：一個人能否以該角度割腕？不論是被害人自己或由凶手持刀，切入手腕的角度各有不同。例如，若傷口是從手腕的小指側劃至大拇指側，這對於自殺的人來說不太順手。雖然有可能做到，但法醫會覺得可疑。理論上應該是反方向，即手腕平放在膝上、床上或浴缸一側，割痕由橈骨朝尺骨方向。

猶豫割痕：企圖自殺者在割到深入動脈前，幾乎都會先輕割幾道。為什麼呢？首先，因為痛得要命。此外，割腕所需的深度與力道比多數人想像中要大。因此，當事人可能會先割幾道較淺的割痕與刻痕才會鼓足勇氣割得夠深。多數人輕輕劃傷自己便會停止，因為實在太痛了，完全不如他們想像中那麼戲劇化。

血流模式：血液會隨地心引力往下流淌。如果被害人坐著，血液會滴落，流到他的膝上、雙腿、鞋子與地板上。如果他是躺著，血會流到床上。一旦血流模式與被害人所處地點和姿勢不符，法醫就可能起疑。

割傷的屬性：如果兩隻手腕都有傷口，法醫可能會確認是否真為被害人自身所為。

傷口若深及動脈，可能連帶切斷手部與手指的肌腱。這代表手部與手指已無法正常活動。雖然不是百分之百，但這種狀況多半不是自殺。由於肌腱被割斷，被害人無法抓握利刃，自然無法割傷另一隻手腕。

凶器：用來自殺的工具上應留有當事者的指紋，而且指紋應與其持刀的方式吻合。否則，法醫會起疑並深入探究。若該工具從現場消失，案件可能朝向他殺偵辦。自殺者通常不會丟棄工具，即便如此，丟棄處也會留下血跡。

心理剖析：自殺通常其來有自。法醫精神科醫生會深入研究被害人的過去，包括家庭、工作、社交狀況與用藥習慣等等。當他確認被害人的個性開朗、對未來志向遠大且關係穩定，他可能會開始懷疑這樣的人是否真會走向自殺一途。反之，若被害人意志消沉，不久前才分手或失業，或生重病，自殺的可能性就相對提高。而沒有留下遺書或給掛念對象的訊息也是必須多費心思調查的重點。雖然自殺者不一定都會留下遺書，但通常會有。

156

驗屍官有可能從已有四十年歷史的骨骸中取得DNA嗎？這對於辨識被害人是否有幫助？

問——某人發現一具四十年前被包覆在防水布中的骨骸。這具骨骸上還會有頭髮嗎？是否仍保有可用的DNA？從紀念盒裡取出的幾綹四十年前的頭髮，是否還留有含DNA的毛囊可與之進行比對？

傑克·馬吉恩（Jack Mageean）
維吉尼亞州里奇蒙（Richmond）

答——那具屍體在四十年後完全化為骨骸的可能性較高。如果當地異常炎熱且乾燥，也可能變成乾屍。若是後者，法醫利用已乾枯的組織，或許可成功提取DNA，但未必能順利取得。DNA可能存在卻受損嚴重，因此無法成為有利證據。以骨骸來說，骨頭與牙髓可能仍留有可用的DNA，也可能沒有。兩種情況都有可能。如果紀念盒的頭髮仍留有毛囊，就能提取DNA，並與從骨頭或牙齒取得的DNA進行比對。但我必提醒的是：如果頭髮是剪下來的就不會有毛囊，拔下來的才可能連接著毛囊。然而即使沒有毛囊，也還不至於全然無望。

埋屍地點或許還能找到一些頭髮，也可能找不到。兩種情況都有可能。頭髮本身沒有完整細胞，所以沒有細胞核DNA。毛囊有細胞核DNA，但骨骸上不會有毛囊。為什麼呢？因為毛囊是由製造頭髮的組織所組成，這些組織和身體其他部位一樣都會腐化。沒有毛囊細胞就無法進行標準的DNA檢測。所幸頭髮上通常可以取得粒線體DNA，可用於辨識凶手與遺體身分，以及血系的判定。讓我來做進一步的說明。

標準DNA檢測是利用細胞核DNA，可以從任何帶有細胞核的細胞中取得。只是細胞也同時包含非細胞核DNA，這類DNA存在於粒線體中。粒線體是位於細胞質中的微小胞器，它們是細胞的能量製造中心。粒線體中含有少量DNA，但每個細胞都有許多粒線體胞器。那麼，粒線體DNA為什麼重要？基於幾個原因。

粒線體DNA是由母系遺傳代代相傳，極少突變，且存於細胞核DNA不存在之處，非常頑強。

比方說，你的粒線體DNA原封不動地由你的母親遺傳而來，而且僅來自於母親。她的則是由她的母親身上遺傳而得，她的母親又從母親身上遺傳而來，以此類推。為什麼？受孕時，卵子提供卵細胞及半數DNA，而精子僅提供半數DNA。這意謂著發育中受精卵的所有細胞組成，包括粒線體在內，都由母親而來。隨著細胞分裂繁殖，這些粒線體不斷地被複製，代代相傳，亦即身體中所有的細胞都有相同的粒線體DNA。

粒線體DNA甚少突變。一般認為約六千五百年才歷經一次突變。也就是說，你的粒線體DNA跟你的母親、外婆和一千年前母系的祖先相同。因此，你的母系血系可追蹤至許多世代之前。

既然頭髮是由死亡的毛囊細胞所組成，已無細胞核，因此僅有粒線體DNA，沒有細胞核DNA。若有疑似死者的後代，透過粒線體DNA又證明兩者確實有母系血系的關係，這對於辨識該骨骸的身分可能很有幫助。

如果紀念頭髮中的粒線體DNA與自埋屍處發現的頭髮粒線體DNA吻合，就代表骨骸為頭髮的主人，或與頭髮所有者有母系的親戚關係。在多數情況下，就此便足以辨識出身分了。

157

雙胞胎是否擁有相同的DNA圖譜？

問——在我的故事中，人們不知道某對雙胞胎其中一人的存在。在一樁強暴與謀殺事件發生後，犯嫌遭到拘捕。假設凶手其實是犯嫌的孿生兄弟，兩人的DNA會有所不同嗎？

保羅．布區（Paul Boucher）
澳洲伯斯（Perth）

答——這得視他們是同卵或異卵雙生而定。

受精時，一個精子與一個卵子結合成受精卵，再藉由重複細胞分裂的過程而逐漸成長，直到形成胚胎。而胚胎又繼續長成胎兒，最終成為嬰孩。

如果兩個精子與兩個卵子結合，就會產生雙胞胎。精子A與卵子A的結合會製造出A孩子，而精子B與卵子B則形成B孩子。他們就像在不同時間受孕的情形，是擁有自己獨特DNA圖譜的不同個體。他們之所有成為雙胞胎僅因同時共享母親的子宮。此為異卵雙生，兩人分別有自己獨特的DNA。

另一方面，若精子A與卵子A如常製A孩子，但在第一次細胞分裂時，分裂為兩個子細胞，那麼就會形成兩個胚胎。在這個過程中，沒有所謂的精子B與卵子B。兩個受精卵都有自精子A與卵子A得來的DNA，而後各自繼續分裂，長成胚胎。他們來自同樣的卵子和精子，所以DNA完全一致，稱為同卵雙生。

以你的情節來說，如果兩人為異卵雙胞胎，DNA不會吻合。若為同卵雙胞胎，兩人的DNA圖譜則相同。然而即使是同卵雙胞胎，指紋並不相同。我不知道為什麼，但事實就是如此。

158

運用DNA分析判定性侵需要多久時間？

問——若一名女性身中多刀死亡，而屍體在死後數小時被發現，大概需要多久時間才能判定她曾遭受性侵？此外，分析精子的DNA需費時多久？

葛藍．伊克勒（Glenn Ickler）
麻薩諸塞州霍普代爾（Hopedale）
著有《營地驚魂》（*Camping on Deadly Grounds*）、《上台恐懼症》（*Stage Fright*）

答——首先，性侵並非醫學名詞，因此負責驗屍的法醫無法宣稱性侵發生與否。性侵屬於法律名詞，僅能由法官或陪審團裁定。法醫所能判定的僅止於死者生前是否曾遭受蠻力傷害（forceful injury）、侵入（penetration）與性交（intercourse）的證據。如果他能夠提出這些證據，陪審團就能運用這些資訊來判定性交為合意或強迫性交。法醫能做的另一項重要判定是性交後的時間推估。藉此用來支持或駁斥當事人、目擊者與（或）犯嫌的聲明以及不在場證明。

性侵甚少關於性交，更多是暴力、控制或是羞辱。要成功以性侵起訴，必須同時發生三件事：實際侵入、使用蠻力與未經同意。侵入不必然是完全侵入，只要些微侵入便符合構成性侵的定義。蠻力可以是暴力、暴力威脅或脅迫，包含為達此一目的之用藥。性侵經常伴隨凶殺，可能是暴力行為的一環，也可能是事後防止被害人指認攻擊者。性侵也經常是連環殺手殺害被害人的一部分，尤其是性虐型的凶手。在這種情況下，多半是凶手為了滿足自己的幻想或污辱被害人的需求。

一旦遭性侵的被害人存活下來，案發後盡速接受完整檢查是很關鍵的一個環節。不幸的是，由於該犯行令人感到極度羞辱，被害人通常會等候數日、數月，甚至數年才舉發此事。有時，被害人在報警或赴醫院前會先淋浴或泡澡，這樣的行為表面上雖然看似怪異，但性侵並非只是臉上被打一拳這麼單純，通常被害人會備感羞恥，甚至有罪惡感，也想避免不適當卻感受真實的社會污名。過於嚴格的道德思維與法庭制度每每讓被害人感覺宛如接受審判，對於被害人的情緒感受更是強烈。

倖存的性侵被害人應由有經驗的醫生進行性侵檢查，可能的話，最好有一名執法人員在現場維護證據。檢查程序包括取得被害人的醫療史、進行完整體檢、依指示拍照並蒐集證據。當然，治療被害人嚴重甚或危及生命的傷勢，優先於蒐集證據。

醫生會檢查被害人全身，包含外陰，藉以蒐集瘀傷、擦傷或撕裂傷等創傷證據。他會詳細標註並拍照。值得留心的重點是，缺乏外傷或暴力跡象並不能否定或削弱性侵發生的可能。任何咬痕都必須拍照存證，並取唾液化驗，藉此可能取得凶手DNA。任何污漬都可能被採樣化驗，這可能是唾液或精液。根據被害人所描述遭受攻擊時所發生的情況，負責檢查的醫生會取得陰道、肛門與口腔採樣，以取得含有DNA的物質。醫生也會刮梳被害人恥毛，尋找外來的毛髮與纖維。最後，醫生會檢查被害人衣物上是否帶有污漬，立刻進行取樣並把衣物裝好，帶回刑事鑑識實驗室檢驗。事實上，所有蒐集而來的證據都將提交執法單位，然後交由刑事鑑識實驗室進行分析。

檢查完成後，被害人的傷勢也會獲得治療，醫生將給予預防懷孕及治療可能性病的藥物。在這種情況下，通常不採取靜觀其變的態度，而是盡速治療，防止這些可能性的發生。醫生也將進行愛滋病血液採樣，並且在接下來的數月重複檢查。心理諮商師通常會立即介入，協助被害人走出性侵的陰霾。

就你的情節來說，姦殺案同樣會進行多項檢查，只不過缺少被害人對事發過程的描述，且改由法醫進行檢驗。一如所有的凶殺案件，法醫若能在犯罪現場檢視屍體是最妥善的措施，只是基於現實考量有時無法做到這點。調查人員會負責運送屍體並保全證據。例如，用乾淨的紙袋將被害人的雙手包好，遺體則置於乾淨的屍袋或以運送用的乾淨屍布包裹。這是為了防止微量跡證的遺失，並減少屍體在運送途中沾染其他微量物質。

到了實驗室，法醫一開始會檢視身著衣物的被害人。他會尋找微量跡證與污漬，並試著比對衣物的破損與被害人的傷勢。接著移除被害人的衣物，把衣物送到刑事鑑識實驗室進一步檢測後，注意力便轉向屍體本身。

法醫會尋找屍體上的外來毛髮、纖維或其他微量跡證，再檢查污漬並取樣。然後，他會移除被害人手上的保護袋，仔細檢查被害人雙手，剪下指甲，同時刮下指甲裡的碎屑。被害人的手往往緊抓著攻擊者的毛髮、血液或皮膚組織，這些物證也可能藏在被害人的指甲裡。所有的傷勢，包含陰部，都會受到詳細檢查並拍攝。接著法醫會仔細尋找侵入的證據，並進行陰道、肛門與口腔採樣。

即使沒有明顯外傷，法醫也會試圖尋找曾發生性交的證據。法醫會檢查被害人所殘留的體液中是否有精液。這項檢查將同時以化學和顯微鏡進行檢測。與此同時，法醫也會就精液中大量的酸性磷酸酶（acid phosphatase, ACP）與精液中的醣蛋白P30進行檢測。酸性磷酸酶可在性交後留存長達七十二小時，問題是被害人若在遭受攻擊前兩三天曾發生合意性交，即無法判定高濃度的酸性磷酸酶是該次合意性交或性侵所殘留。

法醫也會尋找是否有殘存精子。在倖存下來的被害人體內，有活動力的精子最多可在性交後存活十二小時，極少情況下可達二十四小時，無活動力的精子則可存留在陰道中長達二至三日。隨著精子活動力逐漸衰微，一開始尾部會先掉落，僅留下頭部，而精子的頭部在性交後七天仍可能殘留於被害人體內。這意謂著萬一被害人表示三日前曾進行合意性交，那麼找到無活動力的精子或精子頭部對案情並沒有太大幫助，但任何有活動力的精子都不可能是那次性交存留下來的，所以一定跟性侵案有關。

精子在活人體內存活的時間比在死者體內短，原因是陰道會製造特定可摧毀精子的化學物質。反之，精子僅能透過屍體腐化而毀壞，過程可能要好幾天，有時甚至長達兩週仍可在屍體上尋獲。

即使未找到精子，也不能排除性交的可能。攻擊者可能使用保險套、做過結紮手術、無法射精或是無精症患者。無精症是無法製造精子的一種病症。

檢驗是否曾遭受性侵所需的時間依照驗屍速度而定。若情況緊急，可在屍體尋獲當天即完成。一般則是在二十四至四十八小時內完成，但仍受限於轄區、法醫的工作量、預算與可進行該項工作的病理學家人數及其他因素而定。驗屍時，法醫或許能判定是否有外傷或侵入，接著以顯微鏡檢查陰道採樣確認精子的存在，並判定是否曾發生射精之性交。

DNA分析可於二十四小時內完成，法醫可能先提供警方初步的口頭報告以協助釐清案情。不過，正式報告可能需要幾週或至少幾天才能完成。這是因為過於倉促的檢驗報告可能危及法醫的信譽，因此需要在提出最終報告前再次檢查，避免此階段的錯誤誤導全案偵察。法醫會把樣本送往一個以上的DNA檢測實驗室，並等候其個別判定結果。如果其中兩、三間實驗室檢驗結果都相同，他才能自信地呈交最終報告。

159

在毆打致死的案件中，驗屍官可以分辨哪些是拳頭以及哪些是棍棒所造成的傷害嗎？

問——驗屍官正在檢查一具屍體，攻擊者可能是一名拳擊手。根據傷勢，他會注意到被害人是被拳頭與某柄狀物擊斃的，或者僅認為是拳頭造成的？不知年代是否會影響判斷，這起事件發生在一九四八年。

瓦倫・布爾（Warren Bull）
著有《捍衛林肯》（*Abraham Lincoln for the Defense*）
www.warrenbull.com

答——或許可以。驗屍官在檢查屍體與死者傷勢的過程中，可能會看到呈細長狀的瘀傷，看起來就像是棍棒所致。倘若有疑似凶器，他或許可藉此比對形狀與死者身上的部分瘀傷是否吻合。若該柄狀物帶有些許紋路，也可能反應在瘀傷上，這項細節將是非常強而有力的證據。

如果該柄狀物為木製或有上漆，或兩者皆是，他可能會發現碎片或油漆斑塊，不僅與凶器的木質或油漆吻合，甚至與凶器上的剝落處一致，有如拼圖一般。這種情況非常明確，同樣能做為有力證據。例如，如果法醫在被害人皮膚或頭皮上找到的油漆斑塊，與犯嫌凶器上所剝落的正好吻合，便能使其百口莫辯。兩個不同來源的碎片彼此相符的機率能有多高？幾乎不可能。在這種狀況下，便足以證明凶器確實是被害人身上尋獲的油漆斑塊的主要來源。而他需要進行這項比對的唯一特殊工具是放大鏡或顯微鏡。

160

若一名懷孕婦女遇害後被扔進湖中，胎兒會出現什麼變化？

問——我的小說提到一名懷孕婦女不幸遇害。我想知道，當那名母親遭到殺害、丟進湖中，她肚子裡已三十三週的胎兒會發生什麼事？她的屍體約於三個月後被沖上岸。胎兒會跟著一起腐化，或相對受到較好的保護？

答——兩者都有可能，但胎兒可能相對受到保護。至於會發生什麼事和發生這些事的速度取決於水溫、是否遭水中生物噬咬，以及屍體是否因水流、船隻與其他物體而受損。

屍體被扔進水中一開始會下沉。隨著腐化過程的發生，腐化細菌會產生氣體，並在體內腔室與組織中逐漸累積。當氣體累積到一定程度時，屍體便浮出水面，成為所謂的「浮屍」。屍體浮起的時間視氣體累積的速度快慢而定，而氣體累積速度的快慢則視細菌的活躍程度而定。細菌在溫暖的環境易於滋長，寒冷則會抑制生長速度。所以，屍體被丟進路易斯安那州的沼澤中可能一兩天就會浮起，而丟棄在明尼蘇達州的湖泊，可能好幾個月都不見蹤影。

這是發生在母體的情況，那麼胎兒又是如何呢？胎兒只要在子宮裡，就會受到相對較好的保護。隨著母體腐化，氣體逐漸在其腹部累積，當這個過程持續發展，腹部壓力升高、鼓起，胎兒可能自產道被推出母親體外。這就是所謂的「死後生產」。

著名的萊西・彼德森（Laci Peterson）凶殺案就是這種情形。懷孕的萊西遭丈夫史考特殺害後，屍體被丟入舊金山灣。將近四個月後，萊西和她未出世的兒子柯納的屍體被沖上岸邊。她的屍體嚴重受損，胎兒則相對完好。這表示著直到屍體被尋獲前不久，胎兒一直留在母親體內。由於寒冷的水域減緩了腐化的速度，以致耗時三到四個月，母體內的氣體才累積至足以讓屍體浮起，並發生死後生產的狀況。

所以，故事情節的發展取決於水溫。如果夠溫暖的話，整個過程僅需幾天至幾週，胎兒的腐敗情形也較嚴重。若在較寒冷的水域，過程可能長達數月，胎兒屍體則相對完整。

161

驗屍能否發現死者曾接受過大型顏面重建術？

問——我筆下的法醫正在檢查一具遭鯊魚攻擊、慘不忍睹的男性屍首。他得知被害人其實是名逃犯，曾接受大型重建手術來改變容貌。法醫驗屍時能否針對這一點加以判定？刑事素描師（forensic artist）能否「拆卸」其改變，並描繪他在整容前的樣貌？

答——好問題。

整容手術會留下極小的疤痕，但即便細微，總是有疤痕存在。法醫如果檢查得夠仔細的話，就會找到。而這些傷疤的位置，通常在眼睛、太陽穴、耳朵附近，拉皮的話則在額頭，隆鼻在鼻側皺折與鼻內。如果鼻子的骨頭與軟骨曾受到敲擊與鑿刻，法醫會看到相關的疤痕證據。骨頭的傷疤稱為骨痂（callus）。如果臉頰或下巴曾以植入物或人工骨墊高，那麼應該很明顯。既然整容通常都會運用這些技術，法醫在判斷被害人是否曾接受過重建手術時，應該不會有太大問題。

至於刑事素描師能否讓時光倒流，重建被害人原本的樣貌，我只能說這些素描師都是高手。不論是透過繪畫或是3D模型，他們無一不盡其所能的猜測。根據犯嫌動過的臉部五官與大致的頭型、臉型與下顎，素描師可以「重現」相貌雖不盡相同，卻也非常接近的畫像。

162

遭扼死的案件能否偽裝成跳樓自殺？

問——我筆下的被害人遭到勒死或悶死，而後屍體被放在高樓下偽裝成是她自己跳樓身亡。何種傷痕、瘀傷或線索會透露出真相？被害人死後多久會出現這些傷痕？

羅絲瑪麗・羅德（Rosemary Lord）
加州洛杉磯
著有《好萊塢今昔》（*Hollywood Then and Now*）、《洛杉磯今昔》（*Los Angeles Then and Now*）

答——勒殺或悶死事件會透露出一些跡象，這些線索足以讓法醫判斷實際發生了什麼事。然而，這些跡象也可能不存在，以致法醫無法斷言。

悶死是以外力阻止空氣進入鼻子或嘴巴。這與窒息不同，窒息是口內或喉嚨有異物「阻塞」。悶死通常是以枕頭、寢具、塑膠袋或凶手以手輔助。當工具為枕頭或塑膠袋時，被害人身上通常不會留下痕跡，除非用力掙扎。在被害人試圖掙扎，而凶手企圖控制被害人的情況之下，被害人臉上通常會留下擦傷或瘀傷。若不見外部瘀傷，且屍體尋獲前枕頭或袋子已被拿開，那麼法醫可能無從判定死因，因為悶死本身極少留下任何生理證據。

如果凶手以勒殺做為行凶手段，一般會使用索狀物或雙手。以手為手段的話，稱為徒手勒頸（manual strangulation）；以繩索電線或其他彈性材料為凶器，稱為繩索勒頸（ligature strangulation）。上吊基本上是以體重致使索狀物（通常是繩子）縮緊的勒殺形式。徒手勒頸或繩索勒頸原則上屬於他殺，而上吊主要為自殺。

所有的勒殺案件死因皆為大腦缺氧，亦即腦部氧氣含量不足。這是因為勒殺阻擋氣管，致使被害人無法呼吸，加上阻塞頸動脈，導致血液無法流至大腦。這兩者中，又以頸動脈阻塞為失去意識與死亡的主因。頸動脈經由頸部自主動脈通往腦部，且為血液供應至腦部的主要來源。

雖然並非通則，但所有形式的勒殺經常導致結膜（眼球周邊粉紅色部分）與鞏膜（白色部分）出現點狀出血（petechial hemorrhages）。點狀出血是指血液滲進結膜與鞏膜所造成的小紅點或血絲。勒殺使頸部靜脈壓力急遽升高，此壓力傳送至眼球的血管，因而造成滲血並發生點狀出血。

被害人頸部的痕跡通常合併出現挫傷（瘀傷）與擦傷（刮傷）。攻擊者扼死被害人時，手指的壓力可能留下指狀瘀傷。擦傷可能是攻擊者的指甲所致。攻擊者用手指緊握被害人的頸部時，指甲可能因此深入或刮傷被害人的皮肉。

在徒手勒頸的情況下，被害人的臉部常見充血，並可發現眼部點狀出血的情形。多數攻擊者都用了比必要更多的蠻力，所以也可能造成頸部肌肉受傷，法醫經常在驗屍時發現這部位的肌肉出血。喉頭處的甲狀軟骨（thyroid cartilage）上角骨折與舌骨骨折在扼殺攻擊中都是常態。

繩索勒頸是以限制的套環在頸部縮緊，使用工具通常是繩索、金屬絲、電線，以及領帶、腰帶、長襪等衣物。如果該物品材質柔軟，如毛巾或床單，被害人頸部不會留下可見痕跡，因為它所造成的瘀傷可能很廣且分散，不易察覺。事實上，倘使被害人遭到勒殺，而做為犯案工具的軟質索狀物被帶離現場，法醫較難判斷確切死因。反觀若是細長形的索狀物如電線，被害人頸部則會留下一道深深的溝槽或勒痕。有時，瘀傷會透露出所用索狀物的紋路，繩索的編織或鏈條的扣環更是清楚可見。

繩索勒頸跟徒手勒頸的情況類似，被害人的臉部通常會充血，連帶鞏膜與結膜點狀出血。不同的是，頸部肌肉出血與甲狀軟骨、舌骨骨折較不常見。

一旦法醫發現勒殺或悶死的跡象，他會判定這就是死因。萬一未發現這些跡象（枕頭與塑膠袋悶死是不留痕跡的最佳選擇），他可能無法就此斷言。

你安排的情節問題在於，屍體被放置在地上，而且身上並沒有跌落的相關傷勢，所以法醫不會推論死因為墜樓。如果沒有外傷，可能是被害人於尋獲處遭到殺害，或屍體被棄置在此。跌落或墜樓致死會造成腦部、內臟與骨骼損傷，且依高度的不同，跌落所造成傷勢會有輕重差異，例如骨折與內臟器官破裂。如果沒有這類傷勢，法醫不會推論被害人是跌落致死。

所以，你筆下的壞蛋應該把屍體自高樓拋下，才會出現這些傷勢。即便如此，還是有時間點的問題。在被害人被悶死，隨即被推落大樓的情況下，受傷處會有出血的現象。例如股骨(大腿骨)骨折,骨折處出血。要是被害人沒有遭勒殺的跡象,而骨折處出血、脾臟與腎臟破裂,法醫可能歸結死因為墜樓。至於是意外、自殺或他殺,則留待警方判斷。

但若勒殺與墜樓間超過三至四分鐘,就不會有出血現象。為什麼?因為死人不會流血。人一旦死亡,心臟旋即停止跳動,血液停止循環,並且在短短數分鐘內形成血凝塊。因此當法醫發現骨折與內臟破裂卻未出血時,他就知道這些傷勢是在被害人死後發生。既然死人不會流血也不會跳樓,他會推論這是一樁謀殺案。

163

驗屍官能否區分出遭受攻擊的瘀傷與跌落導致的瘀傷之間的不同?

問——故事中,被害人被痛毆後跌落至多礁石的海岸懸崖。他的屍體在十二小時內被沖上岸邊。法醫能否區分這些瘀傷與擦傷是由礁石所致或是凶手所為?此外,如果被害人所遭受的攻擊力道很強,攻擊者的戒指痕跡有可能留在他的臉上嗎?或者掉進海裡會毀掉任何跡證?

琳恩・塔克(Lyn Tucker)
加州卡爾斯巴德(Carlsbad)

答——從你提出的問題來看,我先假設被害人遭到痛毆,且墜崖時仍有生命跡象。若是如此，在多數情況下，法醫無從區分遭到毆打與落崖時所造成的瘀傷與擦傷。不過，有幾種例外或許可運用在你的故事裡。

如果被害人身上有刀子、冰椎或其他尖銳物品所造成的傷口，使得傷口具有區別性，那麼法醫會推論那不可能是掉落在岩石或樹枝等物體上所造成的。若找到疑似凶器，他便可測量並比較傷口深度、寬度與深度，再判定該凶器與傷口是否吻合。

拳頭、棍棒或跌落等鈍器傷，如果是在被害人死亡前發生，或在死亡後一兩分鐘內發生，則可能造成瘀傷。死後受傷不會形成瘀傷。所以只要被害人被丟下懸崖或跌落時還活著，他的傷勢可能合併遭到毆打及墜崖所受的傷害。

有時瘀傷可以反映出造成傷害的物品。當被害人被毆打時處於被挾持或限制行動的狀態，他的手臂上可能會出現瘀傷，而這些瘀傷可能反映出攻擊者的手指痕跡。如果他是遭到繩索或其他東西綑綁，皮膚上可能留有可清楚辨識的綑綁物寬度，甚至是繩索編織紋路的瘀傷。萬一他是遭到鐵鍊或木板毆打，瘀傷則反映出鐵鍊的鏈結或木板平行的邊緣。因此，當凶手戴了一款式特殊的戒指，上頭還有大標誌、設計或姓氏的縮寫字母，那麼瘀傷有可能呈現出這些圖樣紋路。

既然瘀傷是微血管破裂所造成的皮下出血現象，水對它們就沒什麼影響，直到腐敗作用開始，瘀傷組織才會遭到破壞。在寒冷的水中，腐敗過程可能歷時兩三週以上，所以不會影響你的情節安排。

164

屍體在寒冷的山上兩個月後會變成什麼樣子？

問——有具屍體在新罕布夏州北部的白山山脈冰凍線以上兩個月（四月和五月）後被人尋獲。那座山脈在四月時仍是結冰狀態，五月則冰融交替。我想這會延緩屍體一般的腐敗速度。我想知道，屍體在沒有防護的情況下是否會留下任何組織，還是僅剩骨骸？屍體會發出臭味嗎？

答——依照你的故事情節，在四月零度以下的穩定氣候中，可防止屍體嚴重腐化。只是隨著五月天氣週期性的回暖，屍體可能開始解凍，造成腐敗細菌滋長。這是一個緩慢的過程，因為氣溫並不會達到一般所認為的溫暖程度。也就是說，腐敗過程相當緩慢，甚至在四週後，屍體還不至於嚴重腐爛。所以，沒錯，那具屍體仍留有大量組織，即便不是全部，大部分的內臟器官也會保持完整。法醫接著可提取ＤＮＡ、齒型，甚至指紋進行分析。

另一點值得注意的是，屍體將由外而內腐化。在一般情況下，屍體會由內而外開始腐化，因為造成腐敗的細菌主要來自腸道，而非外部環境。然而，結凍的屍體會從表面開始解凍，此時內部仍為冰凍狀態。每天當溫度高於結凍溫度時，表面組織的頭一吋左右會開始解凍，此時細菌生長的速度雖然緩慢，不過腐敗程序也就此展開。到了晚上，屍體外層將再次結凍。隔天解凍時，細菌會繼續活動，屍體又多腐化了一點。這個過程每天都會重複進行。然而由於屍體內臟並未解凍，因此腸道內的細菌沒有機會作亂。因此，這具屍體將由外至內腐化。腐化的速度快慢取決於諸多因素，而最關鍵的一點在於白天氣溫多高，以及這樣的溫度維持多久。

法醫試圖解答的問題之一是：死亡的時間點為何？是兩週前，還是兩個月前？這對於找出犯嫌以及取得裁定相當關鍵。法醫可能諮詢刑事氣象學家，後者會審視天氣圖並試著判斷屍體周遭環境的溫度變化模式，或許有助於判定屍體在那裡已經多久才腐化至目前的程度。此為粗略的推測，雖然是不精確的科學，但法醫會竭力所能把時間範圍縮小至最接近答案的一週左右，希望有助於釐清案情。

既然腐敗過程在某種程度上會持續進行，屍體周圍會散發腐爛氣味。氣味相當微弱，需要很靠近屍體才會聞到。

165

法醫能否根據被害者肺部的積水判定溺斃處？

問——若遭溺斃的被害人肺部裡有空氣，屍體會朝上浮起嗎？如果不會，哪些因素將決定屍體的姿勢？法醫能夠多準確判定水的來源？我的意思是，法醫能判定被害人是在浴缸中溺斃而非溪流，甚至是溪流與湖泊的不同嗎？

傑克．查爾芬（Jack Chalfin）
麻州丹尼斯（Dennis）
著有《飛蛾回憶錄》（*Memoirs of a Moth*）

答——肺部裡的空氣跟屍體朝上或朝下漂浮無關。事實上，屍體都會先下沉，並且只有在數日、數週或數月後（取決於水溫）屍體開始腐敗，體內與組織充滿氣體後才會浮起。屍體會以任何姿勢漂浮，雖然面朝下的情形較為常見。

一般來說，法醫會檢測溺斃者肺部與胃部積水（溺斃者在掙扎求生時通常會吞下大量的水），並藉此判斷水的類型，偶爾可確認出地點。雖然不見得是百分之百的情形，但法醫通常可區分出鹹水、淡水和泳池水的不同。

溺斃者往往會連同水將一些碎屑、植物和生物吸入，由此或可定位出溺斃地點。例如，在淡水溺斃的死者肺部若有僅生長於特定池塘或湖泊的葉片、種子或花粉，便足以判定溺水事件在該池塘或湖泊發生。同樣地，某些僅出現在特定水域的小生物也有助於法醫進行判定。泳池水可能含氯，洗澡水殘留了肥皂或油脂，這些有時都能被辨識出來。電影《唐人街》（*Chinatown*）裡就有判別淡水與鹹水溺斃的情節，可以見識到極精湛完美的演技。

166

法醫能否判定被害人是溺斃於雞尾酒缸，而非湖泊？

問——我在故事中安排一名年輕女性死於溺斃。她的車子在湖岸被尋獲。實際上，她是遭凶手將頭強壓入雞尾酒缸中溺斃。如果那是摻有烈酒的雞尾酒，她的肺部是否會殘留糖和酒精？法醫有辦法釐清此事嗎？

艾瑞卡・普林茲（Erica Printz）
加州凡耐斯（Van Nuys）

答——或許可以，或許不行。兩種情況都有可能。法醫多半能在她的肺部與胃中找到有色液體，並進行分析。若是在支氣管（呼吸道）與肺部找到該液體，他會推論死者是在此液體中溺斃，而非湖泊。此外，在多數開放水域的溺斃事件中，死者的肺部通常可見微小植物、生物及雜質。被害人吸入水時，也同時吸入水中的這些物體，因此常可找到葉片、昆蟲及各類微小生物。這些外來物通常不會出現在雞尾酒缸裡。另一種情形是，被害人掉入湖泊前已經死亡，也就不會吸入任何挾帶昆蟲與雜質的水，肺中也不會找到這類外來物。

假如法醫發現她的肺部裡有含糖與酒精的有色積液，而非水與雜質，他可能推論被害人是在雞尾酒缸中溺斃，然後才被扔進湖中。或者他可能什麼都找不到，無從判定被害人的溺斃處。這兩種情況在你的故事中都是合理的。

167

若死者頭部遭重擊而死，能否射擊傷口加以掩飾，讓整起事件看似自殺？

問——這是我想像中的情節：兩個人陷入爭吵。其中一人在盛怒之下推了另一個人一把，導致他跌倒後頭部撞到玻璃桌角死亡。而推他的人慌了手腳，決定讓這件事看來像是自殺，好掩飾自己的罪行。他把手槍塞進被害人手中，並緊挨著頭部開槍。這麼做可以掩蓋原先頭部的傷勢嗎？

羅貝塔．伊絲萊（Roberta Isleib）
「意見欄」（*Advice Column*）神祕系列作者
www.robertaisleib.com

答——有可能。他把槍對準傷口射擊的話，穿入傷可能較小，法醫仍會看見其他外傷。挫傷（瘀傷）的區域中間將形成一個小而圓的穿入傷口。更有利於凶手的方式是從頭部的另一側射擊，讓子彈從受傷區域穿出，因為穿出傷口一般比穿入傷口大且參差不齊，或可遮掩下方的挫傷。不過，也可能遮掩不了，端看你如何安排。

當然了，槍口與穿入點的位置和距離必須短到被害人能以該姿勢開槍自戕才成立。比方說，如果法醫確定穿入傷口接觸或幾近右太陽穴，而被害人是右撇子（人們幾乎都以慣用手開槍自盡），他可能會認為被害人是自殺。但如果傷口位置過高，而且是從後方超過二至三呎的距離射擊，他可以推論不可能是被害人自身所為。他也會檢查被害人的手部是否有射擊殘跡，若未能發現，或許就會對被害人是否開槍起疑。此外，地板、牆壁與周遭物品的血跡噴濺模式必須與被害人的開槍姿勢相符，否則法醫可能懷疑屍體曾在事後遭人移動過。

你筆下的凶手必須把這些因素全盤納入考量。

只要他移動過屍體，就必須清理真正的犯罪現場，確認並未在地板或家具上留下血滴。否則，這種形式的證據可能讓他自尋死路。事實上，這種可能性很高，因為一般人很難偽造犯罪現場並成功矇騙調查人員。犯罪者總是會忽略掉一些小細節。

168

驗屍官能否區別上吊者是自殺，還是他殺？

問——如果某人被發現以皮帶上吊身亡，驗屍官能否區辨死者是自殺，還是他殺？

答——法醫在這種情況下所遇到的問題不是死亡原因（cause of death）與死亡機轉（mechanism of death），而是方式（manner of death）。容我解釋一下。

死亡原因是導致死亡的疾病或傷勢，在此案例中為上吊。死亡機轉則是死因造成且實際導致死亡的生理反常。在此案例中不是窒息（缺氧而死），就是頸椎骨折與脊髓損傷造成的脊髓休克。在上吊事件中，被害人可能因其中一種或兩種機轉死亡。

當落下距離夠高，皮帶也足以支撐時，頸椎將因此骨折並損傷脊髓。這會導致位於脊髓上方的呼吸中樞關閉，連帶使身體所有血管放鬆、血壓降至極低（脊髓休克），然後死亡。

即使落下時並未造成頸部骨折，皮帶也會成為吊環把被害人給勒死。這裡的死因是窒息，過程極為緩慢且痛苦。

接下來要討論的是死亡方式，也就是你提出的問題。死亡方式可分為四種：自然、意外、自殺與他殺。此案例可排除自然死亡，因為上吊並不屬於此類。

倘若法醫認為整起事件肇因於「自慰性窒息」(autoerotic ritual) 的行為失控，或發生其他意外，就可能判定為意外死亡。基於某些原因，近乎上吊所造成的窒息感對某些人來說可使性亢奮更加強烈。這可能發生在單人的自慰行為或雙人性遊戲的情況。

至於自殺與他殺兩者的區別在於，是誰把索狀物套在被害人的脖子上：被害人本人或另有其人？這可能很難判斷。不論是自殺或是他殺，上吊都可能造成頸椎骨折並立即死亡，或者緩慢窒息而死，其死亡機轉取決於上吊的效度，而非造成此事的對象。

不慎上吊造成勒殺或窒息者通常會奮力掙扎求生，甚至企圖自殺者也會有相同反應，因為一旦套繩縮緊而被害人仍有意識時，他通常會後悔。上吊自殺看似容易，其實不然。他會試圖攀住繩索，把它從脖子上扯開，用力抓扯喉嚨，於是留下抓痕、撕裂傷，甚至一兩片指甲。結果並不怎麼賞心悅目。

但不管是誰把繩索套進被害人的脖子上，同樣的掙扎仍會發生。也就是說，這些發現對於區辨自殺或他殺並沒有幫助。在上吊死亡的事件中，透過驗屍所發現的索狀物造成的頸部瘀傷、結膜的點狀出血（紅色斑點）與窒息的肺部變化等，皆無從判斷被害人是自殺或他殺。

那麼，有沒有什麼特定發現有助於判定該事件為他殺？被害人血中的藥物含量致使他無法進行此行為，或被害人身上的其他傷勢使他自己無法這麼做，又或者被害人的雙手被反綁等，都可能暗示為他殺。值得一提的是：雙手綑綁不代表不是自殺。選擇這麼做的人多半是防止自己在最後一刻反悔。這裡重點在於，被害人能否自行以該繩結綑綁雙手？有些繩結可自行捆緊，有些則不行。法醫在判定時會把這一點納入考量。他甚至可能請刑事繩結專家一同研究。是的，真的有這類專家，這是一門很迷人的藝術。

依照你的情節，如果你希望法醫相信這是他殺，可以安排法醫在被害人身上發現他被限制行動的瘀傷（手臂瘀傷或頭部受擊的痕跡），或發現他血中含有高濃度的鎮靜劑，這代表他應該無法自行上吊。你也可以設計被害人雙手綑綁的方式是他無法自行完成的。

169

可以從槍傷的穿入傷口判斷出凶手使用滅音器嗎？

問——我有一個關於手槍傷口的問題。被害人被人從約莫一兩呎遠處開槍擊中後腦一杓。有可能確認凶手是否使用滅音器嗎？

答——如果你說的是傷口的特徵，答案是不太可能。如果你指的是評估彈頭或試射疑似凶器，那麼或許可以。我來解釋一下。

槍枝射擊時，火藥爆炸推送彈頭脫離彈殼飛出槍管，一些熱氣與微粒物質也同時自槍口噴出。這些氣體主要是一氧化碳、二氧化碳與一氧化氮，是槍枝底火的特定成分。其中最重要的是重金屬鉛、鋇、銻，可用於檢測槍擊殘留。微粒物質則為燃燒及未燃燒的火藥及煤煙。

不同物質噴出後的射程，與槍口的距離不等。熱氣可能只有幾吋，微粒物質可達一兩呎，當然了，彈頭可射出相當遠的距離。穿入傷口的特徵取決於實際接觸到皮膚的成分。法醫可以藉由這項資訊來判定槍枝擊發時，槍口與穿入點之間的距離。

穿入傷口的分析則視槍口與皮膚的距離而定。若距離兩呎以上，穿入傷口會是一個比彈頭還小的小洞，因為皮膚具有彈性。此時，穿入傷口周圍會出現一圈藍黑色的瘀傷（稱為擦傷環〔abrasion collar〕）和一些黑色的煙燻痕跡，這是皮膚擦淨彈頭通過槍管所附著的燃燒火藥顆粒、煤煙與油垢的結果。這類煙燻痕跡以溼布便能輕易拭去。

如果槍口離穿入傷口的距離在六吋與兩呎之間，皮膚上可能出現刺青痕或點畫的效果。其成因為自槍口射出的燃燒與未燃燒的火藥。這些細小微粒嵌在皮膚上並（或）造成皮膚傷口附近斑點狀的小出血（皮膚內的紅點）。由於微粒已嵌入皮膚中，這些痕跡無法抹除。微粒散開的寬度與點狀的分布隨槍口與穿入點距離增長而擴大。在十至十二吋的射擊距離所造成的刺青痕較為緊湊、密集，從十八至二十四吋處射擊則相對寬廣且發散。

而當槍口僅數吋之遙時，皮膚上的刺青痕會非常密集，且部分遭熱氣燒焦破壞。這種情況下，穿入傷附近的皮膚是燒灼狀，並伴隨被瞬間產生的高溫氣體熱氣燻黑的現象。此外，噴出氣體中的一氧化碳會與血紅素與肌紅素（分別存於血液與肌肉組織中的含鐵複合物）結合，形成一氧化碳血紅素（carboxyhemoglobin）與一氧化碳肌紅素（carboxy-myoglobin）。這些複合物顏色鮮紅，將使周圍組織也呈現這種顏色。因此極其近距離的槍擊會形成：一個洞、密集的刺青痕、燒灼的周邊區域，以及受傷組織的亮紅色。

接觸槍擊是指槍口緊貼著皮膚射擊。在這種情況下，高溫氣體和微粒直接嵌入皮膚中，形成更嚴重的燒焦。此外，快速擴散的氣體會在皮膚上形成星狀扯裂傷。由於這些氣體無法擴張槍枝的金屬槍管，也無法深入肌肉組織內，它們會以最小阻力的路徑往側邊各方向衝散，導致皮膚出現參差不齊的星狀裂口。當接觸傷口直接在骨頭上方如顱骨時尤其如此，這種接觸傷會以典型的星狀模式撕裂皮膚，嚴重燒灼皮膚，並使組織呈上述的鮮紅色。

槍管延長如加裝滅音器等，可能會影響這些傷勢，但影響程度不可預期。假設槍口離被害人皮膚僅數吋之遙，不管槍口是槍管尾端或滅音器尾端，傷口或許所差無幾。除非滅音器很長，那麼皮膚燒焦的狀況可能較輕微，因為氣體在抵達皮膚前有較多時間冷卻。然而，仍無可靠的跡象能斷定凶手是否使用滅音器。不過，有幾種例外。

若滅音器裝有一些隔音材料，那麼碎片與纖維將隨氣體射出，嵌入被害人的皮膚裡。而鋼絲絨、塑膠奶瓶、毛巾、枕頭等各種材料也可以做為滅音器使用。如果法醫發現傷口中有任何這些材料的碎片，可能代表凶手使用了滅音器。

此外，從被害人身上取出的彈頭也可能有助於判定凶手是否使用滅音器。不過，鑑識人員需要有可疑的槍枝和滅音器進行比對。我稍微解釋一下。當彈道鑑識人員比對犯罪現場的彈頭與試射彈頭時，他的判斷依據是槍管內的膛線在彈頭側邊刻劃出的凹槽和紋路。一旦比對吻合，便可斷言兩個彈頭來自同一把槍。如果不吻合，就表示彈頭來自不同槍枝，且可疑槍枝並非凶器。

若滅音器增加了犯罪現場彈頭上的紋路，而鑑識人員試射裝有滅音器的疑似凶器，他或許能成功比對兩個彈頭並推論這把有滅音器的槍射發了致命的彈頭。要是他只握有它們其中之一（槍枝或滅音器，而非兩者），任何測射都不可能產生吻合的結果。

所以比對彈頭紋路與槍枝和滅音器，或尋找傷口中來自滅音器的異物，都可能引導法醫推論凶手確實曾使用了滅音器。

170

若近期曾接受輸血，是否會干擾DNA分析？

問——如果某人最近曾接受輸血（在慘遭殺害的前幾天），血液會顯示出兩種不同的DNA嗎？我知道最終受血者的身體會接收所有的輸血，但過渡期間會出現什麼結果呢？

黛比・布奇倫（Debbie Bouchillon）
佛州巴托（Bartow）

答——DNA檢測是針對細胞核中發現的DNA進行測試。身體的多數細胞都有細胞核，但血液中的紅血球並沒有。因此它們沒有DNA。當我們用血液來進行DNA取樣時，實際上是使用白血球做DNA鑑定。

如果某人曾接受輸血，有可能在數週內，其血液樣本的DNA圖譜會出現混淆的情形。一次輸血量達數品脫更是如此。當然了，血液可能來自不同的捐贈者，所以病患體內會有來自好幾個人的白血球，而有數種不同類型的細胞核DNA。

萬一輸血造成干擾情形，導致DNA圖譜混亂（這是可能發生的），可再從別處採樣檢驗，如口腔黏膜。輸血不會影響這些細胞。此過程稱為口腔黏膜測試（buccal swab），只是輕刮臉頰內側的簡單步驟。

所以，是的，輸血可能導致DNA檢測混亂，不過我們還有其他取樣方法。

171

法醫驗屍時，能否看出死者過去做過何種外科手術？

問——法醫驗屍時，能否判定死者經歷過何種手術？手術理當會造成外部疤痕，但有什麼體內疤痕足以證明？

答——多半可以。外科手術大部分是進行割除（闌尾、膽囊與許多腫瘤切除術）或修復（冠狀動脈繞道手術、疝氣修補手術）。在多數情況下，法醫可辨識出死者接受過何種割除或修復手術，但不見得每次都能判定，有時情況沒那麼簡單。而且或許你已經猜到了，原則上確認曾割除何種器官，會比判斷接受過何種修復手術容易。

如果死者不久前才接受手術，例如二至四個月前，那麼很容易看出哪個部分經過修補。此時疤痕很新且易於辨識。相反的，超過十年的手術可能就有難度。疤痕會隨著時間變淡且縮小，最後幾乎看不出來。在多數情況下，約需時數年傷疤才會完全消失。

5 雜項，多半是稀奇古怪的問題
Odds and Ends, Mostly Odds

172

如果一個人被釘在十字架上，他的死因為何？

問——我正著手於一份歷史手稿，遇到了一個問題。某人被釘死在十字架上，其確切死因為何？

卡拉・芬妮（Carla Fanning）
加州格拉那達高地（Granada Hills）

答——死因會是低容積性休克（hypovolemic Shock）、心搏停止，以及肺部損害所造成的缺氧。我們先來看看休克。

「hypo」是低的意思，「volemia」為血管系統內液體的含量；休克則是血壓低至身體組織未能獲得充足的氧氣與養分。心搏停止是心臟停止跳動，或至少無法有效執行灌輸血功能使血液正常循環。

心血管系統為一封閉系統，代表血液的流動範圍都在心臟和血管內。系統內的壓力（血壓）取決於許多因素，其中最重要的是系統的盈滿程度。失血或過度出汗所造成的嚴重脫水，都會使系統容積降低，血壓亦然。另一個降低壓力的方式是擴充系統容積，血液量則保持不變。

汽車輪胎是很好的類比。氣體滲出，輪胎內的氣壓便隨之降低。若氣體的量保持不變，當輪胎的體積（容積）增加時，內部壓力也會跟著降低。所以降低任一密閉系統壓力的方法，不外是排除部分內容物，或是擴充該系統的體積。

身體血管具有很強的收縮與膨脹能力，可使血液分送至人體所需之處。當你站立時，腿部靜脈會收縮以防止地心引力將血液集中在腿部。一旦血液集中在腿部，腦部所得的血液量便隨之減少。血管無時無刻都在進行反射性的自動收縮。倘若這樣的反射作用失調，就會產生所謂的直立性或姿勢性暈眩。意即站立時，腿部靜脈未自動收縮，血液集中至腿部，導致腦部的血流量銳減，於是產生暈眩，甚至昏倒。立正站在大太陽底下的新兵經常發生這種情況。由於血管收縮機制疲乏失靈，促使大量血液流至腿部，隨後引發暈眩與意識喪失。但他們一碰到地面就會轉醒，因為引力又讓血液流回腦部的緣故。其實日曬所導致的脫水與低血容量更容易造成這種情形。在此情況下，封閉系統內的液體容量減少，容積相對增加（血管喪失收縮功能），這兩種作用的加乘遂造成血壓下降並導致昏厥。

釘死於十字架便是類似的狀況。被高掛在十字架上的被害人往往被置於烈日下曝曬。他會流汗直至引發低血容量症（hypovolemia）、血壓降低，然後昏厥。整個過程可能歷時數小時。只是被害人不若新兵，他無法倒下，而引力持續對他造成不利影響。血液一直往腿部集中，腦部與心臟的供血則不斷地降低，直到腦死與（或）心搏停止致死。為了讓被害人更快喪命，其體側通常也會被穿孔。此時，傷口的出血促使流汗所導致的低血容量症加劇，因此加速了死亡的發生。

另一個致死因素是肺部受到擠壓。隨著被害人因低血壓和疲勞而變得虛弱，他的肩膀會垂下，身體往前傾倒。這種姿勢會壓縮肺部，並持續造成擠壓，使得肺部無法持續有效地運作，血液中的含氧量逐漸降低。這將與上述所提到的休克共同促成被害人死亡。

這是一個緩慢而痛苦的過程。

173

人有可能躲進一具屍體中嗎？

問——我正在為手邊的恐怖故事思索一個詭異的點子。一名身材嬌小的女性需要在氣候嚴峻的環境中讓自己保暖。如果她想切開一具男性屍體爬進去，她需要挖掉什麼？她非常的嬌小，而死者是個大塊頭。我想知道，一個人的體溫在死後可維持多久？她能否躲在死屍中保暖四到五小時？這麼做行得通嗎？

蒂芬妮・崔普（Tiffany Tripp）
加州科斯塔梅沙（Costa Mesa）

答——這真是一個聰明又邪惡的點子。我愛極了。

那名女性的個頭愈嬌小，男性體型愈壯碩，這個方法成功的機率就愈大。但無論如何，她都必須把屍體內部整個清空才行。她可以從胸骨下緣至恥骨處把腹部打開。這麼做可以維持肋骨完整，使她的藏身處結構更穩固。如果把肋骨也一併去除（這是件很困難的事），屍體就會崩塌。

她需要清空屍體腹部，把膀胱、腎臟、腸胃、肝臟、胰臟和脾臟割除，接著移除橫隔膜，而後伸進胸腔挖除心臟、肺臟與食道。待這些步驟完成後，屍體內部便完全清空，她可以蜷曲身體躲進腔室中。

屍體每小時降溫華氏一．五度左右（約攝氏十七度），但在割除所有內臟器官後，會加速降溫的速度。不過，屍體至多降至與環境溫度相同。屍體若是在房間裡，會逐漸降至室溫。若暴露在寒冷的戶外，則會降至與周圍的空氣溫度一致。要是在休士頓八月的炎熱車庫中，屍體可能還會增溫。

假如她身處空曠且嚴寒的地區，挖空的屍體將有如小型冰穴般保護她。萬一受困在暴風雪中，這麼做還可能救她一命。冰穴可以保存身體熱氣，並防止熱氣逸散至空氣中，也能讓人不受寒風和低溫侵襲。挖空的屍體對那名年輕女性來說具有相同效果，她可輕易存活妳情節需要的四至五小時。

174

「被打到橫隔膜痙攣」是什麼意思？

問——當某人被打到橫膈膜痙攣會發生什麼事？我的短篇故事中有個人物上腹部遭到重擊，結果發生了橫膈膜痙攣。

答——胸口遭到重擊時，容易併發橫膈膜痙攣。胃部後方深處匯集了一些神經，稱為腹腔神經叢（solar plexus）。重擊此處可能導致肌肉內的電脈衝陷入混亂狀態，隨之引發橫膈膜痙攣（抽搐）。發生這種情形時，橫膈膜會呈現僵硬，導致被害人無法呼吸。數秒或一分鐘後，橫膈膜便會鬆弛下來，被害人得以恢復呼吸。這過程極其令人驚恐，更是痛苦，但不會致死。

175

一個裝有人頭的木箱在北海漂流，浸泡水中多久仍得以辨識？

問——我正在進行一本小說，故事背景設在西元九〇年的羅馬不列顛時期。你可以告訴我，一顆掉進北海的頭顱歷時多久才會腐化嗎？它隨著木箱被沖上岸邊，因而並未遭到魚類噬咬。我希望偵探能夠辨識出來，所以我想知道假設某人剛死，頭顱即被置於箱中，但僅航行兩三天就發生船難，那麼這顆頭顱在海裡多久仍得以辨識？

答——假如那顆頭顱在落水前已置於箱中兩到三天，那麼比起剛被斬下放入箱中隨即遇上沉船，前者腐敗的速度較快。人體組織的腐化是細菌所致。船上的環境相對溫暖，有助於細菌滋長、加速腐敗。北海的環境對細菌較為不利。除了寒冷會延緩腐化之外，海水的鹽分也成了抗菌劑。多數細菌在寒冷且含鹽的環境中無法生長。該木箱必然將灌入一些冰冷的海水，除非它完全密封，然而這一點在你設定的時空背景中不太可能做到。

所以，假如那顆頭顱在落海前已擺了幾天，在浸水前可能已有相當程度的腐化。在細菌造成了一些毀壞，有了「立足點」的情況下，將導致快速惡化。就像把肉放在外面一整天，再放回冰箱一樣。這會比一開始就冰在冰箱裡的肉腐壞得更快，但速度會慢於一直置於外面的肉。以你的情節來說，我建議不要讓時間超過一到兩週。

如果頭顱被斬下後不久隨即掉進冰冷的海水中，細菌根本毫無「立足點」，也就不容易發生腐敗。一旦浸入冷水中，腐敗過程將大為延緩，如同把肉直接放進冰箱一樣。在這種情況下，安排三到四週，甚或長達八週頭顱才被沖上岸也不會顯得不合理。

當然，在上述兩種情況下，臉部組織會腫脹變形，只是後者相對較不嚴重。如果被害人局部特徵明顯，如鷹勾鼻、大耳、眼距較寬或有疤痕，那麼就更容易辨識。

總之，頭顱被割下後愈快掉入冷水中，且愈快沖上岸被人尋獲愈好。

176

瀉藥要多久才能發揮藥效？

問——我的角色不想殺害被害人，只想讓他們很不舒服。他計畫將巧克力味的瀉劑（Ex-Lax）或類似產品加入烘焙食品中。我希望症狀在食用後一到兩小時內發生。這麼做可行嗎？除了最明顯的症狀外，還有什麼常見的副作用？

答——把電話號碼給我，我得跟你媽媽談一談。

瀉藥有許多類型，各以不同機制發揮作用。有些有潤滑作用（礦物油），有些增加膳食纖維與水分（美達施纖維粉〔Metamucil〕），有些把水帶到結腸並形成水便（檸檬酸鎂），有些則刺激結腸收縮（Ex-Lax）。這些藥劑都不會被身體吸收，整體而言對身體沒有毒性。也就是說，你不用擔心瀉劑會讓你筆下人物喪命。

所以，以你期望達成的目的來看，Ex-Lax應有不錯的效果。至於症狀發生的時間，取決於藥量、對方的體型和體重、他（她）一般的飲食狀況，以及其他因素。通常，被害人發現不對勁應該是在三十分鐘至兩小時左右。不久後，被害人就需要小跑（trot off）至最近的廁所，這也是「腹瀉」（the trots）一詞的由來。

藥效發揮的時間範圍很廣，你可以視需求編寫情節。只要設定在三十分鐘至兩小時之間發生作用即可。

177

一個人有可能死於想像出來的疾病嗎？

問——因想像或身心受辱而造成身體傷害的正確術語為何？好比某種氣體雖然無毒，當事人卻因為恐懼而起紅疹或氣喘。這些症狀能有多嚴重？有人真的會因為相信氣體有毒「窒息」而死嗎？

索尼．匹茲（Soni Pitts）
密蘇里州波普勒布拉夫（Poplar Bluff）

答——這類症狀一般稱為「心因性」（psychogenic），意即症狀由心理因素所造成。慮病症（hypochondriacal）則是指想像不存在的病症。

蕁麻疹（水泡狀皮疹）與類氣喘症狀確實可能起因於心理壓力，但對未受過訓練的觀察者而言，這些症狀感覺起來都比實際看起來嚴重。即便如此，是的，人們仍可能因極度的心理壓力與恐慌致死。這種類型的壓力會造成腎上腺大量分泌腎上腺素。大量分泌的腎上腺素可能引發致死性心律不整（心跳節奏改變）與冠狀動脈痙攣（緊縮變窄）而導致心肌梗塞或心臟病發作。若被害人原本就有潛在的冠狀動脈疾病（動脈硬化）時更是如此。

你筆下的被害人在驚慌失措下可能出現呼吸急促、心跳加快且沉重、胸痛、喘鳴、皮疹，接著便倒下死亡。

178

喪屍會留下殺人證據嗎？

問——假如凶手其實是一個死掉的女人，她可能留下什麼生理證據或鑑識證據？是的，這是一本超自然小說，所以我可以天馬行空，但我希望下筆時盡可能準確。喪屍的頭髮、皮膚、體液、指紋等，能讓探員辨識出屬於已故的某人嗎？

卡拉・傑布隆斯基（Carla Jablonski）
紐約州紐約市
著有《血濃於水》（*Thicker Than Water*）等書

答——既然你寫的是喪屍，那麼什麼都有可能，你想怎麼寫都行。科幻和恐怖類型的作品有幾個原則。當然了，頭髮和指紋跟它們還活著的時候一樣。頭髮本來就是死的（由死亡的細胞堆積而成），而指紋不過是指腹上集結的油脂和灰塵所留下的有紋路的污跡。不管某人是死是活，指紋都是相同的。

至於血液、體液與頭髮毛囊則取決於你筆下的喪屍是否有正常的組織與血液，以及它們是否流血。你可以視情節需要讓它們的血液與組織與常人無異，或者異於常人。若是後者的話，它們可能有奇形怪狀或異常的細胞，或血液中含有不尋常的蛋白質。

喪屍可留下一些仍帶有毛囊的頭髮或血液，分析結果可以是正常或是不正常的。你大可安排它們血液中的紅血球與白血球顯得特異，或許過大或過小，或呈不規則狀。那名探員可在血漿或組織中找到異常的蛋白質。喪屍的ＤＮＡ可以與常人極其不同，而發現這些異常之處足以讓探員意識到凶手跟我們並非同類。答案揭曉。

179

法醫能否判定死者是被大蟒蛇殺害的？

問——若某人以大蟒蛇做為謀殺手段，那麼被害人的確切死因為何？法醫有辦法判定嗎？

蓋伊．妥特．金曼
加州阿罕布拉
著有《城堡迷情》、《超級探員》
gaykinman.com

答——這種情況的死因為機械性窒息（mechanical asphyxia），這是外力施加在身體之上，導致胸腔無法擴張，因而無法呼吸。被困在重物如汽車、倒塌的牆壁或天花板下的被害人可能基於這種原因死亡。在暴動中遭擠壓或被人群踩踏都屬類似情況，試想英國足球迷的激烈行為就知道了。在這種情況下，外部壓力過大，被害人確實無法呼吸。

大蟒蛇便是以相同的方式致人於死。這種強壯的蛇類會以身體捆住獵物。每當獵物吐氣，牠就盤繞得更緊，使得獵物的呼吸逐次變淺，直至被困在僅能吐氣的姿勢，無法再多吸一口氣，迅速死亡。

法醫驗屍時會發現任何此種死法的跡象嗎？或許能，或許不能。被害人的結膜（眼球周圍的粉紅色部分）可能出現點狀出血。這是結膜細小的毛細血管因胸腔受到極大壓力而滲血所致。他也可能在被害人的手臂、胸部、背部與腹部發現瘀傷，甚至還有幾根肋骨骨折。他也可能什麼都沒發現，於是無法確認死因。

180

屍體在火星上會不會腐化？

問——我正在進行一部描述在火星上發現人類遺體的劇本。我對於屍體在這種二氧化碳含量極高，且沒有任何細菌的環境下的腐化情況很感興趣。屍體會變成乾屍嗎？或者類似於在歐洲的沼澤中尋獲的屍體？我猜想，腐敗的程度會很輕微，屍體也會保持完整。

答——好問題。顯然沒人能百分之百確定，因為這種情況從未發生，但從無人駕駛的火星任務所傳回的資料中可以推得眾多可能性。

一般說來，屍體會腐敗或變成乾屍。細菌容易在溫暖潮溼的環境中滋長並造成腐敗，而較寒冷乾燥的氣候則可能形成乾屍。極為乾燥炎熱的地區也可能形成乾屍，就跟放在烤箱裡的牛肉乾一樣。造成屍體腐敗的細菌主要來自腸道，而非環境，所以火星沒有細菌其實不構成問題。屍體本身就有大量細菌。

細菌是否滋長最重要的因素在於周遭的氣溫。火星氣溫的資料由兩艘海盜號登陸艇（Viking Landers）、拓荒者號（Pathfinder mission）及海盜號軌道船紅外線熱測量器（Viking Orbiter Infrared Thermal Mapper）所取得。由目前的資料所知，火星的大氣層很薄，溫度主要來自於太陽熱能，而非風力與其他氣候因素。在此情況下，火星的表面溫度變化與波動極大，平均溫度為攝氏負五十三度，最高溫可達攝氏二十度，低溫則達攝氏負一百二十九度。由海盜號軌道船所探測可知，極地氣溫甚至可低達攝氏負一百四十三度，而在陽光直射的區域，通常是接近赤道處，最高則來到攝氏二十七度。

你故事中的屍體大概會被冰凍且完整地保存下來，尤其是在靠近極地或不受陽光直射的低地。假如屍體位於開放區域，且每天有幾個時段都受到陽光直射，那麼至少表層的溫度可能達到細菌得以滋生的範圍，並造成某種程度的腐化。別忘了，即使在這種情況下，屍體多數時間仍維持冰凍狀態，尤其是內部。夜晚溫度可能會低於零度，而白天的日照時間可能僅幾小時。冰凍至攝氏負四十六至負七十三度的屍體要達內部解凍需耗時不只數小時（可能僅限於表層一吋左右，但不是內部）。這意謂著屍體表層可能有些腐化，但內部器官不受影響且將保存良好。

在地球上，屍體是由內而外開始腐化（細菌從內部滋長）。但在下雪且白天有直接日照的山區所發現的屍體，則可能出現由外往內的腐敗模式，屍體內部通常相對保存完好。火星上也可能發生同樣情形，除了夜晚的溫度會降至更低，以至於屍體內部永遠不會解凍之外，另一個因素是在這種情境下，造成表面腐化的細菌來自於環境，因為腸道與細菌總是處於冰凍狀態。火星上或許沒有細菌，所以即使受到陽光直接照射，屍體可能完全不會腐化。沒人知道。

基本上屍體可能會是冰凍狀態，且毫無腐敗跡象。屍體表層可能有解凍跡象（如果暴露在外），也可能沒有，但出現部分表層腐化的跡象是可能的。

既然火星上沒有濕氣，屍體會逐漸乾燥成為乾屍的機會極大。所以，這兩種設定都行得通。屍體可以被冰凍且保存下來，也可以脫水成為乾屍。也可能兩種情況同時出現。

181

法醫能否判定被害人是死於狼人口中？

問——我正在寫一本關於狼人的恐怖小說，目前我假定狼人的咬痕是一般野狼的兩倍大。被害人碰上一隻像狼的生物，準備把他生吞活剝。我想知道傷口外觀會是什麼樣子？牠可以一口咬斷骨頭，或者需要用啃的，然後慢慢吃掉？在這種情況下，法醫一般會假設是野狼或山貓幹的，或鎖定其他動物犯案？

約翰・T・伊頓（John T. Eaton）
田納西州納什維爾（Nashville）

答——狼人或真正的狼對於吞食肌肉、組織和內臟器官都毫無困難。真正的狼需要啃食骨頭，但狼人有超乎尋常的力量，可咬斷多數骨頭。也可能不行。這是虛構的故事，你想怎麼安排都行。

法醫會檢查傷口，並判定它們是穿刺傷與撕裂傷的組合，或許還會測量其深度、寬度與造成穿刺傷的凶器形狀。在本例中，穿刺傷會透露凶器是犬齒般圓而彎曲且尖銳的物品。此外，被害人的骨頭上可能留有咬痕。根據這一點，他可能推論攻擊者是狼或其他具大型尖牙的動物。山貓太小不列入考慮，但狼、熊與美洲獅都可能行凶。當然，狼人也是。

法醫不太可能認為是狼人所為。但他可以找到狼人身上的一些毛髮或血液，接著當他以顯微鏡觀察並分析其DNA時，他會察覺到這與已知的物種都不吻合。於是他開始傷腦筋了。那是什麼動物幹的？除非他真的找到狼人，並且比對被害人的傷口與狼人的牙齒，否則他無法就此斷言是何種生物所為。

182

什麼是穿刺癖？

問——有個連環殺手偏好以細膩的、性變態的方式切割他的被害人。我猜想這類型的偏異稱為穿刺癖。這是正確的術語嗎？

凱蒂．麥洛林（Katie McLaughlin）
加州聖塔馬利亞（Santa Maria）

答——穿刺癖（picarist）一詞源於拉丁語和西班牙語的動詞picar，意指「刺」或「穿孔」。形容詞pícaro和picarón都來自這個字根，意思是淘氣、邪惡、狡猾或頑皮。你所描述的性心理異常（psychosexual disorder）為性穿刺癖（piquerism），而進行這種行為者稱為性穿刺狂（piquerist）。兩個詞都有人使用。不論名稱為何，這都是相當糟糕的特質。

穿刺癖是以細小的割傷、扎傷或刺傷長期凌虐被害人，並從中獲得性滿足。

183

一個人有可能在日曬機上嚴重燒傷嗎？

問——我筆下的反派人物被困在日曬機上。我希望他嚐到的苦頭遠比曬傷嚴重，但我不希望他死。你有什麼建議嗎？

大衛・史基比（David Skibbins），
加州澄碧（The Sea Ranch）
著有《八劍》（*Eight of Swords*）、《女主祭》（*High Priestess*）
www.davidskibbins.com

答——唉呦，痛啊！這招是管用的。

燒傷分為三級。第一級像是嚴重的曬傷，通常不需要太多治療就能復原，也沒有什麼併發症。

第二級是水泡與皮膚上層受到損傷。這種傷也會復原，留下較少或沒有疤痕。但傷口可能因感染發展成第三級燒傷，因為發炎會損傷較深層的皮膚，甚至導致血液感染死亡（稱為敗血症）。

第三級燒傷波及皮膚較深層的組織，將造成嚴重的疤痕且需植皮修補。這種情況非常危險，尤其當這類型的燒傷超過身體面積百分之五十時，具有極高的致死率（通常肇因於二次感染）。如果燒傷佔總面積的百分之九十，死亡率也會高達百分之九十以上。

在多數的燒傷案例中，身體各有不同程度的燒傷區域。

你筆下人物燒傷的嚴重程度取決於他露出的皮膚多寡、曝曬的時間長短，以及機器所釋出的紫外線輻射量。日曬中心使用的機器各不相同。我想，五到十分鐘就足以造成一級燒傷，十至十五分鐘為二級燒傷，十五分鐘以上的話，那個傢伙就有大麻煩了。這些只是大致推測，但在小說情境中可以派上用場。

184

某人在瞬間移動到另一個地點的同時，若正巧頭部中彈，他能存活下來嗎？

問——我正在進行一本科幻短篇小說，最後一幕是英雄對著反派人物開槍。不過，那個反派人物在子彈正要射穿他的腦袋的同時，將自己傳送離開現場。由於時間點實在太接近了，目擊者無法確定對方是否中彈。事實上，很多人都懷疑他是不是逃到別處繼續胡作非為。

我在想這起事件可能留下什麼證據。我打算讓子彈繼續往前飛，擊中牆壁，但現場會有飛濺的血液和腦漿嗎？我不確定在子彈飛行的哪個時間點，那個反派人物會瞬間移動，但在陷入他消失的震驚後，我希望英雄能很快確認對方已死或將因傷而死。

雖然這個問題的答案可能很明顯，不過頭部中彈是不是都會致死？

傑森・薛法諾（Jason Schifano）
紐澤西州克里夫頓（Clifton）

答——我希望我明白你的意思，但我不太確定。看來在你創造的世界裡，傳輸器僅能傳送人類，無法傳送子彈，不管子彈是否在對方身上。而且即使子彈把什麼組織從那個人身上轟掉了，這些組織還是會隨著子彈留在原處，不會同時消失。故事似乎會在留下子彈的槍擊處繼續發展下去，而非轉到中槍者被傳送的所到之處。我希望以上這些假設都是正確的。

若果真如此，那麼你問題的答案就十分簡單。如果子彈在傳輸當時留在反派人物體內，那麼僅有子彈會留下來。子彈上可能留有血跡，也可能沒有，取決於你對故事中傳輸器所設定的規則。假如傳輸器會傳輸當事人所有的活組織，那麼即使是子彈上最小的血滴都會被帶走。反之，若傳輸器不會帶走所有東西，血跡就可能留在子彈上。這是小事，但我不確定你的情節到底需不需要子彈上有血跡。只要你的傳送規則通篇保持一致，以上兩種情況隨你選擇。重點在於，子彈上的一點血跡無法證明壞蛋已死，僅代表他受傷了。再者，完全沒有血跡也可能暗示子彈根本沒有射中他。

如果子彈射穿他的頭部，那麼組織和血液將隨著子彈穿出傷口外，並飛濺在牆壁、地板、家具或附近的任何物品上。若是如此，我們的英雄大可以留下的血跡和腦組織量假設對方一定是掛了。

要是你跟隨壞蛋到他去的地方，他的頭上可能有個洞，深度正是子彈在傳輸的時間點所進入的深度。如果子彈已穿出他的頭部，他就會有敞開的穿出傷口，而且可能已經死亡。也可能還活著。

不，並非頭部中彈都會致死。有可能只是簡單的皮肉傷，也可能摧毀大半腦部，或者介於兩者之間。

185

探員能辨認出某人是嵌合體嗎？

問——我的問題是關於嵌合體（chimera），也就是身體由兩種截然不同的基因細胞所組成的特殊現象。我曾讀過一則案例：一名婦女接受醫學檢測，藉此確認她的其中一個兒子是否適合捐腎給她。測試結果判定她的兩個兒子都「不」是她親生的。他們的DNA來自於母親的孿生手足，但她的孿生手足並未被成功產下，而且不知為何被她的身體吸收。

我想以這個案例做為小說的藍圖，但我需要你的協助，以確認小說至少具備了一些基礎。除了器官移植的情況外，有其他被診斷出來的可能性嗎？

蘇珊・夏芙倫
亞歷桑納州鳳凰城
著有〈安排〉、〈好友〉

答——卵子和精子結合成為受精卵時，其後代的基因組成已在那一刻確立。一般來說，細胞會一分為二，再分裂為四個，接著是八個，以此類推。在此發育過程中，受精卵細胞開始分化，或是進行我們所謂的特定「分化」（differentiate）。有些成為腦部組織，有些成為血球，有些成為肌肉細胞。

異卵雙胞胎的兩顆卵子是由兩條精子受精，這個過程是並行的，因此出現的是兩個截然不同的個體。同卵雙胞胎原先的受精卵分成兩個細胞，並同時跟隨此生長途徑分裂。這種情況產生的是兩個基因相同的個體。畢竟，他們來自同一個細胞，也來自同一個卵子與精子。目前一切還算清楚。

嵌合體的狀況則是先形成異卵雙胞胎（兩顆卵子和兩條精子，以及兩個基因不同的個體），但這兩個最初的細胞（受精卵）卻融合在一起。隨著受精卵逐漸發育（它其實是由兩個基因組成完全不同的相異細胞構成），當細胞開始分化時，有些器官和組織可能來自其中一個細胞，而非另一個細胞，另外一些組織則可能混合細胞發育。這就會形成嵌合體，亦即身上許多身體組織（肝臟、血液、皮膚、心臟、腦部）可能是原先兩套DNA圖譜的一種或另一種，或者兩者兼具。這種情形會造成仰賴DNA分型的任何檢測結果產生混淆。

嵌合體可能外觀正常，也可能展現出特定的鑲嵌模式，尤其是皮膚上不尋常的色素沉澱。這是兩種基因型的表現。鑲嵌（馬賽克）藝術是指由外觀不同的片塊組成的作品，嵌合體也是一樣，因為當事人的細胞有相異而獨特的DNA模式所致。

若當事人外觀正常，那麼這種狀況只有在DNA檢測時才會被診斷出來，例如器官移植、血緣鑑定與犯罪事件等，否則當事人可能永遠不知道自己是嵌合體。

如果你筆下人物皮膚上有奇特的鑲嵌紋路，探員應可發現，並懷疑他是否為嵌合體。其皮膚紋路可以是任何樣子，有些區域甚至可能是明顯的棋盤圖樣。

186

莎士比亞《泰特斯．安特洛尼克斯》中的泰特斯如何把兩具屍體磨碎，細到可以做成肉派？

問——我正在寫一篇關於莎士比亞《泰特斯．安特洛尼克斯》（*Titus Andronicus*）的論文。在劇本最終，泰特斯把塔摩拉（Tamora）的兩個兒子切成小塊、磨碎並做成肉餅。

——我想知道，這件事需要何等的勞力工作？做起來有多困難？——

答——我相信馬克・吐溫（Mark Twain）曾說過類似的話：「我們不需要知道法律或燻腸是怎麼製造的。」你提及的情況與製作香腸或熱狗異曲同工。

泰特斯沒有現代的研磨機，甚至沒有較近期的手轉式研磨器。也就是說，這是件漫長又艱鉅的苦差事。他的工具會是刀、鋸子和斧頭。你所需判斷的第一件事是：他是把整具屍體磨碎（包括骨頭）或只是絞碎肉與器官？

我假定他丟棄骨頭，僅使用肌肉和器官，因為骨頭即使剁得很細，混在派中還是會被發現。他可能會用研缽和杵來把骨頭磨碎成細粉，但這會是巨大的任務。

首先，他必須砍下並鋸斷手臂、雙腿與頭部，接著再分開處理每個部位。他會用刀把皮剝除，切下肉，然後割掉所有器官。斧頭可用來打開顱骨。接著他只能不停地切割並剁碎所有的組織、肌肉與器官，直到成為他想要的大小。這個過程可能耗費好幾個小時，而且非常吃力。他必須克服疲勞與雙手和與手臂抽筋等問題，除非他是鐵匠之類的體力勞動者。這對一般人來說是極其困難的任務。

如果他能取得大型石磨，這件事會相對容易。他只需分割屍體、放進石磨，然後踢螺子或什麼其他推動石磨的動物一腳，讓牠動起來。當然了，這些老石磨很粗陋，骨頭僅能被磨成塊狀，無法磨到很細緻，還是很容易被發現。

187

林肯若是今日中槍，他有可能活下來嗎？

問——這是一個純粹好奇的問題。你覺得，一八六四年若有現今的醫學知識、技術與設備，林肯有可能獲救嗎？

瑪莎・昆恩（Martha Kuhn）
俄亥俄州吉利德山（Mt. Gilead）

答——可能性很大。林肯當時被射中頭部後方，子彈顯然進入了他的腦部。事發之後，他的生命狀態維持了好幾個小時，所以那一槍並非立即致命。一名外科醫生探查傷口，只是唯恐取出子彈會造成出血情況而不敢這麼做。他當時或許應該這麼做，但我們永遠無法判斷對錯。

現今凡是類似傷口，都是送到手術室取出子彈，控制出血，並防止任何後續感染。傷者至少有百分之五十的存活機會。既然林肯當時已存活了好幾個小時，在現代科技之下，他生存的可能性會高出許多。

188

若用絲巾偽裝吐出靈質，會不會窒息而死？

問——我打算讓筆下的某個人物消失，她用一塊薄紗讓人誤以為她正嘔出靈質。我想讓她因此窒息而死。這樣的設定是根據我曾讀過關於早期的靈媒會吐出一些物質以製造效果，但在過程中卻可能窒息。這樣合理嗎？剛死不久的屍體看起來又是如何？

答——是的，這很可能發生。

在她試圖嘔吐時，那塊織物很可能塞住她的喉嚨。這會堵住她的呼吸道，迫使空氣無法進入肺部。她會驚慌失措、呼吸急促，並為了呼吸而掙扎，甚至可能緊抓著喉嚨與嘴巴試圖吸進空氣。不久，她逐漸衰弱，掙扎力道減緩，最後陷入昏迷死亡。倘若呼吸道完全受阻，這個過程約莫歷時一到三分鐘；如果僅部分阻塞，時間會更長一些，在這種情況下她得以吸入微量空氣。雖然未能存活下來，卻足以延緩她的死亡時間。

在掙扎的同時，她會快速消耗血液中的氧氣，而且在未能補充的情況下，很快就會缺氧（血中含氧量不足）。隨著氧氣濃度降低，她會出現紫紺（又稱發紺）。這是低含氧量青色血液的表現，皮膚因此呈藍灰色，以臉部和手腳最為明顯，這些部位比身體軀幹更能明顯判斷出缺氧的情形。

死亡後，整具屍體可能呈現輕度紫紺，但臉部和手腳更甚。她的喉嚨與嘴巴四周可能因試圖呼吸抓傷自己而留下抓痕。最後，她的結膜（眼球的粉紅色部位）將出現點狀出血（小紅點或斑）。這可能是因為她為了呼吸激烈掙扎時，頸部血管壓力升高造成該區域微血管出血所致。

最後幾句話
A Few Final Words

到這裡，各位已經閱讀完本書。希望每位讀者從書中的問答內容能夠學到一些東西。有些問題很直截了當，有些十分複雜，還有些簡直是匪夷所思。

然而，每道問題都顯現出驚人的想像力與好奇心，以及務求正解的毅力，這也正是身為篤實的說書人和小說家的必備條件。誠如我在緒論所述，我認為這些問題能提供洞見，引領我們探悉創作歷程，還能展現成功的小說家潛心藝業投入的有多深。

我希望各位展閱本書能感受箇中樂趣，從中習得新知並啟迪思維。真心期盼書中資訊能增益各位的作品和學識，以及激發創意泉源。

感謝各位投注時間、興趣和好奇心。

D・P・萊爾醫生

歡迎來我的網頁和部落格參觀

個人網站 https://writersforensicsblog.wordpress.com

部落格 https://www.dplylemd.com/

法醫・屍體・解剖室2
謀殺診斷書
專業醫生剖析188道詭異又匪夷所思的病理、毒物及鑑識問題（2023年新版）

法醫・屍體・解剖室.2：謀殺診斷書
專業醫生剖析188道詭異又匪夷所思的
病理、毒物及鑑識問題／
道格拉斯・萊爾（Douglas P. Lyle）著；毛佩琦譯.
—二版.—臺北市：麥田出版：英屬蓋曼群島商
家庭傳媒股份有限公司城邦分公司發行，2023.05
面；　公分
譯自：Forensics and fiction : clever, intriguing, and downright odd questions from crime writers.
ISBN 978-626-310-423-5（平裝）
1.CST: 偵探　2.CST: 法醫學　3.CST: 通俗作品
548.6　　112002262

封面設計　許晉維
印　　刷　漾格科技股份有限公司
初版一刷　2014年4月
二版四刷　2024年5月
定　　價　新台幣430元
I S B N　978-626-310-423-5

作　　者　道格拉斯・萊爾（Douglas P. Lyle）
譯　　者　毛佩琦
責任編輯　林如峰
國際版權　吳玲緯
行　　銷　闕志勳　吳宇軒　余一霞
業　　務　李再星　李振東　陳美燕
副總經理　何維民
事業群總經理　謝至平
編輯總監　劉麗真
發 行 人　何飛鵬

出　　版
麥田出版
115台北市南港區昆陽街16號4樓
電話：(02) 2500-0888　傳真：(02) 2500-1951
網站：http://www.ryefield.com.tw

發　　行
英屬蓋曼群島商家庭傳媒股份有限公司城邦分公司
地址：115台北市南港區昆陽街16號8樓
網址：http://www.cite.com.tw
客服專線：(02)2500-7718; 2500-7719
24小時傳真專線：(02)2500-1990; 2500-1991
服務時間：週一至週五09:30-12:00; 13:30-17:00
劃撥帳號：19863813　戶名：書虫股份有限公司
讀者服務信箱：service@readingclub.com.tw

香港發行所
城邦（香港）出版集團有限公司
地址：香港九龍土瓜灣土瓜灣道86號順聯工業大廈6樓A室
電話：+852-2508-6231　傳真：+852-2578-9337
電郵：hkcite@biznetvigator.com

馬新發行所
城邦（馬新）出版集團【Cite(M) Sdn. Bhd. (458372U)】
地址：41, Jalan Radin Anum, Bandar Baru Sri Petaling, 57000 Kuala Lumpur, Malaysia.
電話：+603-9057-8822　傳真：+603-9057-6622
電郵：services@city.my